实践·探寻·发现

行走在教学教研路上

柳文龙 / 著

辽宁大学出版社

Liaoning University Press

图书在版编目（CIP）数据

实践·探寻·发现：行走在教学教研路上/柳文龙
著. —沈阳：辽宁大学出版社，2021.11
（名师名校名校长书系）
ISBN 978-7-5698-0510-9

Ⅰ. ①实… Ⅱ. ①柳… Ⅲ. ①中学化学课－教学研究
Ⅳ. ①G633.82

中国版本图书馆 CIP 数据核字（2021）第 172516 号

实践·探寻·发现：行走在教学教研路上
SHIJIAN·TANXUN·FAXIAN：XINGZOU ZAI JIAOXUE JIAOYAN LUSHANG

出 版 者：辽宁大学出版社有限责任公司
　　　　　（地址：沈阳市皇姑区崇山中路 66 号　　邮政编码：110036）
印 刷 者：北京米乐印刷有限公司
发 行 者：辽宁大学出版社有限责任公司
幅面尺寸：170mm×240mm
印　　张：18.75
字　　数：340 千字
出版时间：2022 年 4 月第 1 版
印刷时间：2022 年 4 月第 1 次印刷
责任编辑：李珊珊
封面设计：徐澄玥
责任校对：于盈盈

书　　号：ISBN 978-7-5698-0510-9
定　　价：45.00 元

联系电话：024-86864613
邮购热线：024-86830665
网　　址：http://press.lnu.edu.cn
电子邮件：lnupress@vip.163.com

序言

　　笔者就读于传统教育时代，施教于教育改革时期。笔者的教育首站是普宁市第一中学，走上岗位，一开始便被学校安排任高二年级化学兼班主任，感觉有点手足无措，好在这里的老师都很热心，也都乐于传授，一些不懂的问题向他们请教，都能得到悉心的指导。当初，我的教学行为大多是受到他们的影响。那时，正是改革开放不断推进的时期，人们的思想和行为在逐渐地发生改变，然而，教育的变化总是滞后于时代的变化，学校的教学仍然是那样传统，学生的学习依然是那样死啃，如何寻找一种教学方式让"教师好教、学生好学"？当时我的脑海中便产生了这种冲动，内心虽有改革教学的愿望，但没有理论支撑，也没有先例可循，唯有边教边学边思边改进。于是，我把学生当老师，边教边询问学生，边上课边请教学生，从学生中了解到他们学习存在的问题与困惑、学习的心理和学习的需要，并不断反思自己，寻找自己的教学问题与"瓶颈"，逐渐改进自己的教学，可谓摸着石头过河，虽历尽艰辛，但也因此教出了成绩来，受到市人民政府"记功表彰"。

　　后来，我到市重点中学普宁二中任教，其间，课堂教学改革从没间断过，虽有了一些思路和见解，也有一些做法和收获，但因缺乏教育教学理论的指导而未把既得的经验提升。直到2002年，我有幸参加广东省"百千万人才工程"名师高研班学习，聆听了许多专家、教授的新思想、新理念、新方法……醍醐灌顶，受益匪浅。有了思想的指引，有了导师的领航，有了专家的点拨，我进一步实践课堂，体察自我，审视教学，不断反思，不断改进，在实践和科研路上不停地奔跑着。一路上，记下我的感悟与思考，写下我的实践与体验，刻录我的反思与理念……同时，学习让我的视野更宽广，眼光看得更远，问题思考得更深入。我深深认识到，教学离不开科研的支撑，于是，我把教育教学问题当课题来研究，以课题研究为支点，进行了一系列课堂问题的实践研究。

自 2010 年以来，笔者主持了首批广东省中小学教师工作室和新一轮名师工作室工作，有更多的机会与同人探讨教育之道、教学之法，也接触到了更多的教育前沿思想，了解到新时代对教育提出的新要求新任务，对教育又有了新的认识：教书育人，读书育己，写书育世，这是教师工作的主要职责和人生的意义与价值。苏霍姆林斯基说："如果你想让教师的劳动能够给教师带来乐趣，使天天上课不至变成一种单调乏味的义务，那你就应当引导每一位教师走上从事研究这条幸福的道路上来。"诚然，教师这份职业是默默无闻的，但笔者希望自己不是碌碌无为的。"静下心来教书，潜下心来育人"是我的座右铭，我时刻提醒自己，要沉得住气，耐得住寂寞。时刻捕捉教育教学中的问题，认真分析研究，提出解决问题的思路和方法，并把教育教学的探索与思考、成败与得失撷取下来，结集成编，以惠益于人。

本册子是从我多年来的文稿中选取的部分专业文章结集而成的，虽然算不上什么鸿篇巨制，甚至在某种程度上还显得不够成熟，但它确实凝聚了我辛勤教育、潜心研究的点滴心血，留下的指模印痕，映现出我的求真务实、不懈求索……期望拙作能对读者起到抛砖引玉之效。

笔 者

2020 年 10 月 20 日

目 录

实践课堂

第一章

基于实验模型认知的教学设计

——以氯气制备实验为例

高中化学实验是基于一定模型的实践认知活动，旨在发展学生的科学探究与创新意识和证据推理与模型认知。物质制备实验属于应用类活动，其特点是应用已知的物质和规律进行设计以获取产品或者实现目标。那么，如何在高中化学教学中实施基于实验模型认知的教学设计呢？本文试图以氯气制备实验为例进行阐述。

一、模型的构建

氯气的实验室制法，新编教材（人教版）在"方法导引"栏目中给出了实验室制取气体装置的设计模型：发生装置→除杂装置（如需要）→收集装置→尾气处理装置（如需要）；在内容的编排上着重强调帮助学生构建制取气体的方法模型：实验基本过程→形成实验方法→构建实验模型→模型认知。

物质（气体）制备的基本程序，包括明确制备任务（确定原料和目标物）、设计转化路线、选取转化装置、实施转化和观察现象。笔者利用四个基本程序构建如图1所示的"气体制备实验认知模型"。以四个基本程序为纵线，以实验装置的选取和连接顺序为横线，纵向和横向两种思维同时延伸，交叉进行，并以此建立认知模型。

1. 明确制备任务

这一过程需要学生先确定原料和目标物。从原料出发，对照目标物，让学生明确实验目的和实验药品，思考实验过程，清楚需要具备什么条件，要研究什么问题等。

2. 设计转化路线

在明确了第一个程序之后，让学生从原料和目标物之间找出转化的路线，从而明确实验原理。要求学生从"类和价"两个角度进行思考："类"是物质类别的转化；"价"是元素不同价态之间的转化，涉及氧化还原反应。同时，依据"廉价易得"原则选择原料，确定反应原理。

3. 选取转化装置

装置的选择依据在图 1 的模型中逐一指出。"选取转化装置"属于模型中的横向思维，是实验从理论到实际的直观体现。这一程序既要考虑原料和目标物的性质，也要考虑转化路线的相关要求，是综合纵、横两种思维的载体。

4. 实施转化和观察现象

在实验实施过程中或者结束后，要求学生提炼并总结出实验的注意事项，明确实验成败的关键问题；实验现象和数据的记录，是实验中最直接的"证据"。把这一环节归入模型中，完善了实验认知模型。

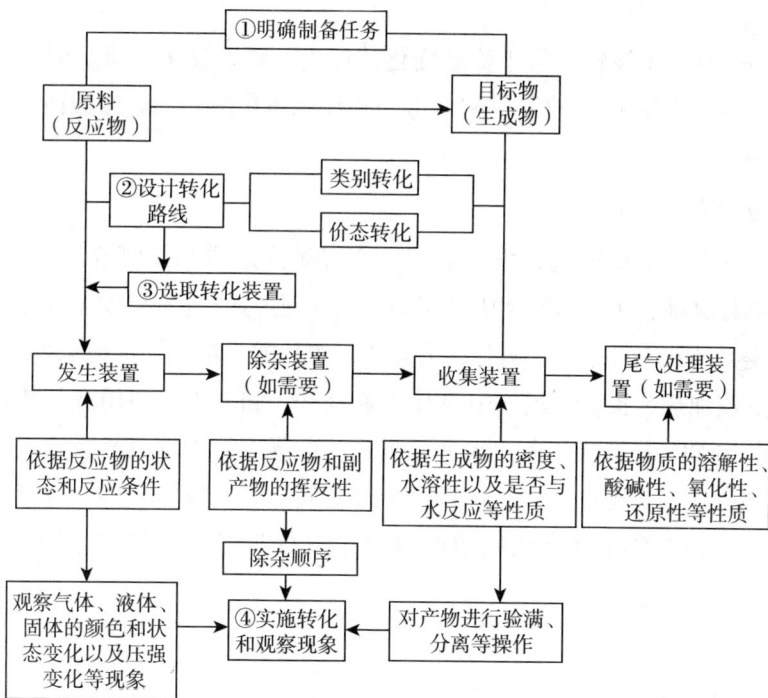

图 1　气体制备实验认知模型

二、基于实验模型认知的教学设计

（一）模型的应用

如何利用实验认知模型展开研究？以"氯气制备实验"为例。笔者认为，在课堂导入时，可通过讨论初中氧气、二氧化碳等气体的实验制取方法引出图1的气体制备实验认知模型，并围绕模型中的四个基本程序展开。

1. 明确制备任务

教师活动：引导学生找出实验目的，寻找制备氯气所需原料和条件。

学生活动：讨论并得出氯气制备途径：$Cl^- \rightarrow Cl_2$；实验室可利用二氧化锰（固体）、浓盐酸（液体）在加热条件下制备氯气。

2. 设计转化路线

教师活动：①从"价"与"类"的角度指出该转化属于哪一种反应？②写出该转化的化学方程式，并应用氧化还原理论分析该化学方程式的氧化剂、还原剂、氧化产物、还原产物以及电子转移的情况。③有没有其他的制备方法？

学生活动：①该转化属于价态变化的反应，属于氧化还原反应。②该转化的化学方程式及相关分析（略）。③可使用强氧化剂（如高锰酸钾、氯酸钾等）与浓盐酸反应制备。

3. 选取转化装置

教师活动：①如何选择发生装置？②有哪些杂质？如何选择除杂装置？③应该选择哪种收集方法？④需不需要尾气处理装置？⑤给出完整的装置图。

学生活动：①反应物二氧化锰为固体，浓盐酸为液体，反应条件为加热，选择固、液加热装置。②氯气中混有杂质为 HCl 和 H_2O；利用洗气装置进行除杂，其中 HCl 选择饱和食盐水进行吸收，水蒸气使用浓硫酸吸收。③氯气能溶于水，且密度比空气大，选择向上排空气法。④氯气有毒，不能直接排到空气中，需要选择氢氧化钠溶液进行尾气处理。⑤完整装置图，如图2所示。

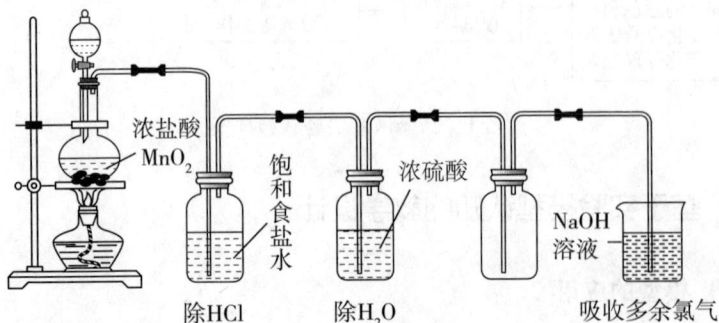

图2

4. 实施转化和观察现象

教师活动：①两个除杂装置的顺序能不能调换？为什么？②如何检验氯气满瓶？③氯气制备实验装置能否改进（创新）？

学生活动：①不能调换，因为氯气通过饱和食盐水之后会带出水蒸气，还需要通过浓硫酸干燥。②氯气自身有颜色，可通过观看颜色进行判断。③改进方案：分液漏斗上端开口与烧瓶用橡皮管相连接，以平衡气压，使浓盐酸能顺利流下，盛饱和食盐水的广口瓶可由填满无水氯化钙的 U 形管代替，吸收尾气导管可加上倒置普通漏斗，以增大气体吸收面积等。

（二）模型的优化

模型优化程序为认识（现有）模型→运用（现有）模型→改进（现有）模型→构建（新）模型。模型使用有一定的条件限制和适用范围，存在着局限性。模型的优化就是要求在新的情境下去改进原有的模型，从而构建适用范围更广的模型。如在氯气制备实验这一课题讲授完成之后，提出一个新问题情境：如何在实验室中制备漂白粉。

【问题提出】

教材中关于制取漂白粉的描述：将 Cl_2 通入冷的石灰乳 $[Ca(OH)_2]$ 中，即制得以 $Ca(ClO)_2$ 为有效成分的漂白粉：$2Cl_2 + 2Ca(OH)_2 = Ca(ClO)_2 + CaCl_2 + 2H_2O$。

查阅资料可知：①氯气与碱反应放出热量；②$6Cl_2 + 6Ca(OH)_2 \xrightarrow{\triangle} 5CaCl_2 + Ca(ClO_3)_2 + 6H_2O$。

现以二氧化锰、浓盐酸和石灰乳为原料，请设计出合成漂白粉的实验装置。

【应用模型分析】

模型的四个基本程序。

1. 明确制备任务→模型应用活动

实验目的：利用二氧化锰、浓盐酸和石灰乳为原料制备漂白粉。

2. 设计转化路线→模型应用活动

根据提供的原料，该转化无法一步完成，须通过二氧化锰和浓盐酸制备氯气后，再与石灰乳反应，为多步转化。所以在发生装置之前应当设计一个气体制备的实验装置。

3. 选取转化装置→模型应用活动

氯气中含有的氯化氢能与石灰乳反应,所以应当添加一个除去氯化氢的装置。而石灰乳中本身就含有水,不需要对水进行除杂。多余的氯气需要通过氢氧化钠进行吸收。初步的装置如图3(甲)所示。

4. 实施转化和观察现象→模型应用活动

利用以上装置实施转化,会发现装有石灰乳的装置逐渐发热,这是因为氯气与碱反应为放热反应,且在加热的情况下氯气会与石灰乳发生副反应,因此需要添加冰水浴的降温装置;氯气在石灰乳中的吸收效率不高,大部分作为尾气被氢氧化钠吸收,因此,在石灰乳装置的气体入口添加一个多孔球泡,增加气体接触面积,提高吸收效率。改进后装置如图3(乙)所示。

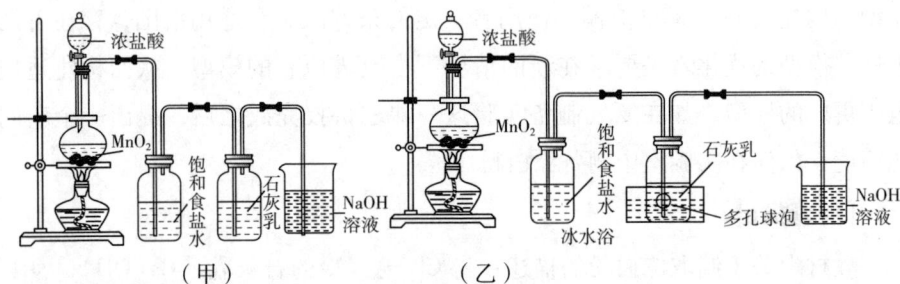

图3

【优化模型】

建模可让学生较好地形成分析问题的思路,沿着这一基本模型思考问题,不仅可以有序地解决问题,还可以对模型进行改进和优化。

首先,因为提供的原料不能一步转化为目标物,因此,在实验认知模型中设计转化路线时,应考虑从"一步转化"向"多步转化"。

其次,模型中的第一个装置可确定为气体发生装置,再根据实际需要选择除杂装置,让学生掌握实验过程是服务于实验目的的。

最后,针对制取漂白粉实验进行追问:①反应结束后,如何将圆底烧瓶中的氯气全部排出?②产品要如何收集?如何分离提纯?③尾气处理装置中需不需要防倒吸?如何防倒吸?④外部的气体是否会进入装置影响实验结果?

通过问题的追问,可以让学生在气体制备实验认知模型的基础上进行优化,从而构建出适用性更广的物质制备实验认知模型,如图4所示。

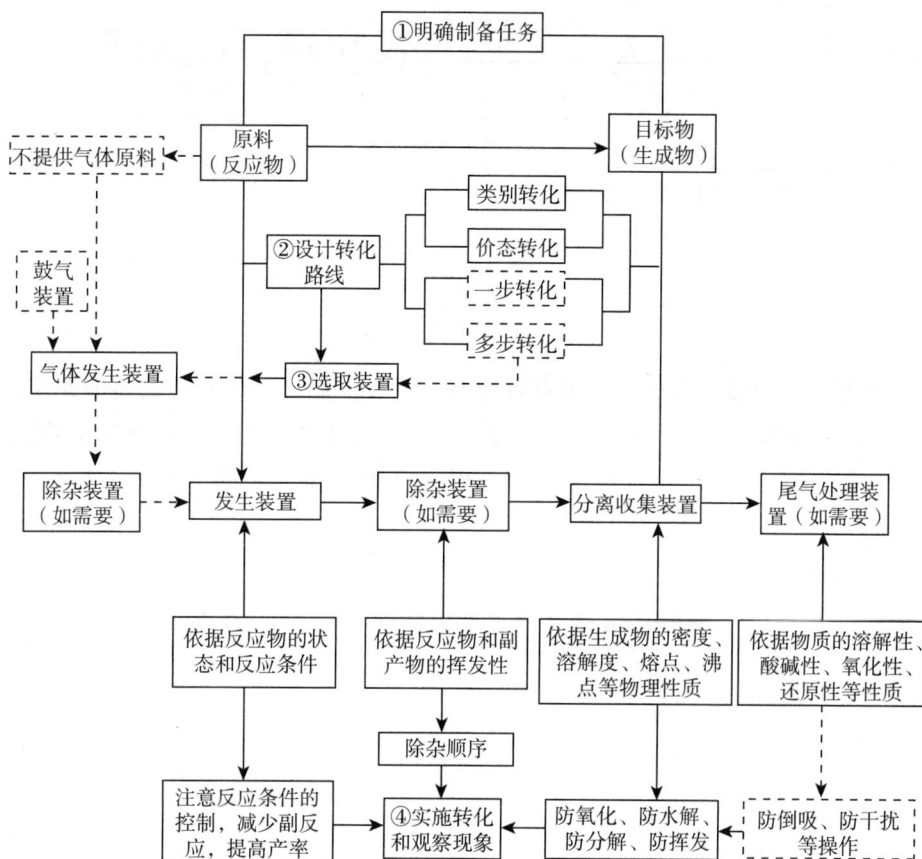

图4　物质制备实验认知模型

三、结束语

　　基于实验模型认知的教学设计，其核心就是"用模⇌建模"，这不是一个单一的过程，而是一个循环反复加深的过程，如图5所示。以氯气制备实验为例，通过回顾氧气、二氧化碳等气体制备的原型，提炼出气体制备实验认知模型。该模型的提炼依据是以物质制备的四个基本程序和装置选取及连接顺序两个方向，一纵一横交叉展开。然后，应用此模型对氯气制备实验进行研究，这就是"用模"。之后，再应用此模型研究制备漂白粉的实验，发现模型的不足之处，从而进一步对原有模型进行优化、改进，在解决问题的同时，构建出新的实验认知模型——物质制备实验认知模型。而新的模型又可以应用到新情境问题的研究之中。

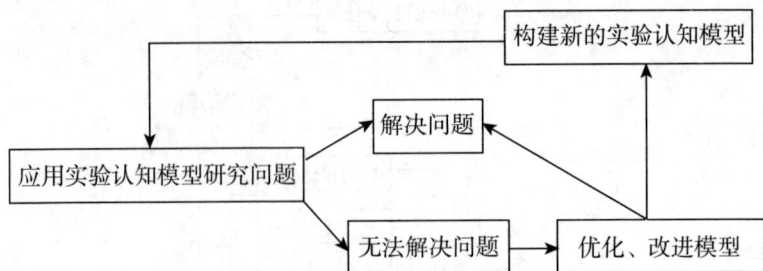

图 5　基于实验模型认知的教学设计

　　"基于实验模型认知"的观点进行教学设计，通过回顾同类实验的原型，寻找合适的建模依据并提炼模型，对模型进行优化和改进，构建新的实验认知模型。这样的教学设计，在培养学生"模型认知"素养中发挥着积极的作用。

　　本文发表于《中学化学教学参考》（2020 年 6 月，第 6 期）

在"活动—建构"中实现教与学的转化

——以《原电池的工作原理》教学为例

在学习过程中，怎样才能做到让学生自主学习、自主探究？在活动、体验中，怎样才能让学生对学科知识与能力进行不断的建构，并使其认知结构和情意品质得到不断完善？在活动和建构的过程中，应采用怎样的课堂教学才能真正实现教与学的相互转化？本文通过《原电池的工作原理》的陈述，提出一些尝试与见解。

一、课前准备阶段

（一）创设问题情境，用问题呈现预习要求

[引言、激发学习动机]　我们知道，氧化还原反应中有电子的转移或得

失，如锌和稀硫酸反应：$Zn+2H^+=Zn^{2+}+H_2\uparrow$；在反应中，锌原子所失去的电子直接被氢离子得到，电子并没有经历一个定向移动的过程。因此，没有电流的产生。你能否设计一个装置使锌失去的电子流经导线之后，再传递给氢离子呢？倘若你能成功设计出来，那将是一件很有意义的事情（化学反应→产生电流）。

[提供信息、主动收集资料]　在日常生活中，我们接触过许多化学电池，如干电池、铅蓄电池、银锌电池、锂电池等。这些电池都有其各自的特点和用途，它们所用的原料和依据的原理是什么呢？请你查找相关的资料并预习课本第四章第四节《原电池原理及其应用》全部内容。特别注意原电池形成的基本条件和化学原理的表述。

（二）组织问题解决，用问题引导学生预习活动

[问题导学、自主学习]　将本节中的知识问题和实验问题编制成导学

卡，分发给学生，在教师指导下，学生通过自学教材、查阅资料，按照导学内容寻找线索，把有关原电池的知识和信息进行加工处理，初步解决教师提出的问题，通过归纳、分类整合，初步了解各知识问题的内在联系。

问题1——导学

实验过程	现象或结论
①把锌片和铜片分开平行插入稀硫酸	
②将锌片和铜片上端连接在一起插入稀硫酸	
③用导线把锌片和铜片连接，再插入稀硫酸	
④在导线中间接入灵敏电流表	
⑤用干电池判断电流的流向，确定铜、锌为何电极	
⑥根据上述实验过程，你认为构成一个原电池需要什么条件	

问题2——导思

问题	解释或结论
①将锌片和铜片插入稀硫酸，为何锌片表面有气泡产生，而铜片则无现象	
②锌片上端与铜片接触，或用导线连接后插入稀硫酸中，铜片表面为何有气泡产生	
③锌片的质量和溶液中的 $c(H^+)$ 有何变化	
④写出锌片和铜片上变化的离子方程式，并指出电子得失关系	
⑤电流表的指针发生偏移，说明了什么？你怎样判断原电池的正负极？请指出电子与电流的流向	
⑥试写出原电池总的反应方程式，并从能量变化的角度分析说明该装置是什么装置	
⑦根据上述分析，你能否说出原电池的工作原理	

二、课堂教学过程

（一）对学生预习情况进行评价反馈

采用分组讨论形式，指导学生对预习中的问题进行互评，教师巡视，倾听，根据反馈信息及时评价。通过实物投影展示学生的问题解决过程和实验设计思路，引导学生对自己的预习活动进行反思，再通过师生交流，提出补充、完善的意见或不同的方案。

（二）创设新的问题情境，把学生的思维引向纵深

把学生的不同见解或认识上的分歧作为新的问题（因教材提供的信息不够全面，学生会在归纳原电池构成的条件上产生不同的认识，如电极材料选择、溶液的性质等），引导学生在实验探究的基础上展开新一轮的讨论，在教师的帮助下，明确产生分歧的原因。

[教师演示实验]　提醒学生注意过程中所发生的变化，要求他们仔细观察现象并做好记录，把观察的结果填在导学卡上。然后指导学生做分组实验。学生做完分组实验之后，投影展示。

问题3——释疑

若把原来的装置改装：①把铜片换为锌片、铁片、石墨。②把锌片换为铁片、锡片、铜片、石墨。③电极不变，把稀硫酸改为酒精、醋酸、氯化锌、硫酸铜溶液。④把原来装置中的一块极板移出稀硫酸溶液或将两块极板并在一起。

[探究]　由学生根据新的问题（讨论中学生的疑问或分歧创设的），动手实验，并记录观察结果。然后小组汇报：何种装置有电流产生，哪种装置没有电流产生。教师板书结果（作为分析、对比和交流讨论的依据）。

[讨论归纳]　在学生回答的基础上，引导学生对比分析、讨论，归纳出构成原电池的条件。

[板书]　在学生归纳的基础上，由学生上台写，然后集体订正[将两块用导线连接的活泼性不同的金属（其中一块是非金属导体）同时浸入同一电解质溶液中]。

（三）新知识应用于新情境，组织新的问题解决

问题4——迁移与应用

练习（课后练习本）：判断下列装置是否构成原电池装置？请说明理由。

思考：根据原电池构成的条件，回答以下问题。

（1）给你一个灵验电流表和导线，用你身上所带的钥匙，能否证明西红柿、柑、橙等果汁中含有电解质？

（2）一个干电池、电流表、导线、稀硫酸，能否检验金属材料 X、Y 的活动性大小？

（四）解释现象，递进整合，揭示本质，提升结果

在学生获得足够的感性材料之后，教师积极引导学生相互交流，并辅以直观课件，让学生透过［问题2］中记录的实验现象，层层递进，分析整合，解释原因，以揭示其中的规律，寻找原电池的化学原理。

［提问］　原电池为什么会产生电流？其化学原理是什么呢？

［动画模拟］　铜—锌—稀硫酸原电池的工作原理。

要求学生一边看课件播放，一边思考［问题2］，找出合理的解释或自己下结论。

［交流汇报，及时引导］　教师根据学生的汇报，写出问题形成的思路，然后点拨并引导学生归纳、抽象出原电池的工作原理，最后由学生上台写。

［板书］　原电池化学原理

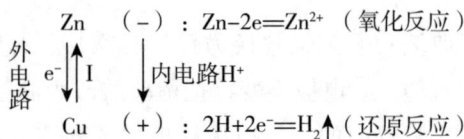

$$Zn \quad (-)：Zn-2e=Zn^{2+} \quad （氧化反应）$$

外电路　e^-↑↓I　↓内电路H^+

$$Cu \quad (+)：2H+2e^-=H_2\uparrow \quad （还原反应）$$

总反应式

$$\overset{2e^-}{\overbrace{Zn+2H^+}}=Zn^{2+}+H_2\uparrow$$

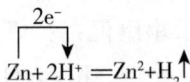

［抽象概括］　指导学生阅读教材，然后演绎原理：还原性较强的物质（发生氧化反应）失去电子（做负极），电子从负极经外电路流向正极，氧化性较强的物质（做正极），正极材料或电解质溶液中的离子、分子从外电路得到电子（发生还原反应）。

在学生理解原电池工作原理的基础上，让学生明确从能量转换的角度看，原电池装置是一个由化学能转变为电能的装置。

（五）提出新问题，使学生进入创新应用阶段

在学生形成了较系统的知识结构的基础上，教师再进一步有目的地提出新的问题，引导学生将所学的知识或原理应用于实践中，以达到巩固拓展所学知识，发展创造能力的目的。

问题5——导创

［投影］　练习1　分别标出图中原电池的正、负极和电子流动方向，写出电极反应式和电池反应总式。

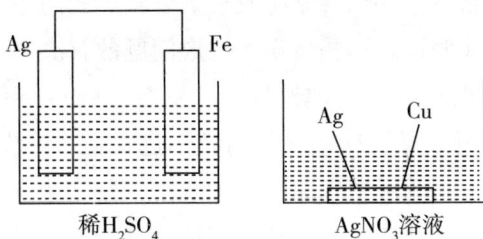

稀H₂SO₄　　　　　AgNO₃溶液

[投影]　　练习 2　试根据 $Fe + Cu^{2+} = Cu + Fe^{2+}$ 设计一个原电池，要求画出示意图，并标出正、负极和电子流动的方向，写出电极反应式，供选用的电解质溶液有锌片、铜片、铁片、石墨。

[投影]　　练习 3　纯锌与稀 H_2SO_4 反应速率较慢，若在反应混合物中放入少量的铜粉或滴加几滴 $CuSO_4$ 溶液，则其反应速率会加快，试解释原因。

[互动]　　用实物投影出示学生的解答，全体学生参与点评。

三、学生的课后学习

由于课堂时间所限，为便于学生课后学习和进一步研究，教师可提供资料查找的途径，或定期开放实验室，使学生所学知识得以持续发展。例如，通过课后的"研究性小课题"的调查了解，让学生进一步了解电池的构造、产生、应用和科研情况，原电池与人类生产、生活、社会、科技、环保等的密切联系。通过开放实验室为学生提供必需的物品和探究的空间，帮助学生完成"家庭小实验"，以激发学生的学习兴趣，促进思维的发展。

四、本案例设计说明

[指导思想]　　本案例设计坚持贯彻"以学生活动为中心""以自主探究为目的"，采用以培养学生化学学习能力为目的的"活动—建构"教学策略，把教与学有机地融合为一体，力求实现教与学的转化。

[设计的思路]　　本节内容属于化学中的重要基础理论，由于理论都是抽象、概括的知识，学生较难理解，且由于教师教学上的原因，在以往的教学实践中不少学生习惯于机械记忆，被动地接受，课堂上往往缺乏生机和活力。学生的主体性得不到发挥，学生在学习过程中也往往觉得枯燥乏味。

本案例的设计遵循从感性出发，再上升到理性和理论与实践相结合的学习原则，从感性的、直观的实验入手，用实验事实论证，问题的设置由浅入深、由易到难，符合学生认知发展的规律。教师创设问题情境（准备、感知）

→组织问题解决（自学）→引导学生发现需要解决的问题（产生冲突）→提出解决问题的方案（假设）→指导学生完成问题的解决（实验、探究）→帮助学生展开讨论或重新审视（理论推导、发散思维）→引导知识整理（结论）→指导练习应用→提供反馈评价的教学过程。一步步把问题引向深入，渲染强化问题情境，激活了学生原有认知水平，使学生在活动过程中获得知识，并形成知识技能和规律，进而利用规律对知识进行迁移和运用，整个学习活动处在螺旋式上升的"活动—建构"循环中。课堂上教师与学生情意交融，氛围浓烈，学生的主体性增强，教与学得到了协调发展。

五、结语

"活动—建构"是指通过创设有实践性、探索性、创造性的学生主体性活动，不断建构完善学生认知结构和情意品质，以实现学生学习能力全面发展为目的的教学过程。教学中应着眼于教师和学生的双向活动，应体现教师的教是为了学生的学创造必要的外部条件，帮助学生更有效地学习，即尊重学生是学习的主体，教师应是学生学习的激发者、合作者和引导者。教学的设计应凸显以学生学习能力为主线来组织教学活动，使学生通过递进整合来发展知识和能力水平。

附

案例评析与思考

1. 体现科学认识过程，教给学生科学方法

学生对科学方法的学习和掌握是一个由简到繁、循序渐进、不断深化的过程。虽然教材中未直接给出原电池构成的条件和原电池的化学原理，但这些却都隐含于教材的知识体系之中，从学生科学认识规律出发，创设了若干问题情境，让学生在"活动—建构"中体验到科学的认识过程，即由"感性→（实验）→理性（通过实验现象的分析抽象出结论）→应用（运用所学知识解决问题)"的过程。并在活动过程中，使学生掌握了一些具体的科学方法，如方案设计、资料收集整理、现象的观察与记录等。

2. 改革教学方法，发挥学生的主体性

培养学生全面的科学素质，要以启发式教学为主，鼓励、启发、引导学生积极动手、动脑，培养其主动学习、独立思考的习惯，进而培养学生的创新意识和创造能力，这就必须要充分体现学生的自主性。本课例改变了以往

的教师陈述——学生倾听、教师演示——学生观看、教师板书——学生笔记、教师总结——学生背诵等传统习惯，通过问题情境的创设激发学生的求知欲，改演示实验为分组实验，增强主体创造体验，培养学生自主探究的能力，通过知识和实际问题的导学、导思、导创、导结，使学生在"活动—建构"的学习过程中，学会递进与整合，提高分析、归纳和概括的能力。改变教师"独占讲台"和"一言堂"的现象，让学生上台去写，上台去说，课堂上生—生、师—生积极互动，频度与效度提高，学生的主体性也得到了充分发挥。

3. 指导学生自学，培养学生学习的自主性

在化学课堂教学过程中，指导学生自学，让学生积极主动地参与学习活动，教会学生学会学习，这是培养学生能力的重要途径。科学的学习方法有很多，本案例在指导学生掌握学习方法和自学方法的过程中，主要是让学生透过知识和问题及实验现象的观察记录，指导学生学会整理和归纳知识，形成知识体系，通过问题的分析、解决和应用，指导学生学会独立获取信息，并且将新的信息和原有的知识结合起来，形成解决问题的能力。

4. 理论联系实际，培养学生的应用创新能力

化学课堂中应利用一切可能的机会，介绍化学与日常生活、社会、生产、环境、资源等方面的联系，使学生感到化学就在生活和社会之中，培养学生用所学知识和技能的应用能力。本课例中通过 Al—空气—海水制航标灯，检验果汁是否是电解质，用课件展示电池的生产和应用等，紧紧地把化学学习过程与实际联系起来，培养了学生的科技意识，有助于学生应用学科知识创新性地解决实际生活中遇到的问题，这是创新学习的具体体现。

本文获 2004 年中国化学会第四届全国中学化学教学研讨会论文评比一等奖

发表于《未来之桥》（汕头大学出版社 2005 年 12 月）

"引思—探究"教学法
在化学实验教学中的应用

  化学是一门以实验为基础的科学，可以说，没有实验就没有化学。戴安邦先生在论及化学实验的重要性时曾说："化学实验再怎么强调都不为过。"并指出："化学实验是实现全面的化学教育的重要途径。"化学实验能激发学生的学习兴趣，帮助学生形成化学概念、理解化学基础理论、掌握化学知识和技能、培养学生的科学态度和价值观，帮助学生发展思维能力，训练实验技能，从而达到全面提高学生科学素养的目的。因此，不管是旧教学大纲还是新课程标准，化学实验都是相当重要的教学内容。原人教版高中化学教材中，在新授课讲解时安排的实验中，基本上都是教师的演示实验，而其新教材则增加了大量的学生探究性实验，教师进行的演示实验与探究活动也关系密切，很少有验证性的实验，并安排了一定数量的学生实验设计课题，山东版和苏教版在这方面也做得相当不错。这些都充分说明了三个版本的化学必修（1）和化学必修（2）是新课程新理念下的一套新教材。新课程基本理念强调通过以化学实验为主的多种探究活动，使学生体验科学研究的过程，激发学习化学的兴趣，强化科学探究的意识，促进学习方式的转变，培养学生的创新精神和实践能力。

  新课程新理念下的新教材，如果我们还是按照传统的教学模式去实施教和学，结果会是如何，可想而知，当然是起不到预期效果的。下面我们对新课程化学实验的课堂教学模式——"引思—探究"教学法做简单的探讨。

  我们先来看看传统模式下的化学实验教学。传统的化学实验教学普遍存在以下问题：首先，教学方法主要以验证性的演示实验为主，把化学实验作为一种培养学生形成化学概念，理解和巩固化学知识的手段，缺少以学生为主体、以探究为基础的探究性实验。其次，功利性强，为应试而教、为应试而学，甚至把"做"实验变成了老师"讲"实验、学生"听"实验和学生

"背"实验。最后，缺少与现代社会生活、生产实际的联系，不是解决真实情景中的化学问题，追求的是"纯"化学问题的解决。问题是纯的、药品是纯的、过程是单一的、结论是已知的，没有学生发挥的余地。从以上问题可以看到，学生在做实验或者观察实验，甚至是"听"实验过程中，所能起到的效果仅仅停留在对基本概念和基本理论的进一步巩固和一些基本实验操作技能的训练上。这与新课程所倡导的提高全体学生的科学素养和终身学习能力，以及在教学过程中所要实现的三维目标，即知识与技能、过程与方法、情感态度与价值观是不相称的。

在新课程标准下，取代传统化学实验教法的新型课堂教学方法应该是以探究性为主的"引思—探究"教学法。

探究性学习是学生自主获取知识和技能、体验和了解科学探究过程和方法、形成和提高创新意识、树立科学价值观的学习活动过程。化学实验是学生化学学习中的能动的实践活动形式，化学实验为学生创设了亲身参与实践的情境，具有获知、激趣、求真、循理、育德等教育功能。化学实验的功能和探究学习的特征决定了化学实验必然是探究性学习的重要途径。

探究性学习体现了学生的主体地位，而作为教师的辅助作用，教师可以从中诱导，我们可把它称为"引"，因而在教学上可把这种方法叫作"引思—探究"教学法。

化学实验中的"引思—探究"教学，教师要在认真分析教材所提供的教学内容和实验教材的基础上，设计好"引思—探究"教学的内容和步骤，其一般步骤是：第一，教师在备课时，设计实验中有关启发性问题，创造学生积极思考的学习情景；第二，让学生通过实验和观察收集化学现象和化学事实或实验数据，做好实验的各项记录；第三，让学生对所收集到的现象和数据进行分析、研究和处理；第四，在教师的启发下，让学生在分析、研究和处理材料、数据的基础上，经过抽象、概括、归纳得出结论，形成概念或认识规律，下面来探讨化学基本概念和基本理论、原理方面有关实验中的"引思—探究"教学及其意义。

化学基本概念和基本理论实验中的"引思—探究"教学有利于"双基"的掌握。化学"双基"即基本概念和基本理论的形成和发展都建立在实验的基础上，对化学实验的探究和发展促进了理论和概念的发展和完善。因此，在课本里有关基本概念和基本理论的实验都可以采用"引思—探究"教学。例如，在强电解质和弱电解质一节的教学中，具体做法分为以下几个步骤。

第一，让学生观察相同体积、相同浓度的盐酸、氨水、醋酸、氢氧化钠、氯化钠五种水溶液的导电性和灯泡的明亮程度。

第二，学生记录实验现象，都能导电；盐酸、氢氧化钠、氯化钠三种水溶液导电时，灯泡明亮；醋酸、氨水两种水溶液导电时，灯泡较暗。

第三，教师引导、启发学生思考、分析、探究其原因。

教师引导学生思考问题1：电解质溶液的导电能力强弱与电解质溶液中的什么因素有关？诱导学生分析出溶液的导电性强弱与单位体积溶液里能自由移动的离子数目有关。

教师引导学生思考问题2：应用电离理论和应用事实，分析五种溶液中离子浓度的多少及电离情况。

学生在解决第一个问题后，对第二个问题的思维兴趣大增。诱导学生写出五种物质的电离方程式，分析其电离情况，应用假设法：若五种物质在水溶液中完全电离，即电离方程式相同，电离出的离子浓度相同，导电能力也相同，这与实验事实不符。从而分析推理归纳出盐酸、氢氧化钠、食盐三种物质的电离能力大于醋酸、氨水的电离能力。学生很自然地归纳出强电解质和弱电解质的概念，进而分析出强电解质与弱电解质的区别。这个实验从学生观察实验现象到分析其本质原因，从提出问题开始到形成概念、解决问题为止。在教师的引导下，学生始终处于独立思考、积极探究的学习情景中，实验的成功，现象的分析和处理，结论的得出和问题的解决，使学生能初步尝到"引思—探究"教学的乐趣，它把学生的直接兴趣与间接兴趣有机结合起来，这无疑会激发学生学习化学的积极性和主动性。它以学生为主体，教师为主导，通过教师的"诱"促使学生"思"进而"探"和"究"，通过"引思—探究"教学，教师引导学生进行积极思维，从而培养学生的思维能力、培养学生分析问题和解决问题的能力。化学原理实验中的"引思—探究"教学，还有利于学生掌握化学理论并提高学生解决实际问题的能力。例如，在化学平衡移动原理的教学中，教师让学生观察浓度、压强、温度对平衡移动影响的三个实验，记录现象。让学生通过实验现象判断平衡移动的方向。

教师引导学生思考问题1：浓度、压强、温度的改变对正逆反应速度有何影响？学生通过讨论总结出浓度、压强、温度的改变对正、逆反应速度影响关系。

教师引导学生思考问题2：浓度、压强、温度的改变对化学平衡有何影响？学生分析增大某物质的浓度，平衡是向减少该物质的方向移动。增大体系的压强，平衡不是向继续增大体系的压强方向移动，而是向减少体系压强的方向移动。升高温度，平衡不是向体系温度升高的方向移动，而是向体系温度下降（吸热）的方向移动。通过教师诱导，学生的思考、探究，从实验现象出发，总结出化学平衡移动原理。

这种实验在前，化学概念及原理的形成在后，符合学生的认知规律：实验所产生的现象和提供的数据为学生形成理性认识打下了感性认识的基础；为学生透过宏观现象揭示事物本质提供有利条件；也使学生认识到化学原理的形成不是凭空想象的，而是建立在化学实验的基础上，通过分析、推理、总结得到的。这使学生重视实验，增强对实验现象的探索研究，有利于培养学生的能力。

化学实验中的"引思—探究"教学，能充分发挥教师在实验教学中的主导作用，学生积极参与到求知活动中，做到教为主导与学为主体的统一，可以让学生比较好地掌握化学概念和理论，培养他们的思维能力和创造能力。通过实验探究活动，能让学生掌握基本的化学实验技能和方法，进一步体验实验探究的基本过程，认识实验在化学科学研究和化学学习中的重要作用，提高化学实验能力。因此，化学实验中的"引思—探究"教学，对于提高教学质量、实现新课标新理念下的三维教学目标具有重要意义。

本文在 2018 年 8 月揭阳市学科教研活动上交流分享

基于高中化学学科核心素养的化学概念教学

——对《盐类的水解》同课异构课的思考

化学概念教学一直是中学化学教学的重点，也是学生学习的难点。长期以来，死记硬背、机械化理解是学生学习化学概念的主要方式，对概念的内涵和外延也只能从概念的字面意义去掌握，在实际应用中不能有效迁移。因此，要改变单一的课堂教学结构，设计高质量教学情境，以化学问题解决学习难点，提高他们分析问题和解决问题的能力。教师在教学中要让学生通过自主、探究和合作等多样化的学习方式，形成和发展化学核心概念，形成结构化知识，培养实验探究能力，形成辩证思维，养成在特定的任务或者问题情境中，以及在解决问题过程中表现出来的关键能力和思维品质。

一、采用双主教学模式，改变单一的课堂教学结构

长期以来，由于历史的因素，以教师为中心的课堂教学结构受到广泛的应用。这种教学结构的优点是便于教师组织、监控整个教学活动进程，有利于科学知识被系统地、大面积且快速地传授；但它忽视了学生的主体，不利于培养学生的自主学习和合作交流。而以学生为中心的课堂教学结构强调了学生是学习过程的主体和知识体系的主动建构者，非常重视个体的自我发展，有利于创造型和专业型人才的培养；但是它过多地强调了学生的"学"，高估了学生学习的自主性和能动性，教学中容易偏离教学目标的要求，最终难以完成教学任务和要求。因此，要改变单一的课堂教学结构设计，采用学教并重双主教学模式（"主导—主体"教学模式），通过教师的合理引导和组织，学生主动参与自主学习、协作交流，获知相关知识的规律，以及相关知识之间的内在联系，完成从旧知识到新知识的有效迁移，并能深刻地理解和应用新知识，建立起关于以前所学知识与当前所学内容的合理的认知体系，从而形成自己理解客观事物的独特视角和能力。

教师在实际教学中要充分了解教材的知识结构和学生的认知结构，以学生为主体，考虑教师的作用，以知识性问题为线索，设计和实施优化的教学结构，运用认知操作的转移，推动思维过程，解决实际性问题，达到最佳的教学效果。

二、以化学问题驱动学习，优化课堂教学问题设计

纵观我国高中化学教学，即使是在新课程已经广泛开展的今天，仍然缺乏有效的问题设计和问题引导，无法引起学生高层次的思维活动。化学问题的"缺失"，导致学生学习能力发展的表面性和局限性。高中化学学科核心素养必须而且只能在化学问题的解决中形成和发展。以化学问题解决学习，以一系列精心设计的类型丰富、质量优良的有效教学问题来贯穿教学过程，培养学习者解决问题的认知能力与高级思维技能的发展[2]，实现其对课程内容持久深入理解，这就要求教师要针对不同知识的特点、学生的认知水平和教学的不同环节和情景，设计好不同层次的问题，把握好问题的难度和梯度。其问题具有情境性、体验性、过程性和开放性。而问题的提出要有关联性和前瞻性，要注意知识的前后联系，使学生形成对前后知识的回顾和联想，做到温故知新，知故而求新。整个教学过程中我们可采用实验探究、交流讨论和质疑追问的教学方法，有利于学生对知识的掌握和运用所学知识解决实际问题能力的提高。化学问题解决过程包括发现、分析和解决问题，其最终目标在于克服障碍并发现问题的答案。化学问题解决学习的过程，可通过在真实而复杂的情境中提出问题、开展探究活动，训练和运用化学特征的思维方式，最终获得问题解决的方案和结果。

三、设计高质量教学情境，激发学生的探究欲望

教学情境，就是使学生从事学习活动、产生学习行为的一种环境或背景。建构主义学习理论认为，一切新的学习都建立在以前的经验和学习基础之上。教学情境必须取材于学生熟悉的、生动而具体的生活场景和社会现象。因此，在教学中教师必须设计高质量的教学情境，应让学生充分应用已有的知识，在与所学内容很切合适应的新情景中产生认知冲突。这样的情景能使学生将已有的知识进行应用并产生困惑，形成探究欲望，学会解决问题。同时必须引导和组织学生积极主动参与多样化的学习活动，如实验探究、交流讨论、辩论、问题解决、社会实践等，让学生在学习活动中形成自主、合作、探究

等多样化的学习方式。在学习过程中自主获取化学学科知识、形成化学学科观念、体验化学实验探究的过程、运用化学特征的思维方式分析和解决实际问题、认同和践行化学学科价值追求。

对选修 4 第三章第三节第 1 课时盐类水解的教学探讨

案例 1

[复习提问]

影响水的电离的因素有哪些？如何影响？

[探究 1]

学生演示——选择便捷的方法测试下列盐溶液的酸碱性。

盐溶液	NaCl	Na$_2$SO$_4$	NH$_4$Cl	(NH$_4$)$_2$SO$_4$	Na$_2$CO$_3$	NaHCO$_3$	CH$_3$COONa
酸碱性							

[探究 2]

盐溶液呈现不同酸碱性的规律。

盐溶液		NaCl	Na$_2$SO$_4$	NH$_4$Cl	(NH$_4$)$_2$SO$_4$	Na$_2$CO$_3$	NaHCO$_3$	CH$_3$COONa
酸碱性		中性		酸性		碱性		
生成该盐的	酸	HCl	H$_2$SO$_4$	HCl	H$_2$SO$_4$	H$_2$CO$_3$	H$_2$CO$_3$	CH$_3$COOH
	碱	NaOH	NaOH	NH$_3$·H$_2$O	NH$_3$·H$_2$O	NaOH	NaOH	NaOH

[探究 3]

盐溶液呈现不同酸碱性的原因。

[理论分析 1]

教师分析——CH$_3$COONa（碱性）。

（1）c（H$^+$）、c（OH$^-$）来源水的电离，为什么会出现 c（H$^+$）$\neq$ c（OH$^-$）的情况呢？

（2）写出体系存在的电离方程式，分析原因。

[理论分析 2]

学生分析——NH$_4$Cl（酸性）。

（1）c（H$^+$）、c（OH$^-$）来源水的电离，为什么会出现 c（H$^+$）$\neq$ c（OH$^-$）的情况呢？

（2）写出体系存在的电离方程式，分析原因。

[理论分析3]

教师分析——NaCl（中性）。

（1）$c(H^+)$、$c(OH^-)$ 来源水的电离，为什么会出现 $c(H^+) = c(OH^-)$ 的情况呢?

（2）写出体系存在的电离方程式，分析原因。

[归纳]

盐类水解。

（1）概念：在溶液中盐电离出来的离子跟水电离出来的 H^+ 或 OH^- 结合生成弱电解质的反应。

（2）实质：生成弱电解质，促进水的电离。

（3）条件：水溶液中，有弱才水解。

（4）特点：

水解反应和中和反应互为可逆反应，盐 + 水 $\rightleftharpoons$ 酸 + 碱。

（5）盐类水解的离子方程式。

要注意：

① 盐类水解的程度较小，用可逆号"$\rightleftharpoons$"表示（一般情况下）。

② 多元弱酸的盐分步水解，以第一步为主。

③ 多元弱碱的盐水解过程较为复杂，通常写成一步完成。

④ 盐类水解的产物很少，不会产生气体或沉淀，不标"↓"或"↑"。不把生成物（如 $NH_3 \cdot H_2O$、H_2CO_3 等）写成其分解产物的形式。

[课堂练习]

（1）下列盐的水溶液中，呈酸性的是（　　　），呈碱性的是（　　　）。

① $FeCl_3$　　　② NaClO　　　③ NH_4NO_3

④ $Al_2(SO_4)_3$　　⑤ Na_2S　　　⑥ K_2SO_4

（2）下列物质分别加入水中，因促进水的电离而使溶液呈碱性的是（　　　）。

A. $NaHSO_4$　　　B. NaOH　　　C. $CuCl_2$　　　D. Na_2CO_3

[思考与交流]

（1）CH_3COOH 的酸性比 HClO 强，那么相同物质的量浓度的 CH_3COONa 溶液和 NaClO 溶液哪个碱性更强?

（2）已知在相同的条件下 $NH_3 \cdot H_2O$ 与 CH_3COOH 电离常数相等，那么 CH_3COONH_4 溶液显酸性、碱性还是中性?

（3）已知25℃时，$NH_3 \cdot H_2O$ 电离常数 $K_b = 1.8 \times 10^{-5}$，CH_3COOH 电离

常数 $K_a = 1.8 \times 10^{-5}$，H_2CO_3 电离常数 $K_{a1} = 4.5 \times 10^{-7}$，那么 CH_3COONH_4、NH_4HCO_3 溶液显酸性、碱性还是中性？

[小结]

水解的规律。

有弱才水解，无弱不水解，越弱越水解，都弱都水解，谁强显谁性，同强显中性。

案例1 评析

这节课从回顾影响水的电离平衡引入，通过学生演示探究盐溶液酸碱性的实验和教师、学生分析盐溶液酸碱性的原因，引出了盐类水解的概念、实质、条件、特点和盐类水解离子方程式的书写，最后归纳了盐类水解的规律。整节课教学目标明确、重难点突出、条理清晰，知识目标效果不错。但课堂明显是以教师为主，这节课交给学生的时间过少，不利于培养学生自主、合作、探究等能力，不利于让学生以问题解决学习，培养学生解决实际问题的能力。

案例2

[播放视频]

人被蜜蜂蜇了怎么办？

[新课引入]

碱性溶液，如肥皂水、小苏打、稀氨水。

[教师分析]

为什么小苏打溶液显碱性？溶液中存在哪些离子？对水的电离平衡有何影响？

[探究]

学生演示——用 pH 试纸测试下列盐溶液的酸碱性

盐溶液	NaCl	Na_2CO_3	$NaHCO_3$	NH_4Cl	Na_2SO_4	CH_3COONa	$(NH_4)_2SO_4$
酸碱性	中	碱	碱	酸	中	碱	酸

[学生分析1]

CH_3COONa 溶液为什么显碱性？

[学生分析2]

NH_4Cl 溶液为什么显酸性？

[教师分析]

NaCl 溶液为什么显中性？

［归纳］

盐类水解。

（1）定义：在溶液中盐电离出来的离子跟水电离出来的 H^+ 或 OH^- 结合生成弱电解质的反应。

（2）本质：破坏了水的电离平衡，促进了水的电离。

（3）条件：生成弱电解质。

水存在；有弱酸阴离子或弱碱阳离子。

［教师分析］

盐溶液		NaCl	Na_2SO_4	NH_4Cl	$(NH_4)_2SO_4$	Na_2CO_3	$NaHCO_3$	CH_3COONa
酸碱性		中性		酸性		碱性		
生成该盐的	酸	HCl	H_2SO_4	HCl	H_2SO_4	H_2CO_3	H_2CO_3	CH_3COOH
	碱	NaOH	NaOH	$NH_3 \cdot H_2O$	$NH_3 \cdot H_2O$	NaOH	NaOH	NaOH
盐的类型		强酸强碱盐		强酸弱碱盐		强碱弱酸盐		

［课堂练习］

请写出下列物质的水解方程式，并将它们改写成离子方程式。

①$CuCl_2$　　　　　②Na_2S

［归纳］

盐类水解方程式的书写。

（1）一般盐类水解的程度很小，是可逆反应，因此用"$\rightleftharpoons$"；水解产物很少，通常不生成沉淀或气体。在书写方程式时一般不标"↓"或"↑"。

（2）多元弱酸的酸根离子水解是分步进行的，第一步水解程度比第二步水解程度大得多。

（3）多元弱碱的阳离子水解过程较为复杂，通常写成一步完成。

（4）多元弱酸的酸式根离子，水解过程写成多步完成。

［小试牛刀］

（1）写出 CH_3COONa、Na_2CO_3、NH_4Cl、$Al_2(SO_4)_3$ 水解的离子方程式。

（2）下列离子方程式书写正确的是（　　　）。

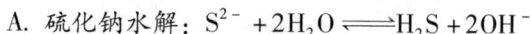

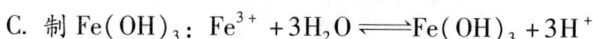

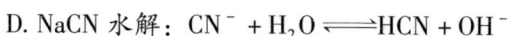

A. 硫化钠水解：$S^{2-} + 2H_2O \rightleftharpoons H_2S + 2OH^-$

B. 硫氢化钠水解：$HS^- + H_2O \rightleftharpoons H_3O^+ + S^{2-}$

C. 制 $Fe(OH)_3$：$Fe^{3+} + 3H_2O \rightleftharpoons Fe(OH)_3 + 3H^+$

D. NaCN 水解：$CN^- + H_2O \rightleftharpoons HCN + OH^-$

案例2 评析

这节课从生活中"如何处理被蜜蜂蜇"引入，通过教师对小苏打溶液的分析，引导学生实验探究并分析三种盐的酸碱性，最后引出了盐类水解的定义、本质、条件和盐类水解离子方程式的书写。整节课教学目标明确、重难点突出、学生自主学习气氛浓、新课从生活引入，引起学生认知的冲突，有利于培养学生用化学知识解决实际问题的能力。但教学内容的设计不够严谨，由于学生化学知识的欠缺，原理分析不够清晰，这节课知识目标效果较差，难以完成教学任务和要求。

四、教学建议及教学过程

盐溶液的酸碱性主要决定于盐类的组成，与盐类的水解密切相关，教学中要利用电离平衡的理论来揭示盐类水解的实质。因此，盐类水解既要利用前一章所学化学平衡理论，又要利用本章第二节学习的内容。

[播放视频]

人被蜜蜂蜇了怎么办？

[新课引入]

碱性溶液，如肥皂水、小苏打、稀氨水。

[教师分析]

为什么小苏打溶液显碱性？形成该盐的酸和碱分别是什么？强弱情况怎么样？

[分组讨论]

根据形成盐的酸和碱的强弱，将表中的盐按强酸强碱盐、强酸弱碱盐、强碱弱酸盐分类，并预测溶液的酸碱性。

盐溶液		$NaCl$	Na_2SO_4	NH_4Cl	$(NH_4)_2SO_4$	Na_2CO_3	$NaHCO_3$	CH_3COONa
预测酸碱性								
生成该盐的	酸	HCl	H_2SO_4	HCl	H_2SO_4	H_2CO_3	H_2CO_3	CH_3COOH
	碱	$NaOH$	$NaOH$	$NH_3 \cdot H_2O$	$NH_3 \cdot H_2O$	$NaOH$	$NaOH$	$NaOH$
盐的类型		强酸强碱盐		强酸弱碱盐		强碱弱酸盐		

[实验探究]

学生演示——用 pH 试纸测试下列盐溶液的酸碱性。

盐溶液	NaCl	Na_2SO_4	NH_4Cl	$(NH_4)_2SO_4$	Na_2CO_3	$NaHCO_3$	CH_3COONa
酸碱性	中性		酸性		碱性		
生成该盐的	酸	HCl	H_2SO_4	HCl	H_2SO_4	H_2CO_3	H_2CO_3	CH_3COOH
	碱	NaOH	NaOH	$NH_3 \cdot H_2O$	$NH_3 \cdot H_2O$	NaOH	NaOH	NaOH
盐的类型	强酸强碱盐		强酸弱碱盐		强碱弱酸盐		

[分组讨论]

按照盐的组成分类，为什么不同类型盐溶液的酸碱性不同呢？可以从下列角度和顺序思考：盐溶液中存在哪些离子？哪些离子间可能相互结合？对水的电离平衡有何影响？

[教师分析]

探讨 CH_3COONa 溶液显碱性的原因。

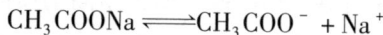
$$CH_3COONa \Longrightarrow CH_3COO^- + Na^+$$

$$H_2O \Longrightarrow H^+ + OH^-$$

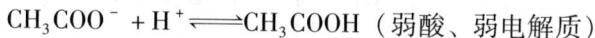
$$CH_3COO^- + H^+ \Longrightarrow CH_3COOH（弱酸、弱电解质）$$

水电离产生的 $c(H^+)$ 减少，平衡向电离的方向移动，$c(OH^-)$ 浓度增大，最后溶液中 $c(OH^-)$ 大于 $c(H^+)$，溶液呈碱性。

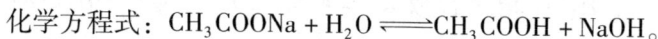
化学方程式：$CH_3COONa + H_2O \Longrightarrow CH_3COOH + NaOH$。

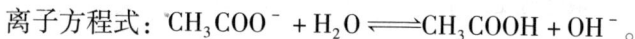
离子方程式：$CH_3COO^- + H_2O \Longrightarrow CH_3COOH + OH^-$。

[学生分析]

（1）NH_4Cl 溶液为什么显酸性？

（2）NaCl 溶液为什么显中性？

[归纳]

盐类水解。

（1）概念：在溶液中盐电离出来的离子跟水电离出来的 H^+ 或 OH^- 结合生成弱电解质的反应。

（2）实质：生成弱电解质，促进水的电离。

（3）条件：水溶液中，有弱电解质才水解。

（4）特点：①可逆；②吸热；③微弱；④动态。

[课堂练习]

（1）向水中加入下列哪些物质，可使水的电离平衡发生移动？

A. H_2SO_4　　　　B. $FeCl_3$　　　　C. $NaNO_3$

D. K_2CO_3　　　　E. KOH

（2）请写出下列物质的离子方程式。

A. $NaHCO_3$ B. Na_2S C. $CuCl_2$

[归纳]

盐类水解方程式的书写。

（1）一般盐类水解的程度很小，是可逆反应，因此用"$\rightleftharpoons$"；水解产物很少，通常不生成沉淀或气体。在书写方程式时一般不标"↓"或"↑"。

（2）多元弱酸的酸根离子水解是分步进行的，第一步水解程度比第二步水解程度大得多。

（3）多元弱碱的阳离子水解过程较为复杂，通常写成一步完成。

（4）多元弱酸的酸式根离子，水解过程写成多步完成。

[分组讨论]

（1）CH_3COOH 的酸性比 $HClO$ 强，那么相同物质的量浓度的 CH_3COONa 溶液和 $NaClO$ 溶液哪个碱性更强？

（2）已知在相同的条件下 $NH_3 \cdot H_2O$ 与 CH_3COOH 电离常数相等，那么 CH_3COONH_4 溶液显酸性、碱性还是中性？

（3）已知 25℃ 时，$NH_3 \cdot H_2O$ 电离常数 $K_b = 1.8 \times 10^{-5}$，CH_3COOH 电离常数 $K_a = 1.8 \times 10^{-5}$，H_2CO_3 电离常数 $K_{a1} = 4.5 \times 10^{-7}$，那么 CH_3COONH_4、NH_4HCO_3 溶液显酸性、碱性还是中性？

[小结]

水解的规律：有弱才水解，无弱不水解，谁弱谁水解，谁强显谁性，都强不水解，溶液显中性，越弱越水解，都弱都水解。

参考文献

［1］李晓文，王莹. 教学策略［M］. 北京：高等教育出版社，2000.

［2］胡小勇. 问题化教学设计——信息技术促进教学变革［M］. 北京：教育科学出版社，2006.

本文获 2006 年广东省优秀论文评比一等奖

钢铁的吸氧腐蚀实验探究与改进

在钢铁吸氧腐蚀实际教学活动中，由于装置气密性不好把握、水柱上升现象不明显等原因，耗费不少时间，导致实际教学活动中不得不以视频代替实验操作。本文旨在探究钢铁吸氧腐蚀实验装置的改进，力求改进后解决气密性，以及使实验现象便于观察等问题。

一、实验改进与探究背景

人教版高中化学选修四《化学反应原理》关于钢铁腐蚀的原理描述：钢铁吸氧腐蚀电极反应如下：

负极：$2Fe - 4e^- = 2Fe^{2+}$（氧化反应）。

正极：$2H_2O + O_2 + 4e^- = 4OH^-$（还原反应）。

总反应：$2Fe + O_2 + 2H_2O = 2Fe(OH)_2$。

$Fe(OH)_2$ 继续与空气中的 O_2 作用，生成 $Fe(OH)_3$。

$4Fe(OH)_2 + O_2 + 2H_2O = 4Fe(OH)_3$。

$Fe(OH)_3$ 脱去一部分水就生成 $Fe_2O_3 \cdot xH_2O$，它就是铁锈的主要成分，铁锈疏松地覆盖在钢铁表面，不能阻止钢铁继续腐蚀（见图1）。

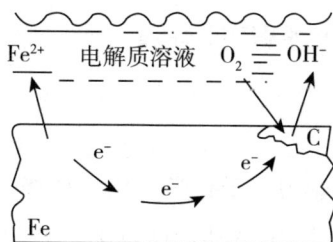

图 1　钢铁吸氧腐蚀示意图

对教材的解析中，我们可以看出，钢铁的吸氧腐蚀是一个缓慢而微弱的过程，需要一段时间才能看到明显的现象，而课堂演示时间短暂，要从简易实验中观察到明显的现象，是该原理演示的一个难点。

选修四课本设计的实验装置：实验4－3将经过酸洗除锈的铁钉，用饱和食盐水浸泡一下，放入图2所示的具支试管中，几分钟后，观察导管中水柱的变化，思考引起变化的原因。

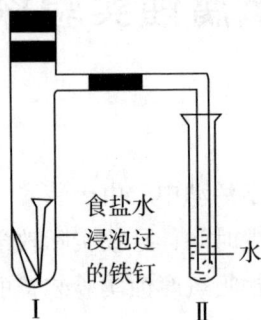

图2　钢铁吸氧腐蚀实验

基于课本的实验装置，实际教学中存在的问题如下：①水柱观察不明显，演示实验效果微弱；②反应产生的氧气量少且容易导致现象不明显。对于该实验装置可能产生的问题及原因，本文对该实验装置做出了如下的改进。

二、实验教学目标

基于新课标对教学三维目标要求，结合新课标背景下的情景教学模式，本文设计实验对学生掌握知识把握了"三维"目标。

1. 知识与技能

理解钢铁腐蚀的原理和条件，运用原理掌握钢铁防腐的方法。

2. 过程与方法

通过实验探究，更好地掌握实验原理，通过实验探究，进一步提高观察能力和分析能力。

3. 情感态度价值观

通过对实验的探究与学习感受化学变化的神奇，通过金属腐蚀，以及防腐对生活的影响，感受化学知识对生活的意义。

三、实验装置改进

实验设计思路：改进吸氧腐蚀实验装置，使现象更方便观察。

1. 实验器材

60mL 分液漏斗一个、有支口 U 形管一个、带孔橡胶塞一个、橡胶塞一个、橡皮管一段、20mL 注射器一个。

2. 改进后的实验装置（图3）

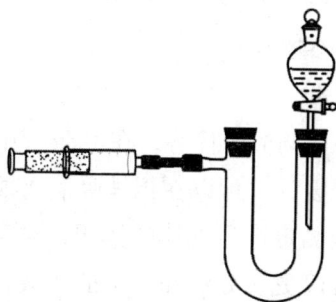

图3　钢铁吸氧腐蚀实验盖紧装置

3. 实验设计特点

（1）用分液漏斗加液方便，也可以调节加入溶液的多少。

（2）U 形管设计方便观察液面高低，现象观察比使用导管更清晰直接。

（3）注射器也可以从读数上观察气体变化，同时还可以起到测量气体体积的作用，方便下一步实验。

（4）使用过的溶液可以用注射器抽出，方便溶液的更换。

（5）实验步骤。

① 检查装置气密性。关闭分液漏斗活塞，将注射器的活塞拉出一小段，松开手，活塞自动回复原刻度，证明装置气密性良好。

② 加入药品。在 U 形管中加入铁钉，同时将加有少量红墨水的食盐水倒入分液漏斗中，打开 U 形管另一侧橡胶塞，打开分液漏斗活塞，慢慢加入适量食盐水并调节使 U 形管左右液面相平，同时，将针筒调节到 10mL 的位置。

（6）现象观察及思考讨论。

静置一段时间，观察现象。

[思考]　在等待实验现象的过程中，思考回顾钢铁吸氧腐蚀的原理，并指导学生书写相关的电极反应方程式。

[提问描述实验现象]　从实验结果可以看到，U 形管左侧液面上升，注射器刻度由 10mL 移动至 9mL。

[思考]　注射器的作用，除了可以观察气体量的变化，可否通过针筒测

量结果设计实验计算一定时间内钢铁吸氧腐蚀转移的电荷量，将此问题作为课后思考设计实验作业。

四、实验效果评价

通过实验教学的改进，钢铁吸氧腐蚀原理、吸氧腐蚀的现象更容易观察，并且可以通过实验装置深入探究。

1. 课堂演示的效果评价

本装置实现加液方便可调节的优势，在 U 形管中装入红色墨水后观察更加方便明显，多了注射器设计，可以在钢铁吸氧腐蚀简易实验的基础上做衍生实验设计。比如，定量测定产生气体的体积，对实验方程式的探究，转移电子数目的探究等。也可以更改分液漏斗中的溶液，改做钢铁的析氢腐蚀实验，装置设计变化多样。

2. 课堂观察的效果评价

从学生的角度观察该演示实验装置的教学效果，可以从 U 形管明显看到液柱高低差变化证明的实验结论，也可以从注射器移动显示的细微数据变化说明实验的结果。解决了钢铁吸氧腐蚀实验现象不明显、演示过程缓慢的难点（图 4）。

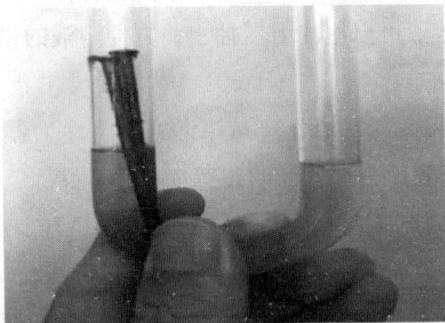

图 4　改进装置实验现象演示

五、实验装置衍生探究

本文设计的钢铁吸氧腐蚀实验装置，除了可以演示钢铁吸氧腐蚀，也可以对吸氧腐蚀实验做进一步探究设计，或者作为其他实验的装置进行演示。对于衍生探究实验，本文做如下两个探究示例。

1. 钢铁的析氢腐蚀

使用本文设计实验装置做钢铁的析氢腐蚀，将分液漏斗中实验药品改为稀硫酸。

实验目的：钢铁析氢腐蚀实验现象观察及讨论。

实验步骤：安装好实验装置并检查气密性，将铁钉加入 U 形管中，并调节注射器活塞至 0 刻度，关闭分液漏斗活塞，加入滴有红墨水的稀盐酸，盖住 U 形管活塞。

实验现象：U 形管左右液面不相平，靠近注射器的部分液面较高，针筒活塞离开 0 刻度，可以读得气体体积。

实验结果及讨论：从 U 形管液面变化及注射器读数变化可以看出钢铁析氢腐蚀产生了气体，与吸氧腐蚀的实验原理不同，证明了酸性条件下，钢铁发生了与中性或者弱酸性条件下不同的腐蚀，进一步说明酸雨对自然环境的危害性。

2. 吸氧腐蚀定量探究

使用本文装置对钢铁吸氧腐蚀实验进一步探究。

实验目的：探究吸氧腐蚀发生一定时间内产生氧气速率。

实验步骤：安装好实验装置并检查装置气密性，加入药品：在 U 形管中加入铁钉，同时将加有少量红墨水的食盐水倒入分液漏斗中，打开 U 形管另一侧橡胶塞，打开分液漏斗活塞，慢慢加入适量食盐水并调节使 U 形管左右液面相平，并将注射器位置调节到 10mL 的位置，同时用秒表进行计时。

实验现象观察：1 分钟后观察到 U 形管左右液面不相平，靠近注射器一边液面降低，注射器中刻度减少至 8mL，定量计算单位时间内消耗氧气的速率。

本文实验装置还可以由学生自主设计探究其他实验现象，作为课堂实验的补充。

六、注意事项

本实验装置使用过程中应当注意：

（1）装置气密性的保持，在各个装置活塞或者橡胶塞处都注意气密性检测，通过涂抹凡士林等方法加强装置气密性。

（2）在不同的实验中，注射器活塞位置的调节和固定的位置不一样。比如在吸氧腐蚀实验中应当先调节至 10mL，在析氢腐蚀实验中应当调节至 0 刻度。

七、本演示实验装置设计特点反思

经过实际教学演示该实验装置，对该装置效果进行以下反思。

（1）改用 U 形管后，实验过程中气体的产生与消耗所造成的液面差变得更容易观察。

（2）使用红墨水使实验现象更为明显。

（3）在实验中增加注射器，可以进一步看清实验过程中气体量的微小变化，辅助 U 形管装置观察，使效果更加明显。

（5）增加分液漏斗的设计，加液过程变得可调节，方便实验进一步探究。

八、总结

钢铁吸氧腐蚀实验仪器简单，实验易操作，只是现象不够明显，但只要我们勤于尝试、勇于思考，就能依托实验室常见仪器丰富中学实验装备，提高实验教学的有效性。

课本的演示装置存在一些需要改进的问题时，我们作为教育工作者，应当多思考、多探究，对实验装置进行合理调整和改进，同时多向身边的同行学习，不断提高自身的探究能力和教学水平。在探究的同时也可引导学生一起思考，开发学生探究性思维，以期实现新课标背景下的新教学模式，为开展素质教育提供更大的平台，发展学生在化学课中的创造性。

本文在 2018 年 8 月普宁市学科教研活动上交流分享

化学复习中培养学生的发散思维能力

——酯化反应复习思考

　　高三化学总复习是化学教学过程的一个重要组成部分，在这个阶段应当帮助学生对化学知识的理解和化学技能的运用，在原有的基础上得到巩固和提高，也就是温习已学过的知识，带有回忆、强化记忆的性质，将已学过的"知识碎片"，通过加工使其系统化、结构化，带有深化认识、提高能力，特别是增强应用知识的能力的性质。在此过程中就必须加强对学生思维能力，特别是发散思维能力的培养。发散思维是从不同方向、不同角度去思考解决问题的途径，它的优势是能从狭窄的封闭思维体系中解放出来，使之具有流畅性、变通性和独创性；它能从不同角度去认识事物，发现别人易忽略的问题，使之具有灵活性和敏捷性；它还能对已有信息进行归纳、加工、储存，使之具有顿悟性。笔者就酯化反应的复习谈谈对此问题的一些认识。

一、由点带线，培养学生思维流畅性

　　所谓流畅指智力活动的速度敏捷，能在短时间内发现较多问题。高考总复习时，要对每一个知识点做到重新学习，全面理解，牢固记忆，灵活应用。例如，在复习酯化反应时从课本反应的化学方程式入手：

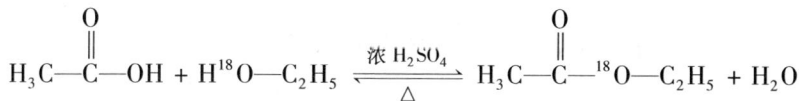

$$H_3C-\overset{O}{\overset{\|}{C}}-OH + H^{18}O-C_2H_5 \underset{\triangle}{\overset{\text{浓 } H_2SO_4}{\rightleftharpoons}} H_3C-\overset{O}{\overset{\|}{C}}-{}^{18}O-C_2H_5 + H_2O$$

引导学生提出下列问题并思考：

（1）所有的酸和醇的反应都属于酯化反应吗？酯化反应与中和反应有何区别？

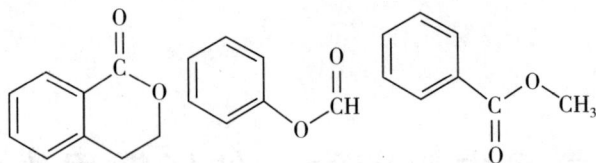

上面化合物都是酯吗？

（2）酯化反应中，羧酸提供_____，醇提供_____，二者结合生成水，怎样知道？

（3）以 $CH_2=CH_2$ 和 $H-^{18}OH$ 为主要原料，如何制取 $H_3C-\overset{O}{\overset{\|}{C}}-^{18}O-C_2H_5$

和 $H_3C-\overset{^{18}O}{\overset{\|}{C}}-O-C_2H_5$ ，写出反应的化学方程式。

（4）酯化反应与酯的水解反应在反应速率、平衡控制方面采取了哪些措施？应用了什么原理？如何分离酯化反应产物？

提出问题是产生独立见解的前提，总复习时组织学生钻研课本，在透彻理解每一知识点的基础上，启发学生大胆提出问题，勇于探索。对书本中每个结论"审查、鉴定"其科学性、准确性，通过问题的提出培养思维的流畅性。以上问题从教材知识点，牵出酯化反应的主线。由问题（1）（2）归纳出酯化反应的含义和特征。问题（3）进一步理解用示踪原子探索反应历程的科学原理，深刻理解"示踪原子反应化学方程式"的意义，从而正确把握在制取酯的原料乙酸时，是用乙烯加 $H-^{18}OH$ 法，还是用乙烯加 O_2 氧化法，以培养学生思维的整体性、严密性和深刻性。问题（4）把平衡理论、物质的分离和提纯方法活用到酯化反应中。知识点的强化，不是简单地对原有知识的重复，要有一定的力度。不是深挖教材，而是开拓视野，使原有的知识升华到高考需要的程度上。

二、由线带面，培养学生思维变通性

俄国教育学家乌申斯基指出：复习不是单纯地重复，而是用旧知识的砖瓦建造新的高楼大厦。从重点、难点突破"酯化原理"，培养知识迁移能力，强化思维的变通性和灵活性。在酯化反应时要求学生认真写出下列有关反应的化学方程式：

（1）一元羧酸（或无机含氧酸）与一元醇形成的低级酯（如用化学式为 $C_4H_{10}O$ 的醇与乙酸酯化，可能的酯有几种？发散联系羟基的位置异构，培养思维的变通性和灵活性）。

（2）一元羧酸（或无机含氧酸）与多元醇形成的酯（如硝化甘油）。

（3）有机酸（或无机含氧酸）与高分子化合物形成的高分子酯（如醋酸纤维、胶棉、火棉）。

（4）高级脂肪酸与甘油形成的酯（如油酯）。

（5）二元羧酸与二元醇形成的环酯、聚酯。

（6）α－羟基酸自身形成的分子内环酯、分子间环酯、聚酯。

（7）由同位素示踪原子形成两种名称易混淆的酯。

如由 $H_3C{-}\overset{\displaystyle O}{\overset{\|}{C}}{-}^{18}OH$ 制二乙酸乙二酯，由 $CH_3{-}CH_2{-}^{18}OH$ 制乙二酸二乙酯。

分析上述成酯规律，使学生领略到酯化反应的多面性。在学生思维高度发散时，又要求归纳出成酯的本质特征，即"羧酸中的羟基与醇中的氢原子结合成水"。通过这样由特殊到一般、由一般到特殊的归纳、演绎，及由此及彼地纵横联想和推广迁移，进行了一题多变、一题多问、一法多用、一理多变、一点多面的变式练习。这不仅能使学生将所学知识纵横贯通，形成点、线、面的联系，加深学生对知识的理解和记忆，而且让学生惊喜地感到原来这些复杂的反应都统一在酯化原理这一根本点上，同时也为他们在分析其他知识点时，能自觉地运用发散思维方法点燃创造性思维的火花。

三、由面及体，培养学生思维独特性

以上问题拓宽了学生思维的发散度，培养了学生解决问题的能力，促进了学生思维的交叉和互补，使学生的思维向多维化发展夯实了基础。

（1）在酯的水解反应中，水中的羟基和氢原子分别连接在酯断键后的哪个碳原子上（从反面深化酯化反应的逆反应酯的水解原理，为创造性解决后续问题打实基础）？

（2）某种解热镇痛药的结构简式为：

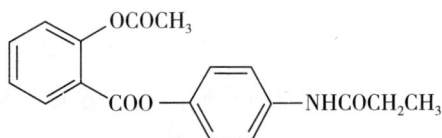

（3）当它完全水解时，可得到的产物有_____种（本题让学生知道酯还有酚酯，进一步拓展到一定物质的量的酚酯，在碱性条件下水解是通过酯化反应而缩聚成高分子化合物的，试写出其单体的结构简式）。

（4）写出间苯二甲酸和间苯二胺以等物质的量缩聚产物的结构简式［1996 年高考题第 32 题。该题与（3）有异曲同工之妙，把醇羟基变为氨基，把对位换成间位，要求思维的变通性、灵活性及深刻性］。

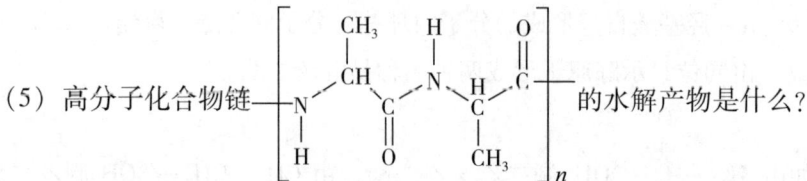

（5）高分子化合物链 的水解产物是什么？

（6）羧酸酯 RCOOR′ 在催化剂作用下可与 R″OH（R′、R″为不同烃基）发生如下反应：

$$RCOOR' + R''OH \xrightarrow{\text{催化剂}} RCOOR'' + R'OH$$

此反应称为酯交换反应，常用于有机合成。在合成涤纶过程中，有一步骤是先把聚乙酸乙烯酯 转化为聚乙烯醇，这一步就是用过量的甲醇进行酯交换反应来实现的。试写出聚乙酸乙烯酯与甲醇进行酯交换反应的化学方程式。

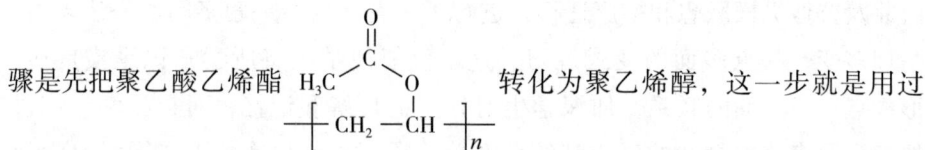

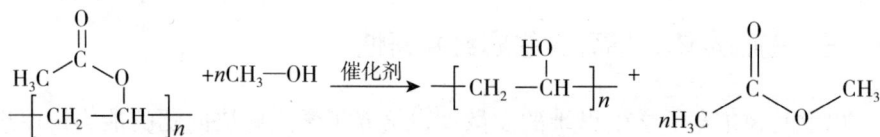

问题（3）～（6），实质上是把酯化原理和酯的水解规律嫁接到高聚物的合成和水解上（如把醇羟基换成氨基，把酯基换成肽键，把水解换成醇解），把酯化原理在三维立体空间进一步延伸扩展，形成了酯化原理点、线、面、体的有机整体，丰富了酯化反应的内涵和外延，体现了发散思维的流畅性、变通性和独特性。

在总复习中，启发学生将学得的知识进行"纵横联系，广泛联想"，既能扩大知识领域，丰富想象力，又能培养他们从多方面、多角度认识问题、分析问题，训练思维的广阔性，而思维的广阔性是学生学习化学必须具有的重要的思维品质，它要求学生善于系统地、全面地而又准确地思考问题。这一思维品质又必须通过广泛联系，充分比较，才能得到进一步升华，为达到这一目的，主要方法有：

（1）相似联想。有机化合物种类繁多且有些物质含有多种官能团，复习中不可能一一讲到，但抓住"官能团决定物质的化学性质"这一规律，根据有机物中官能团的特点来分析有机物的性质和相互衍变关系，通过物质的性质去理解物质的制法和用途。充分发挥学生的相似联想，则能扩大知识范围，提高思维的流畅性。如由醇羟基联系到酚羟基，在结构和性质上有许多相似之处，通过以点带面把相关知识串联起来。还可以通过字、词、意的相似而建立联系。如用"同"字把同位素、同种元素、同素异形体、同系物、同分异构体联系起来，一起比较它们之间的异同点，争取在比较中能有新的思维成果。

（2）对比联想。一般可以从某一侧面，如物质的分类、物质的性质、反应的原理、反应条件、实验的现象等分散的知识，进行对比联想；也可在同一知识体系中易混淆的内容之间通过比较而建立联系，如将取代反应、置换反应、加成反应、化合反应、加聚反应、缩聚反应等反应类型进行对比联想。

（3）纵横联想。主要是通过整理归纳把所学的知识直接或间接地联系起来，纵横交织，使之成为一个完整的知识网络。如复习烃及其衍生物知识等，我们都可以列出图表进行概括归纳，明确相互关系，如烃的衍生物列表如下：

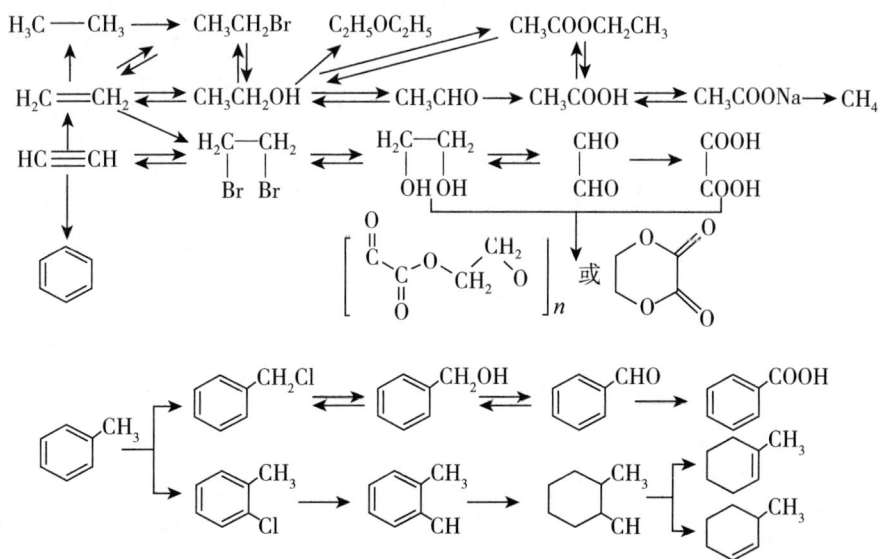

以上图表体现了点、线、面、体的关系，使学生获得清晰的知识。通过总结、联想，可以扩大思维的流畅性，培养学生的创造思维能力。

综上所述，在总复习阶段学生思维能力的培养，应以教材知识为主线、以发散思维为核心，通过变式练习和联想，从多层次、多角度去分析对比某一知识点和其他知识点的区别和联系，让知识形成点、线、面、体的立体网络，使学生的化学知识和能力来一次新认识、新整理和再提高。

本文获揭阳市教学论文评比一等奖，
在广东省化学骨干教师教学研讨会上交流

应用二维知识结构图实施元素化合物单元整体教学

在元素化合物的学习过程中，学生普遍会遇到以下困惑：一是元素化合物知识包含物质的性质、用途、制法、反应条件等各种事实性知识，繁复庞杂，记忆量大且易混淆，学生学习时什么都想记住，结果因为抓不住重点，什么都没记住；二是知识点零散而应用时思维跨度较大，往往是课堂上"一听就懂"，但课下"一用就错"。由于涉及的元素及其化合物种类较多，内容相对零散庞杂，学生普遍感到元素化合物知识"繁、乱、杂、难"，导致学生记忆的困难，这也是学生感到化学好学难记的重要原因。上述问题的主要原因是：学生通常会沿袭初中化学的学习经验，喜欢用死记硬背的方式机械地积累知识，不会对知识进行科学、系统的归纳、整理，不会通过有效的学习把各个零碎的知识点结构化整合在一起。

我们都知道，元素化合物知识之间存在着必然的联系。因此，在学习元素化合物知识时，将元素化合物知识按照一定的逻辑关系进行归类、整理，可以使零散、孤立的知识变为彼此间相互联系的整体，形成一个系统化、结构化的知识网络。这种经过结构化组织的材料能给学生一种形象直观、简明扼要的感觉，有利于他们一目了然地把握知识之间的复杂关系或内在联系，从而减轻记忆负担，提高学习效率。二维知识结构图，就是将元素化合物知识形成系统化和结构化的一种重要方法。

一、二维知识结构图

二维知识结构图由北京师范大学化学学院化学教育研究所胡久华和王磊在《基于促进学生科学素养发展的高中化学新课程教材研究——北师大"新世纪"（鲁科版）高中化学必修模块教材分析》一文中第一次提出，《化学1》（必修）模块构建了以元素为核心的知识结构。使学生建立知识结构的途径：

先建立对某元素物质家族的整体认识，然后再认识典型的代表物，在此基础上认识一类物质的性质，从而建立某元素物质家族的知识网络——核心元素主要化合价和含有该元素的物质类别的二维结构图。文中还指出："元素为核心的二维知识结构图实现了对单一物质性质认识到对一类物质性质的认识。例如，二维知识结构图中横向联系的物质具有相似的氧化性和还原性。当学生知道了二氧化硫具有还原性，能够被氧气氧化，他相应地也就知道了同样具有 +4 价硫元素的亚硫酸和亚硫酸钠也具有还原性，能够被氧气氧化；此外知识结构图中纵向联系的物质具有类物质的一般性质，如酸性氧化物的一般性质、酸的一般性质等。这样，学生可以通过对单一物质性质的认识迁移到对一类物质性质的认识，达到举一反三，触类旁通，提高学习的实效性。更重要的是，教材实现了学生建立知识网络思路和应用知识网络思路的一致性，从而实现知识结构的操作化和应用性。例如，当学生研究硫单质性质时，可以对其进行分类，从该类别物质通性的角度预测它的性质，分析是否能够与金属单质、非金属单质、氧化物、酸、碱、盐等发生反应；然后分析该物质中核心元素的化合价，预测是否具有氧化性或还原性，可能与哪些氧化剂或还原剂发生反应，最后通过实验事实或信息资料等途径验证预测，获得对硫单质性质的认识。类似地，当遇到与硫单质相关的实际问题时，先分析判断是否存在价态变化，如果存在价态变化，可以依据知识结构图中的纵向联系分析解释，如 H_2S—S—SO_2—SO_3；如果不存在价态变化，可以依据知识结构图中同一水平的横向联系进行分析解决，如 SO_2—H_2SO_3—Na_2SO_3。"图 1 是以硫元素为核心的知识结构。

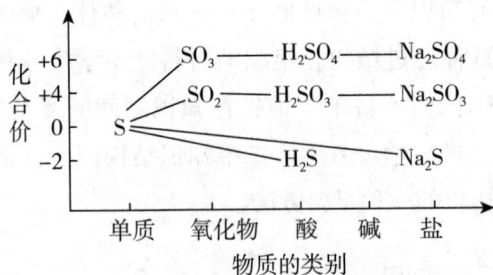

图 1　以硫元素为核心的知识结构

　　教材的取材和功能发生变化了，知识体系也会发生变化。分析无机化合物的知识体系要抓住核心观念。新课程元素化合物的研究，不是按照具体物质进行的，而是抓核心元素，将含有核心元素的物质归结在一起。这就是元素观的具体体现。

课程标准把分类内容放在主题 3 里，强调让学生从分类的角度分析无机化合物。新课程的教材设有物质分类一节，把物质分为单质、氧化物、酸碱盐等，要求学生在学习过程中根据物质的类别，推测该物质可能具有的性质。比如，从氧化还原角度，分析哪些物质属于氧化剂，具有氧化性，哪些物质属于还原剂，具有还原性；又比如，说关于具体物质的反应也可以从多个角度分析，有没有价态的变化，有没有电子的转移，在溶液中的反应有没有以离子的形式来相互结合。

新教材把元素周期表置于元素化合物知识的学习之后，元素化合物知识的学习没有元素周期律的指导，应加强物质分类思想与氧化还原反应理论对元素化合物知识学习的指导。无疑，二维知识结构图是物质分类思想与氧化还原反应理论的完美结合。

转化观充分体现物质性质是元素化合物的核心问题。可以从不同角度认识物质间的转化，如无机物之间的转化，无机物向有机物的转化，有机物之间的转化；自然界中的转化，实验室的转化；生产生活中的转化；相同价态之间的转化，不同价态之间的氧化还原转化等，通过转化将物质性质形成网络。

不难看出二维知识结构图是新课程元素化合物元素观、转化观、分类观等理念的具体表现，是元素观、转化观、分类观的完美统一体。

二、二维知识结构图在知识结构化方面的意义

（一）二维知识结构图在促进知识结构化层次水平提高方面有着重要意义

学生头脑中的知识储存形式概括起来有三种，最低的形式是靠机械识记储存于头脑中，是一些零碎的知识，杂乱无章，没有联系或缺少联系的知识点。这种形式的知识是最不利于激活和提取的，实质上还没有达到知识结构化的水平，只是知识结构化的必要基础。中等水平的储存模式是建立知识节点的相互联系和层级关系，知识激活和提取、应用的水平较高，是知识结构化的初级水平。经过引导，大多数学生都可以达到该水平。最高层次的模式，也即真正的知识结构化，应该是具有抽象水平的、表现形式简单的知识结构。这种结构化的知识可以形成长久记忆，激活和提取的水平最高。要达到这种抽象化的水平，不仅需要学生有大量的知识储备，而且要对化学思想方法和化学观念具有准确和深入的理解。三种知识储存形式的关系如图 2 所示。处

于下层的知识是上一层知识结构化的基础。显然，二维知识结构图处于知识结构化的水平的较高层次。二维知识结构图在促进知识结构化层次水平提高方面有着重要意义。

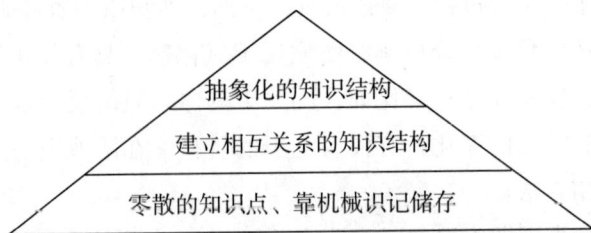

图2　二维知识结构图

（二）二维知识结构图在表现知识层级相互联系、激活和提取结构化知识方面有着重要意义

基于二维知识结构图的知识结构化，是知识按照一定的层级关系和意义联系在头脑中有序组织起来的，能够帮助学习者准确提取和应用的动态发展的知识结构。这种知识结构由处于活跃状态的、功能化的知识节点联结而成。知识结构化的过程就是由原有的知识结构向新的知识结构跃迁的过程，这个过程包括知识的增长和联系。知识的增长是指知识点数量的增加、知识间有意义的联系的增多，关于知识本质的理解的提升。二维知识结构图的建立过程是一个动态的过程，是一个知识建构、知识结构化水平不断提升的过程。

在知识结构中的知识节点具有清晰的纵向或横向的层级关系，这种层级关系是各物质间的转化关系，这种关系体现越清晰，学生的理解程度越高，知识结构化的水平越高，学生激活和提取知识、应用知识的水平就越高。

知识节点相互间具有有意义的联系，横纵联系越多，知识越活跃，在不同的情境中被激活的可能性越大，被提取和准确应用的概率越高。

二维知识结构图无疑在表现知识层级关系，以及相互联系、激活和提取结构化知识方面有着重要意义。

显然，应用二维知识结构图，对元素化合物知识的结构化有着重大意义，是解决学生学习元素化合物知识"繁、乱、杂、难"的好方法。

三、基于二维知识结构图的元素化合物单元整体教学模型

笔者通过多年的研究，总结出基于二维知识结构图的元素化合物单元整体教学模型。

（一）课前设计——进行教学分析和学生分析，确定单元设计和课时设计

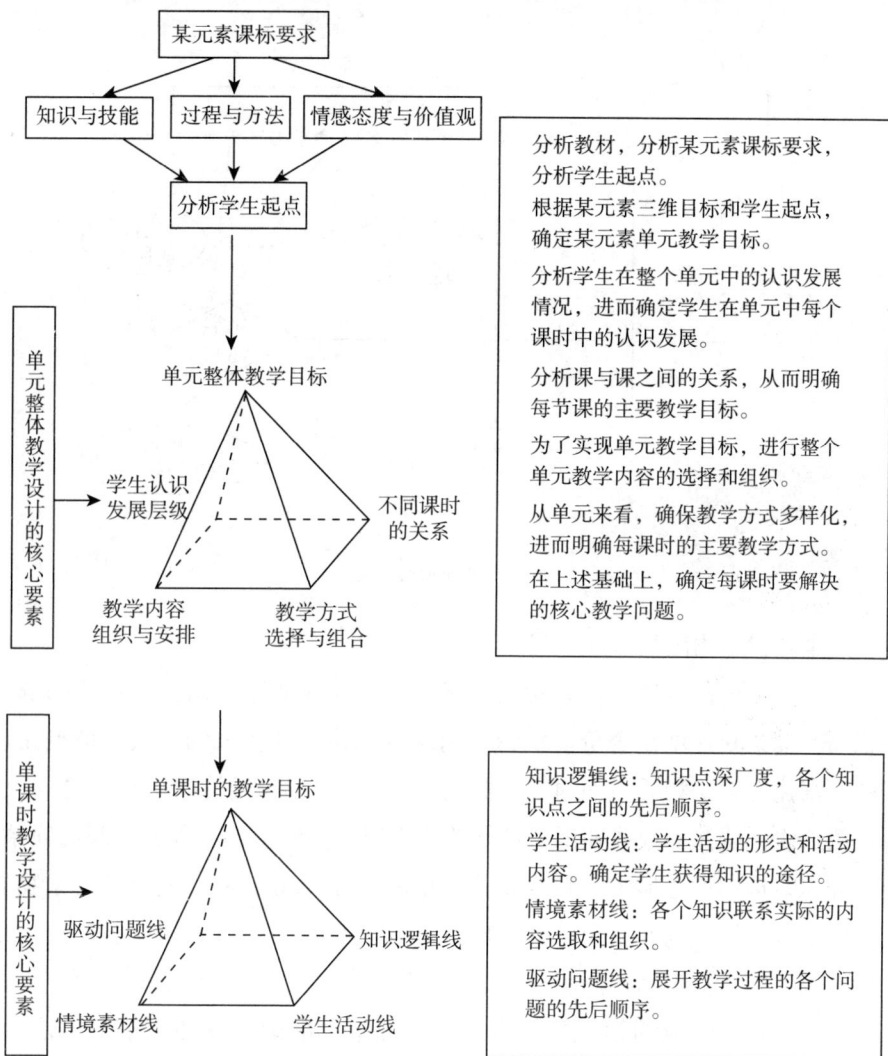

某元素课标要求

知识与技能　过程与方法　情感态度与价值观

分析学生起点

单元整体教学设计的核心要素

单元整体教学目标

学生认识发展层级　不同课时的关系

教学内容组织与安排　教学方式选择与组合

分析教材，分析某元素课标要求，分析学生起点。

根据某元素三维目标和学生起点，确定某元素单元教学目标。

分析学生在整个单元中的认识发展情况，进而确定学生在单元中每个课时中的认识发展。

分析课与课之间的关系，从而明确每节课的主要教学目标。

为了实现单元教学目标，进行整个单元教学内容的选择和组织。

从单元来看，确保教学方式多样化，进而明确每课时的主要教学方式。

在上述基础上，确定每课时要解决的核心教学问题。

单课时教学设计的核心要素

单课时的教学目标

驱动问题线　知识逻辑线

情境素材线　学生活动线

知识逻辑线：知识点深广度，各个知识点之间的先后顺序。

学生活动线：学生活动的形式和活动内容。确定学生获得知识的途径。

情境素材线：各个知识联系实际的内容选取和组织。

驱动问题线：展开教学过程的各个问题的先后顺序。

图3　课前设计

（二）课堂实施——课时教学建立元素二维知识结构图的过程模型（图4）

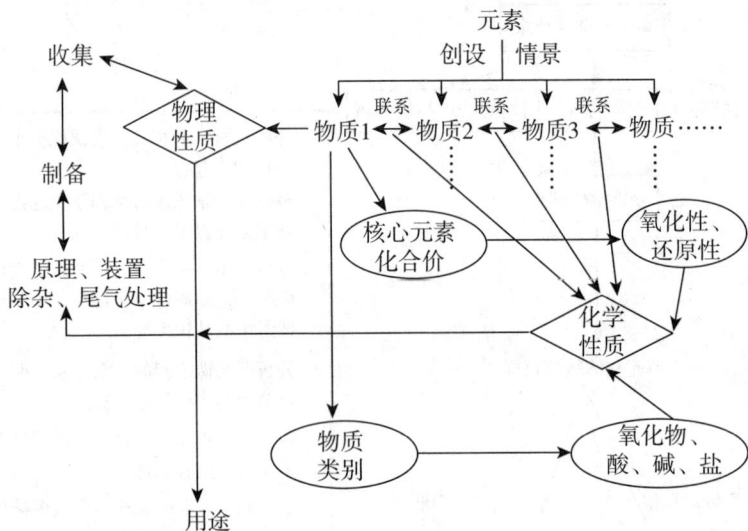

图4　课堂实施过程

二维知识结构图的建立过程：

第一步：创设情景，建立对某元素物质家族的整体认识，从物质的分类认识与元素及其常见化合价的认识，初步认识典型的代表物，只有散点无连线的元素化合价、物质类别的二维知识结构，建立知识结构的初始形式。

第二步：按知识块或知识点进行教学或梳理，注意各部分知识间的联系，建立知识结构中价态形式（较为完善相互相系的知识结构）。建立某元素物质家族的知识网络，以元素为核心的知识结构，建立点与点联系的元素化合价、物质类别的二维知识结构图。

第三步：增强应用知识的综合度，训练学生准确提取知识信息的能力，在解决问题的过程中，不断完善和发展提升二维知识结构图结构化水平，力争达到抽象化的知识结构水平。

解决问题过程中注意与知识结构图对照，体会知识结构图的应用和丰富、完善原有的知识结构。将心得体会加入图示中或在备注中说明，每名同学可能会有不同的表达方式，得到不同的图示，得到个性化的二维知识结构图，知识结构化水平进一步提升。

（三）反思评价——评价与反思进行再设计

通过单元教学之中和之后的学生调研进行教学反思，进行单元教学设计的调整和再设计。图5是笔者在元素氮及其化合物知识教学中构建的二维知识结构图。

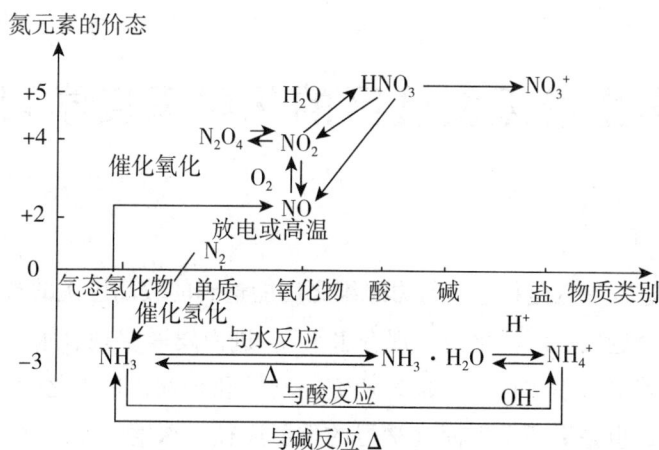

图 5 二维知识结构图

新课标强调学生的自主学习，而自主学习取得成效的有效方法之一就是把知识结构化。布鲁纳在《教育过程》一书中提出的学科基本结构教学的重大创见，对我国现今实施的新课标下的教学也有着重要的指导作用。《教育过程》中谈及"知识点不是孤立的、分散的点，而是关系上的点、风格上的点、系统上的点"，系统化了的知识结构不仅可以帮助我们从整体上把握各部分知识在知识系统中的地位、层次及相互间的联系，更有利于牢固地掌握已有知识。教师在日常教学过程中不仅要讲授知识点，还要注重引导学生明了各知识点之间的关系，使一章或一本教材学完后，能有一个概括性的知识系统，并要求学生在学习新内容时依法炮制，应用二维知识结构图实施元素化合物单元整体教学，显然有利于元素化合物知识的内化、整理与迁移。

元素化合物二维知识结构图是文章开头布鲁纳所说的"重要模型"之一，也是布鲁纳所说的"高明理论"之一。

参考文献

［1］胡久华，王磊．基于促进学生科学素养发展的高中化学新课程教材研究——北师大"新世纪"（鲁科版）高中化学必修模块教材分析［J］．中学化学教学参考，2009（9）：3－7.

本文获广东省论文评比一等奖

基于学生最近发展区的化学深度学习探析

所谓最近发展区是指经过努力思维之后能达到的较高层次的智能发展区。教学就是把最近发展区转化为"现有水平",进而发展"现有水平"的过程。寻找学生学习最近发展区,并加以研究、利用和开发,是优化学生学习思维的重要方式,也是引领学生深度学习的重要途径。深度学习的终极目的是释放学生的学习潜力,教学中通过问题阶梯和问题情境的创设,启发引导学生进行有意义的学习,以形成良好的学科素养。化学教学教师应明确学生学习过程中存在的各种困惑,通过知识桥梁搭建、问题阶梯设置和典型题例的解决,对学生学习的方法和思维途径进行有效的洞察和指导,使其学习水平向深层次发展。

一、以学生现有水平为基础,寻找学生最近发展区,激发学习新知兴趣

离开学生原有的知识和能力基础,教学就如同空中楼阁,教师施教之功在于寻找学生的最近发展区,在于揭示"旧知"与"新知"之间的联系点,并以学生"现有水平"为基础,架起"旧知"与"新知"之间的桥梁,启发学生对已有知识的回忆和联想,在温故的过程中获得新知,从而学会由此及彼的思维方法,特别是对抽象的化学概念和难以跨越的知识更是如此。

例如,讲授化学平衡概念时,研究的是可逆反应在一定条件下反应速率 $v_正$ 与 $v_逆$ 的关系。基于此,教师可引导学生回忆已学过的可逆反应和溶解度概念,指出什么是可逆反应,其基本特征是什么,何谓溶解度,物质在饱和溶液中溶解与结晶有何关系。让学生讨论回答之后,教师着重指出:可逆反应指的是在一定条件下,既能向正反应方向又能向逆反应方向进行的反应,在化学方程式中可用"⇌"来表示,其特征是反应物和生成物同处于一个反应体系中;溶解度是指在一定温度下,某固体物质在 100g 溶剂里达到饱和状态

所溶解的质量，饱和状态下的溶质处于溶解平衡状态，即 $v_溶 = v_结$。上述的知识提及的"一定条件""$\rightleftharpoons$""$v_溶 = v_结$"等，实际上是为新课的学习做铺垫，让学生自然而然地过渡到化学平衡概念的学习中去。

又如，在教学氧化还原反应概念时，教师可引导学生回忆初中 CuO 与 H_2 的反应，从"得氧、失氧"这一狭义的概念引入，并要求学生对方程式"$CuO + H_2 =\!\!=\!\!= Cu + H_2O$"中的各元素标价，让学生发现"反应前后元素的化合价发生了变化"，接着教师指出这就是氧化还原反应的特征。然后教师再出示 $2Na + Cl_2 =\!\!=\!\!= 2NaCl$、$H_2 + S =\!\!=\!\!= H_2S$ 等反应方程式，让学生认识到用"得氧、失氧"来判断一个反应是否为氧化还原反应的极限性，进而学会从本质上理解氧化还原反应这一概念。

这样的教学充分考虑学生的现有水平，以旧带新，深入浅出，使繁杂、难解的概念变得易于理解，学生在似曾相识的环境中易于接纳和内化，既能最大限度地激发学生的学习欲望和兴趣，又能提高学生学习的认知水平。

二、以知识阶梯为支点，利用学生最近发展区，提高学习能力层级

化学教学中，知识的传授要遵循学生的认知规律，巧妙地利用学生学习最近发展区，设计具有梯度的知识问题，为学生提示思维的方向，减少思维的盲目性，让学生在积极参与教学过程中，愉快地接受新知识，提高学习能力层级。

例如，在教学电离平衡时，为了让学生懂得电离平衡研究的是弱电解质分子及其电离出来的离子之间的关系，教师可引导学生联想化学平衡建立过程和化学平衡的特征，再以知识问题阶梯为支点让学生交流讨论：①何谓电解质？②电解质是怎样分类的？③弱电解质溶液中存在哪些微粒？④溶液中弱电解质分子与其电离出来的离子之间有何关系？⑤根据可逆反应条件，你认为弱电解质的电离是否可逆？⑥根据化学平衡建立的条件及其特征，你能否说出电离平衡及其特征？⑦根据平衡移动原理，你认为影响电离平衡的因素有哪些？如何影响？以学生现有的知识水平为基础，通过这些知识问题阶梯的设置，逐步把学生的认知引向新的层级，最大限度地激发学生的学习动机。

又如，以铜、锌、稀硫酸组成的原电池为例，讲授原电池工作原理时，可先复习氧化还原反应内容，然后提出：物质在氧化还原反应中的电子得失（转移）是氧化剂和还原剂之间通过"手把手交换"进行的，即 Zn 直接把电

子"传递"给溶液中的 H^+，如果我们能把电子的得失（转移）变成定向移动，即电子从还原剂（Zn）→流经导线→氧化剂（溶液中 H^+ 在 Cu 片表面上获得电子），这样电流便能产生了，化学能也直接转化为电能了，这将是一件意义非凡的事情，通过这一情境问题的创设，使学生处于"不愤不启，不悱不发"状态，此时，教师再趁机引导，把学生强烈的求知欲带进实验探究中。

由此可见，教师在组织教学时，通过阶梯性问题的设置，架起新旧知识的通道，这样才能让学生真正体验到学习的乐趣，才能让学生满怀激情地去学习新知识、新问题，把学习思维带入更高层次。特别要强调的是，这里所说的知识或问题的阶梯应是学生通过努力而能达到的。

三、以认知冲突问题为抓点，开发学生的最近发展区，提高学习思维水平

所谓认知冲突，是指学生已有认识结构与新知识或新情境之间的不兼容，教学时，教师可针对学生已有的知识经验设置与未知知识之间的冲突，通过冲突的引发，使学生产生欲罢不能的学习心理。此时，教师应相机诱导，让学生积极主动地投入到新知识的学习中。通过认知冲突问题的创设与体验，学生的内心需求会得到不断的满足，其情感态度也随之升华，学习思维水平就会得到提高。

例如，学习完原电池原理之后，教师可出示问题：已知实验室中有铜片、石墨、导线、烧杯和稀硫酸，你能否组装成一个原电池装置？若能，请写出电极反应式。

根据学生已学知识，大部分学生认为无法形成原电池。这时，教师可先让学生将提供的材料组成原电池，然后给予灵敏电流计让学生实验，实验结论是：电流计上指针发生了偏转，说明该装置能产生电流。由此，学生写出了负极反应式：$Cu - 2e = Cu^{2+}$，因正极石墨本身不能得电子，只能考虑溶液中的 Cu^{2+} 和 H^+ 得电子，如果将正极反应写为 $Cu^{2+} + 2e = Cu$，那么原电池总反应为 $Cu + Cu^{2+} = Cu + Cu^{2+}$，若将正极反应写为 $2H^+ + 2e = H_2$，则原电池总反应为 $Cu + 2H^+ = Cu^{2+} + H_2$，显然上述假设与事实不符，对此学生的认知产生了冲突，既然 Cu^{2+}、H^+ 均不能作氧化剂，那么氧化剂会是什么呢？至此，教师可引导学生联想钢、铁的吸氧腐蚀：碳、铁、弱酸性溶液、溶液中溶有氧气可发生原电池反应。这时，学生的思维一下子被打开了，问题也就迎刃而解了。

对此，教师还可以出示这样的问题：写出铝片、镁条、氢氧化钠溶液组成的原电池电极反应式。

按学生原有的认知习惯，他们很容易地写出负极反应式：$Mg - 2e = Mg^{2+}$，但正极反应式却无从写起。究其原因，新情境问题与学生的原认知产生了冲突，他们只知 Mg 比 Al 活泼，应作为原电池的负极，而没有认识到电极 Al 可以与 NaOH 溶液反应而 Mg 不能，所以，负极是 Al，正极是 Mg，那么，是什么物质在正极获得电子呢？这也是学生困惑的问题，是 NaOH 中的 H 还是来自 H_2O 中的 H？对此，教师可引导学生联想 Al 与 NaOH 溶液反应机理，让学生明确是 H_2O 电离出来的 H^+ 获得电子。至此，电极反应式就不难写出了。负极：$2Al - 6e + 4H^- = 2AlO_2^- + 2H_2O$；正极：$2H_2O + 2e = 2OH^- + H_2\uparrow$；总反应：$2Al + 2NaOH + 2H_2O = 2NaAlO_2 + 3H_2\uparrow$。

上述这些问题若用原认知习惯来解决，必然产生思维上的认知冲突，使思维陷入困境。就问题本身所提供的信息而言，其中隐含着已知与未知的关系，需经过一番苦心思索，才能找出解决问题的思路，与此同时，学生在不断反省中优化认知策略，其思维水平也得到了提高。

四、以典型题例为落点，优化学生最近发展区，促进深度学习的发展

以典型题例进行教学，既能巩固所学知识，又能培养学科思维能力。教学时，教师要精心选择典型题目，并加以分析研究，以化繁为简、化难为易，由简到繁、由易入难的方式，通过重组、分解等方法，使典型题例的难易度适合于学生的"最近开发区"，让学生在解决问题的同时思维能力得以发展。

例如：6.5 克锌和一定量的浓硫酸完全反应，写出有关反应的化学方程式，并计算标准状况下产生气体的体积（气体溶于水的体积忽略）。

本题解答中，学生基本上都能写出 $Zn + 2H_2SO_4$（浓）$= ZnSO_4 + SO_2\uparrow + 2H_2O$，但部分学生没能注意到题目中的浓硫酸是一定量，随着反应进行，硫酸浓度会变稀，此时锌与硫酸反应为 $Zn + 2H_2SO_4 = ZnSO_4 + H_2\uparrow$。因此，产生气体体积应为 SO_2 和 H_2 混合气体，而不只是 H_2。在计算环节上，若根据上述两个反应方程式进行分步计算，虽然最终能获取答案，但计算过程较为烦琐；若利用电子得失守恒，则能快速算出气体体积，即每 1mol 锌在反应中失去 2mol 电子，而生成每 1mol 二氧化硫或氢气均获得 2mol 电子，因此，产生气体的物质的量等于参加反应锌物质的量：$v_{(气体)} = 22.4 \times n_{(Zn)}$。

又如，将 A 克某物质于足量氧气中完全燃烧，然后把所得到的产物全部通入过量的过氧化钠中，充分作用之后，固体质量增加仍为 A 克，则下列物质中符合条件的是：①H_2；②CO；③CO 和 H_2；④$HCHO$。

本题中前后出现两个 A 克，由此可知，被燃烧的物质质量与固体质量增量相等；上述提供的 4 种反应物充分燃烧后产物均为 H_2O 和 CO_2，与 Na_2O_2 反应方程式分别为：

$Na_2O_2 + 2H_2O \mathrm{=\!=} 2NaOH + H_2$；$2Na_2O_2 + 2CO_2 \mathrm{=\!=} 2Na_2CO_3 + O_2$

两个反应方程式变式为：

$Na_2O_2 + H_2 \sim 2NaOH$，固体增量：$\Delta m = w_{H_2}$；$Na_2O_2 + CO \sim Na_2CO_3$，固体增量：$\Delta m = w_{CO}$

从以上可知，①②③符合要求，而④中的 $HCHO$ 可变式成"$H_2 \cdot CO$"，问题就能得到解决。

变式：将 A 克由碳、氢、氧三种元素中的一种或几种组成的物质，在足量氧气中充分燃烧，所得产物通入过量的过氧化钠中，充分反应后，固体质量增加 A 克，请写出符合该物质的化学通式。

学生有了上述的体验和技能之后，大都能将 C 和 O 组成 CO，把 H 改写成 H_2，进而快速地得出结论：$(CO)\, x\, (H_2)\, y$（x、y 为自然数）。

以典型题例为落点，让学生在分析问题和解决问题的过程中体验到成功的乐趣，从而使学生对化学学习产生较为稳定和持久的兴趣，同时，其思维水平也从原有的发展区跃升至新的发展区。这样的教学，既能培养和提高学生解决问题的基本技能和技巧，发展学生的逻辑思维和创新能力，又能最大限度地提升学生的思维品质，进而促进深度学习的发展。

总之，在课堂教学中，为提升学生的思维水平，教师应定位好学生的最近发展区，兼顾并利用学生的最近发展区，通过问题情境的创设、问题的认知冲突、典型题例的解决，优化并开发学生的最近开发区，从而激发他们探求化学新知识的欲望，促进深度学习的发展，于潜移默化中提高学生的化学学科素养。

本文发表于《中学化学教学参考》（2020 年 8 月，第 8 期）

第二章

探寻真知

2

基于实验过程中问题生成与思考的模型建构

——以粗盐的提纯为例

以实验为主体的探究活动，能使学生体验科学研究的过程，发现实验过程中的问题，激发学习化学的兴趣，强化科学探究的意识，促进学习方式的转变，培养学生的创新精神和实践能力，是新课程的基本理念。运用教材提供的实验素材，充分调动学生主动参与探究实验的积极性，引导学生实验、观察、调查、资料收集、阅读、思考、讨论等多种方式，通过问题的提出、猜想与假设、制订计划、进行实验、收集证据、解释与结论、反思与评价、表达与交流等活动中，增进对科学探究的理解，发展科学探究能力。以粗盐的提纯为例，从四个层次详述在实验过程中如何构建问题生成与思考的教学模型。

一、问题的预设

教学的预设就是"事先筹划"，即教师在教学活动开展之前对教学目标、教学内容、教学过程、教学方法等预先的设计和筹划。就化学实验教学而言，预设主要表现在：对实验方案设计的预设，对实验仪器选择的预设，对实验操作方法、步骤的预设，对实验现象的预设，对实验结果分析的预设等。然而，教学不只是单纯的预设，更是发现、创新与开发的过程。完全按照预设进行教学，课堂必然变得机械、沉闷和程式化，使教学的生命力在课堂中得不到充分发展。

例如，在粗盐的提纯实验教学中，由浅入深不断提出问题，使实验过程变成学生不断发现问题、提出问题、解决问题的探索过程：①粗盐经溶解、过滤后所得的滤液并不只是 $NaCl$ 的溶液，仍然含有少量杂质，如 $MgCl_2$、$CaCl_2$、$CaSO_4$、泥沙等，需要进一步检验并逐一除去，除杂时应选用什么试剂？②除去混在粗盐中的杂质先后顺序如何？③除去 $MgCl_2$ 和 $CaCl_2$ 杂质时，所加的试剂能否调换次序？是否有第二种选择，甚至第三种选择呢？④如何确定所获得的产品是纯净的？⑤如何计算粗盐中氯化钠的含量？⑥实验室粗盐提纯能否转化为工业上食盐的精制？等等。通过这些问题的预设，让学生在讨论、交流、分析、思考中，培养对实验的兴趣，提高实验探究能力。

二、问题的生成

问题的生成是指师生在交往、互动中，即时生成的新问题、新思考、新方法。其方式主要有：从教师课堂预设中生成，从课堂教学过程中生成，从课后反思中生成。其特点是随机性、动态性、多样性和隐蔽性。问题的生成性对教学活动具有积极作用，课堂上把生成性问题作为新的教学资源，使教学内容更加完善、更加精彩有趣。就化学实验教学而言，问题生成主要有：①实验设计方案的生成性问题；②对实验仪器的不同选择、不同组合以及使用过程中的生成性问题；③出现预设之外的实验现象所产生的生成性问题；④对实验现象进行分析判断时产生的生成性问题等。

如粗盐的提纯实验中，最后要求用盐酸除去过量的除杂试剂 NaOH、Na_2CO_3，教师预设的常规方案是用普通 pH 试纸测溶液的 pH 值至 7 或接近 7。而学生提出：一是可用酸碱指示剂判断溶液显酸性；二是直接通过观察滴加盐酸后不再有气体产生，证明碳酸钠和氢氧化钠已除尽。对此，教师应主动引导学生讨论交流，让学生在争论中发现，用指示剂引入了新杂质而不可取；而第二个方案没有提出异议，这时可让学生进行实际操作，看是否可行。这样，通过问题的发现、讨论，既开拓了学生的思路，又提高了学生的实验分析能力。

又如进行粗盐的提纯过滤时，分组实验所提供的普通漏斗有大小，有的小组因在溶解粗盐时加水太多了，而分配到的漏斗是小型号的，学生便提出小型号漏斗不够承接液体，要求更换大漏斗进行过滤实验。面对学生提出的这一问题，教师可让学生先试一试能否完成过滤，接着引导学生思考：滤液是不是要用到大型号漏斗呢？事实上漏斗的大小主要取决于要过滤的沉淀的量或析出固体的量，而不是液体的体积。面对课前零预设问题，当学生发现新问题时，我们应给予学生以引导，并给予试错的体验，这样才有利于提高学生的实验素养。

由此可见，教师的预设应有弹性，才能为问题生成留下空间。即教师要以开放的心态设计出灵活、动态的"预"案，而不是周密细致、一成不变的

"成"案。动态生成的教学设计"粗"些，这样可为课堂实施的"细"留下足够的弹性时空，为知识的动态生成、学生的自主建构留有余地，给学生带来意料不到的课堂"意外生成"。这样的课堂教学，才能最大限度地促进学生的思考深度、思辨能力的发展。此外，"不同"或"不当"实验操作（反向实验）、对实验变量（条件）控制不当、对实验数据记录处理错误等也常引发学生生成性问题，教学过程中应引起教师的重视。

三、问题的思考

现代教育心理学研究指出，学生的学习过程不仅是一个接受知识的过程，而且也是一个发现问题、分析问题、解决问题的过程。一方面暴露学生产生各种疑问、困难、障碍和矛盾；另一方面也是展示学生发展聪明才智、形成独立个性与创新成果的过程。正因如此，教学过程中教师应重视学生探索新知的经历和获得新知的体验。

例如，在粗盐提纯过程中，要求用过量氯化钡除去粗盐中的硫酸根，再用过量碳酸钠除去过量的氯化钡。但是，学生发现过滤后的滤液中还可以检验出硫酸根离子。对此，教师应及时引导学生分析存在问题的原因，接着教师根据学生问题追问：如何做好补救措施？

又如，实验结束后，有学生问：取粗盐 10g 经提纯精制之后，最后称量得到的食盐质量大于 10g。这是什么原因造成的呢？对此，教师一方面要引导学生从实验过程中试剂加入情况去分析；另一方面要从产品是否干燥去找答案。对于前者，教师要引导学生思考：除杂过程中加入过量的 $NaOH$、Na_2CO_3 两种物质中的钠元素最终都转化为 $NaCl$ 了，这是导致质量增加的重要原因之一。通过对实验问题的思考、分析和讨论，学生的实验探究能力得到了发展。

四、模型的建构

1. 模型建构流程

模型建构是为了让学生把片断、零碎的知识或思维形成一个整体（系统），提高认知思维能力水平。就化学实验过程中问题生成与思考而言，基于上述实验中学生生成问题的类型，笔者设计了如下"基于实验过程中问题生成与思考模型"，见图1。

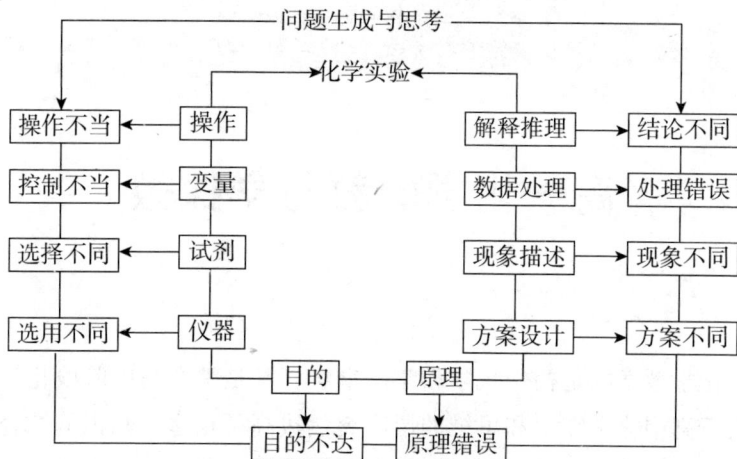

图1 基于实验过程中问题生成与思考模型

2. 模型应用讨论

对化学实验教学而言，实验前教师做好充分的预设尤为重要，如：对实验方案设计的预设，对实验仪器选择的预设，对实验操作方法、步骤的预设，对实验现象的预设，对实验结果分析的预设等，教师都应在实验前做好充分的准备，预设使我们的实验有章可循。但是，预设不是实验的全部、实际的实验过程，再完美的预设也无法覆盖学生生成与思考问题，学生生成与思考的问题充满不确定性，所以实验过程中问题生成与思考的主要模型应有一定的开放性。教学需要预设，更需要生成，不以预设，无以生成。教师课前可根据模型预设学生的可能生成问题，但课中不能回避生成问题，即使当我们面对无法回避的实验意外时也应该对它有正确的认识，应把生成的意外及时纳入预设的教学之中，及时捕捉教育时机，整合课堂生成资源，并把它当作教学资源去开发、利用，不断丰富课堂教学的内涵，碰撞出越来越多的学生之间、师生之间的思维"火花"。二者的思维相互碰撞，相互启发，相互引导，最终达到动态共振，这应是师生互动的最高境界，往往也是课堂中最美、最有价值的生成，这样的生成必定使我们的课堂教学精彩纷呈，教学的生命力与真正价值在于预设下的生成，课堂生成"无法约束的美丽"。

本文于2020年6月发表于《师道》（教研）

高一化学的教与学探微

　　高一化学教学既是初中化学教学的继续，又是整个高中阶段化学教育的关键。由于高中化学知识和思维的层次突然拔高了很多，知识的综合应用及能力的要求出现了飞跃，解决的问题也往往跳出了书本的范围等原因，绝大多数学生学习时总存在着相当的困难，他们常发出"高中化学真难学"的感叹。如何搞好高一化学的教学呢？这是师生共同面临的一个课题，因此分析高一化学学习困难的原因并及时采取对策是我们的一项重要任务。

一、高一化学学习难的主要原因

1. 学生学习上的原因

　　由于初中化学属于义务的素质水平教育，内容少，知识形象、简单、易记、易懂，就事论事，所解决的问题基本不跳出课本的范畴。教材对学生综合分析的能力要求较低，思维的深度和广度不够广阔，基本上停留在形象思维的层次。而高一化学一开始则要求学生从表面的认识发展到由本质来认识物质性质的变化规律，从简单的描述提升到用推理和演绎的思维方法来掌握物质性质的共性、递变性和特殊性，从机械的识记过渡到能用归纳、概括和联系的方式来找出元素及其化合物性质的相互关系，从解决问题的直观、形象思维发展到用综合、比较、分析的抽象思维来研究问题，从而导致学生的思维习惯和学习方法存在着严重的隔阂。这是化学学习困难的一个原因。

　　另外，高一新生多数满足于过去的学习方法，把初中的一整套学习方法照搬到高一上来，结果当然是行不通的，学习上没能真正发挥自己的主体作用，过多地依赖于教师，死记硬背的现象普遍存在。还有一些学生升上高一后，由于测试频度的减少，思想放松了，学习上缺乏紧迫感。思想上的障碍和学习方法的墨守成规，也给高一化学的学习带来了困难。

2. 教师教学上的原因

初三化学教师绝大多数具有多年的中考教学经验，对中考的试题格式及考点的要求明了，尺度拿得准，教师在教学中注重于对考点知识的灌输和热点知识的强化。复习时一套套的模拟试题练了又练、评了又评，学生和知识是熟透了，但这种被动接受的过程，不但不能使学生真正掌握学习的方法而成为学习的主人，思维的能力和良好的学习品质也没能培养出来。同时这种被动的应试教育还会使教师将课文中的一些内容或部分选学的知识因不作考试要求而忽视了，这无疑会给学生学习高中化学带来阻力。而高中的化学教师多数是不教初中的，因而对初中化学的整个知识体系和能力要求了解不详细，在教学过程中，知识的衔接和过渡往往被忽略了，认为我所讲的你在初中应该是掌握了的，谁知这正是学生困惑的所在，以致学生一开始便出现了"不适应高中教师的教法"而叫苦不迭。另外，由于教学的循环，有些教师是刚刚从高考的第一线下来的，满脑子还装着高考的知识要求和能力要求，教学时往往把握不住知识的梯度，忽略了学生认识的发展规律，认为书本内容太简单了，不适应高考的要求，因而把有关的考点过度地延伸和深化，知识的讲授面面俱全，一步到位。这种"恨铁不成钢"的做法往往使课堂教学成了"满堂灌"，这不仅压抑了学生思维的发展，还会使学生认为高中化学知识乱、杂、碎、难，从而产生了畏惧的心理，使学生学习积极性受到挫伤，逐渐地失去了学化学的兴趣和信心。

3. 高、初中教材知识衔接上的原因

由于初高中教材存在着"适当分段"的课程观，致使初、高中教材的知识结构和能力体系被分割开来。由于知识内容在衔接上的脱节，不少学生难以适应这种知识的突跃，以致在知识思维的连贯性上出现了"断路"，能力要求的提高发生了"断层"，导致学生的学习习惯和方法难以"并轨"。这种知识链和能力层次要求的脱节，使学生一开始便很难适应高中教师的教学思维和教学方法。这是学习难的又一原因。

二、教学中应解决的主要问题

1. 钻研教材，循序渐进

教师教学时应把握好教学的起点和节奏，刚开学不要急于讲授新知识，更不能开快车。为使教有所依、学有所循，教师应对初中知识体系做个全面的了解，明确哪些知识内容在初中已基本解决，哪些知识在初中出现而实际

上并未完全解决或被忽略了，哪些知识点与高中化学有着紧密相关的或应在高中阶段拓宽和加深的等，应做到心中有数。认真找出初高中知识的结合点，完善知识的衔接，这项工作的成败将直接影响到高一学生对化学课的学习质量。

2. 留旧创新，巧妙过渡

所谓"留旧"就是保留初中化学教学的一些基本方式，教学上应尊重学生的学习习惯。为此教师应了解和研究初中化学教学和学生学习的一般情况，以免在高中教学中出现急转弯而使学生不适应教师的教法。因此，"留旧"是使学生适应高一化学学习的一个必要的心理过渡，但"留旧"却并非"守旧"，而是为了"创新"。例如，在讲授氧化—还原反应时，可先从初中学到 CuO 与 H_2 反应的"得氧、失氧"这一狭义的概念作引入，然后要求学生对反应前后各元素进行标价，接着教师指出：氧化—还原反应的特征是反应前后元素的化合价发生了变化。再举例说明，使学生认识以前所学的概念的极限性，进而引导学生从电子的得失和共用电子对的偏离（或偏向）来认识氧化—还原反应的本质。这样在使知识结构衔接的同时，知识的深度和广度也得到了延伸。学生的学习就不会觉得是"无木之本"。又如，"物质的量"这个抽象概念的教学，引入便是这一节教学的难点，学生对这一概念的掌握程度，关键要看引入教学的成功与否，教师要潜心设计，巧妙引导过渡。

3. 启发引导，培养能力

教师施教之功，贵在引导，巧在开窍，重在转化。知识的灌输，使学生处于被动的局面，制约着他们的能力发展，为适应高中化学的能力要求，教师在清楚自己教学对象的基本情况之后，课堂教学应重点放在引导学生认识事物的本质规律性上，指导学生运用理论知识和实验手段来推测、探究新的知识和规律。应充分利用启发式教学，使被动的接受变为主动积极的学习。同时教师要学会驾驭课堂艺术的本领，对问题进行准确的点拨，及时帮助学生从思维的障碍中解脱出来，促进其思维能力的发展和学科思想的形成。如：在授完 F_2 与 H_2O 反应之后，可提出："F_2 通入 $NaCl$ 溶液之后是否有 Cl_2 产生，为什么？"又如：讲授 H_2S 与 $CuSO_4$ 溶液反应，可以提出："弱酸能不能跟强酸盐反应？"然后引导学生动手实验观察，得出该反应符合复分解反应的条件（有沉淀产生），同时通过书写反应方程式知道"弱酸还可以用来制得强酸"。这些问题的提出，能让学生在知其然而不知其所以然时，通过教师的相机诱导，突破原有的知识界限，同时在解决问题的过程中，学生的思维活动也处于积极的、活跃的状态，学科的能力也得以培养。

教师还可以通过阶梯式的习题课，不断地提高思维的层次和思维的变化，给学生以强烈的智力感受，培养他们刻苦钻研的精神，促进学生的心理发展和能力的提高。

4. 学法的指导

"如何教会学生学习化学"，这是现代化学教育中亟待解决的课题，高一新生对化学的学习在思维和方法上存在着局限性，且由于高中内容的深广性和知识的抽象性、灵活性等特点，教师应特别加强对学生学习方法的指导，以达到"授人以渔"的目的。

化学知识素有杂、乱、多、细、碎之称，如果不把它进行有序的排列和系统的分类，无疑会给学生的学习和掌握增添困难。在教学过程中，可用联想、类比、归纳等方法帮助学生把表面杂乱无章的知识按照一定的规律，由点连线、由线串成面、织成网，以便进行有序的储存，同时也能让学生真正地理解物质性质的内在规律性。在遇到问题时，就会与自己储存的知识产生共鸣，大脑便能迅速地将知识块分解选择、迁移、转换、重组，使问题得以解决。同时，科学的学习方法会使学生获取知识和提高能力而受益终生。

三、兴趣的培养

1. 活跃课堂教学，培养学习兴趣

启发的孪生兄弟是兴趣，教师启发灵活有方，学生就会学得积极主动。对此教师应把功夫下在备课上，精心设计，力求对重点知识进行有机的串联和改装，把难点知识进行分解简化，分成若干个连贯的知识点对学生进行启发并及时引导，活跃课堂教学，创造一个良好的学习氛围，使学生享受到获取知识的乐趣，增强他们的自信心，从而产生对化学学习的兴趣。

2. 运用实验手段，提高学习兴趣

高一学生处于对物质性质和化学理论两种学习兴趣的"交汇点"，实验仍是他们最感兴趣的，教师应尽可能多做实验，提高实验效果。除了演示实验，有条件的应多做些分组实验让学生自己动手，以提高和发展学生的学习兴趣。

3. 创设问题情境，增强学习兴趣

解决问题的成功是学生学习能力的一种自我表现，这种"自我表现"的机会越多，信心就越强，兴趣就越浓。"兴趣是最好的老师"，因此，教师在

设计习题时切忌以"抡大棒"的办法去压学生，而应适当出一些难度较低的题目来着重考查，使他们从解题中感受到成功的喜悦，从而增强学习的积极性和主动性。

4. 重视非智力因素，激发学习兴趣

教学的过程是一个认识因素和非智力因素相互作用的过程。非智力因素的性质对教学活动的效果有着重要的作用，一旦激发起热情，对化学产生深厚的兴趣，学生便会轻松、愉快、积极主动地去克服别人难以克服的困难，为达到目的而奋发进取。非智力因素的发挥，无疑是化学学习的动力和催化剂。

此外，丰富多彩的课外活动以及多媒体教学等形式也是培养学生学习兴趣的重要途径。

综上所述，搞好高一化学的教学，教师应认真研究学生的知识情况、学习的品质和思维的层次，以及心理和能力的发展状况，应注意初、高中知识的连贯性，学生思维和能力的衔接。运用多种教学手段启发引导学生掌握科学的学习方法，并注重各种能力的培养和提高，利用化学的学科特点激发学生的学习兴趣，使之尽快适应高中阶段化学的学习，并不断提高学习的水平。

本文获全国中学化学教研论文大赛一等奖，2000年12月发表于《中学化学教学参考》

"读、做、议、讲、练"
化学课堂五环节教学法探析

化学是一门能满足社会需要的中心学科，就人类的生活、生产而言，吃、穿、住、用、农、医、科无不密切地依赖于化学。化学的实用性、经济性、普及性和实验性，使这门课程受到绝大部分学生的喜爱。作为一名化学教师，应怎样教才能使学生易学、易懂呢？应采用什么教学方法才能很好地激发学生思维，发展学生的智力，同时又能减轻师生的负担，有效地提高教学质量呢？下面是我在教学实践中的一些见解和尝试。

一、中学化学教学质量观的内容

中学化学教学质量观的内容主要包括：①基础，即基础知识、基本技能和基本方法。②能力，即观察能力、实验能力、思维能力、自学能力、信息迁移能力等。③方法，即思想方法、思维方法（包括直观思维、形象思维、逻辑思维、联想思维、求同与求异思维等）。④良好的学风，即正确的学习态度和科学的方法等。这四方面构成了中学化学质量观。它是衡量化学教学优劣的标准。

二、对化学优化教学法的理解

充分利用化学的学科特点，激发学生的非智力因素，发展他们的智力，诱发他们的学习兴趣，使他们成为学习的主人，实现由"学会"到"会学"以至"会创"的飞跃；化学教学的过程应充分体现质量观的要求，使上述四个方面都得以和谐、协调地发展；教学的目的应在于激发和培养学生的脑力劳动，使他们把学习化学作为一种行动的需要。把知识应用于实践中，使之成为生活的一种需要。这是提高教学质量和学习效率、减轻师生负担的最有效方法。

三、最优化教学法的指导思想

（1）强调以目标教学为目的，以问题为支点，以思维为核心，以教师的教学为主导，以学生的学习为主体的一体化教学。充分调动学生的学习积极性，教学生学会掌握学习化学的主动权，并把学生的主动需求作为教学的主要内容。

（2）不断地转换思维角度和提高思维的层次，给学生以强烈的智力感受激发他们的学习兴趣，培养他们刻苦钻研的精神和创新意识，提高他们的心理水平和思维品质。

（3）完成教与学的协调发展，教师通过问题情境的创设，鼓励学生主动积极地参与，充分利用情感的力量，建立民主、和谐、平等的师生关系，形成一种愉悦的教学氛围，以实现知识和方法并授、思维与能力的提高。

四、最优化教学法中五个环节的组合

五个环节指的是读、做、议、讲、练。其着眼点是从教师的"教"转移到学生的"学"上去，变以往的单向交流为师生的双向交互，真正让学生在学习中通过动眼、动手、动脑和动口，使知识的掌握和能力的培养有机地结合起来，使学生的观察能力、动手能力、表达能力、自学能力、思维能力以及运用知识的能力都得到全面的提高。

1. 读

就是要让学生在课堂上读书，读材料和问题，改变以往把课堂上的教学内容都放到课外先预习的做法，在课堂上读是培养学生自学能力和阅读能力的最有效途径。读有粗读、细读、精读和研读，粗读是指了解全文的大概；细读是指对教材内容逐字逐句地读，并从中找出知识的关键，总揽全局；精读是指读懂知识的内在联系、知识的重点和难点，并对重点的知识加以强记。研读是要求能突出难点、掌握重点，并能从不同的角度加以质疑，深化对知识的记忆和理解，进而做到融会贯通。为了提高阅读的效果，教师应预先设置导读提示和导读问题，如在细读时布置适当的思考题，在精读时给学生提供一些归纳、总结的线索，研读时给学生创设有意义的问题情境等，以培养学生发现问题、提出问题和解决问题的能力，使之形成良好的自学习惯。

2. 做

主要是指学生的动手操作，即做实验。化学是一门以实验为基础的学科，做好实验不仅有助于学生对所学知识的理解和运用，还是培养学生观察能力、分析判断能力的一种有效途径，同时也是培养学生动手操作技能不可缺少的重要环节。通过实验还可以培养学生实事求是和严谨的科学态度。根据中学生的心理发展水平，为最大限度地满足学生的心理需求，教学时应尽可能把演示实验改为分组实验，把验证性实验改为探索性实验，以增强学生的自主体验，提高主体探究的能力水平。探索性实验的教学模式可表示为：创设情境，引出问题—提出假设，讨论方案—动手实验，分析判断—概括总结，证实假设—揭示规律，实际运用。其教学策略是：把实验内容作为提出问题和探索问题的重要手段，问题情境的创设是先决条件。

指导学生做实验的基本程序为：明确实验目的—理解实验原理—选择好反应物—学会仪器组装—掌握操作规程—善于观察现象—得出正确结论—领会实验意义—迁移应用规律。反映学生观察实验的方法有：从局部到整体，抓住主要现象，进行分析对比，并做好实验记录。实验中教师的主导作用是示范和指导、启发和帮助、纠错和分析。为提高实验的质量，做实验前，应要求学生预习，并做好预习报告，鼓励学生提出新的设想或改进的方法，做到学生人人都带着问题到实验室去，动手实验，让实验室真正成为主体创造的场所。这样才能变学生的被动实验为主动探究，最大限度地激发学生的智力和非智力因素，有效地培养学生的创造性思维。

3. **议**

就是学生对学习过程中出现的疑难问题进行钻研和探索，并由此提出自己的观点或看法。由此可见，"疑"是"议"的前提，是探求知识的起点，也是激发学生学习兴趣的支点，所谓"学贵乎疑"就是这个道理。教学时，通过学生的自学，鼓励学生提出质疑，再收集问题，编织成若干小专题，让全班同学质疑、讨论。教师在设计问题时要注意问题的阶梯性、思考性和前瞻性，以适应全体学生；在组织讨论问题时，师生要民主、平等，气氛要和谐，以便充分调动学生主体参与的积极性。当学生的思路打开、思维活跃之后，教师应总揽全局，及时调整讨论的方向，并不失时机地给讨论的问题下一个精辟的结论，以做到放得开收得来，真正使教学活而不乱。这样的教学才能使学生的主体性和教师的主导作用得以协调地发展，同时，学生在获得知识的过程中，其思维品质和分析、解决问题的能力也得以提高。例如，教学"化学平衡"时，让学生讨论影响化学平衡移动的条件时，其主要因素有浓度、温度、压强，对于催化剂，或在体积不变的容器中充入与反应平衡体系无关的气体，以及反应物与生成物的状态和方程式两边气体分子数是否相等等情况，设置若干问题，让学生进行讨论。然后，教师结合学生的反馈单独点拨，并利用 $v-t$ 图像进行分析，指出化学平衡是否发生移动的实质是 $v_{正}$ 与 $v_{逆}$ 是否相等的问题。凡是条件的改变能使 $v_{正}$ 与 $v_{逆}$ 发生相对大小的，平衡就发生移动；如果 $v_{正}$ 大于 $v_{逆}$，则平衡向正反应的方向移动，反之，则向逆反应的方向移动；如果条件的改变不能改变 $v_{正}$ 与 $v_{逆}$ 的相对大小，则化学平衡不移动；同时，应向学生强调 $v_{正}$ 与 $v_{逆}$ 是指对某一具体物质而言的。通过问题的创设和讨论，最后由师生共同归纳出化学平衡移动原理——勒夏特列原理。这样的议一议能激发学生的思维活度，也能使学生很好地参与到学习的过程中去，从而留下深刻的印象。

4. 讲

教师施教之功"贵在引导，重在转化，巧在开窍"。教师在组织教学时要采用灵活多样的教学方式，教授新课时要讲清知识点，抓住重点，突破难点，找出关键；要讲明线索，导出网络；要善于引导启发，反对满堂灌，要通过精讲，力求把每章节的知识线索化，以使学生在学习时能明确主线，抓点联网，改变教学中"只见树木不见树林"的教法，如元素及其化合物的教学（以硫及其化合物为例，见图1）。

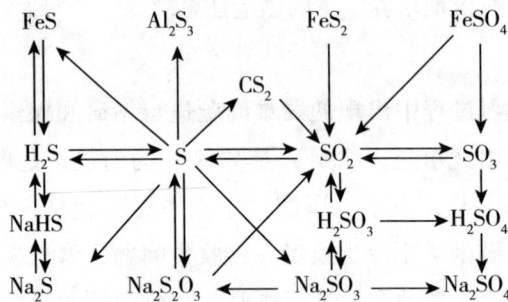

图1　硫及其化合物

这种图能很好地将相关的知识和谐地、简练地装配于其中，其内容具有形象美和对称美，学生学起来觉得易记易懂，深受学生的欢迎。在讲复习课时，教师应尽量避免"炒冷饭"的做法，再把重心放在启发和引导上，只有学生主动要求教师才讲，这样才是最有效的，学生已知道的或课本中已写明的，教师最好不再讲、不再板书。复习课是师生进行双边互动的最好时机，教师应充分利用这一机会，要预先设置好知识框架，抓住知识的根本，创设好问题，巧妙引导，充分调动学生学习的积极性，诱导学生采用联想、发散等思维方式，对所学知识进行梳理和装配，并根据问题对知识进行归纳和整理，以达到深化和拓宽。这样的讲授法就好比一棵树在逐渐生根、发枝、长叶、开花、结果，给予一种美的感受，也给课堂带来了生机与活力，学生在学习时会感受到有血有肉，同时学生的思想和思维的广度、深度也得到了发展。

5. 练

思维效益告诉我们：$1 \times 100 > 100 \times 1$，即把每个问题从不同角度或不同层次进行思考 100 次比把 100 个问题中的每一个问题只考虑一次的效果要好得多。当堂练习和课堂作业是巩固课堂知识和提高知识层次的理解及应用不可缺少的重要环节，但宜少不宜多。教师在编习题时，可将所学的知识进行有机串联，把知识问题化或把简单的问题知识综合起来，使题目复杂化，让学生认识到复杂的问题是由简单的问题所构成的，学会解决复杂问题的方法。即在解决复杂问题时，应先将其分解成若干个简单的问题，再找出各简单问题之间的联系，使复杂的问题迎刃而解。在练习简单问题时，可以给学生逐步设置思维障碍，如给出隐蔽条件、设置陷阱、附加干扰信息等，使简单的问题复杂化，从而增加问题的难度。这样对于培养学生良好的审题习惯和提高分析问题、解决问题的能力有着很好的作用。例如，在学完硫及其化合物之后，可以出示题目：m 克铁粉与 n 克硫粉均匀混合并加热至红热，冷却后，再加入足量的稀硫酸，理论上可产生气体的体积在标准状态下为多少升？但实际上收集到的气体体积比该数值小，其原因是什么？若将收集到的气体与足量的氧气充分反应，则理论上得到的气体在标准状态下的体积为多少升？而实际上测得的数值比该理论值小，原因是什么？这样的题目能较好地把理论和实际结合起来，通过问题的创设，引导学生变换思维，提高学生思维的层次，一旦学生突破解题的障碍，便会给学生留下深刻的印象，所谓"思之深，取之固"就是这个道理。只有把问题深思熟虑，才能把所学的知识加以巩固和应用，才能真正做到融会贯通。同时在"练"这个环节上，教师还可以通过一题多解的训练，培养学生思维的发散性和敏捷性，通过一题多变来培养学生思维的聚敛性和深刻性。

总之，化学的最优化教学法最重要的一环就是"读、做、议、讲、练"五个环节的有机组合，其中"读""做"是基础，"议"是关键，"练"是重要手段，"讲"贯穿着教学过程的始终。它渗透着现代教学思想并体现化学本身的特点，使之成为一个完整的教育体系。

五、教学的体会

　　化学教学效果的优劣并不取决于教师输出信息的多少，而是取决于学生接受有效信息的多少，取决于学生思维操作的频度和深度。采用最优化教学法，要求教师在教学的过程中必须要善于启发、引导、点拨、解惑、总结等，教师要扮演好学生学习的帮助者、启智者和导航者的角色，要加强巡视、收集信息，及时精讲，要指导学生发现问题，并给予启发和提示。要给学生以反馈的时间，并注意查漏补缺。课堂上要求学生以自学为主，讨论中积极参与并敢于发言，实验中严而不抑，实事求是；练习中要独立思考，刻苦钻研，以培养良好的学习习惯。该教学模式使教学由"一言堂"变成"群言堂"，凸显了启发式、讨论式和探究式等现代教学思想，也体现了以学生为主体、以教师为主导的现代教育观，采用这种教学模式能充分地调动学生思维的积极性、主动性和创造性，有效地培养学生探索问题、解决问题的能力，使他们真正成为学习的主人。

　　本文获揭阳市论文评比一等奖，发表于《揭阳教育》（2003 年第 1 期）

利用教材资源　开展科学探究
培养学生科学素养

从关注课程的"学术性"到重视课程的"社会性"，从"以学科为中心"向"以学习者为中心"转变，从"知识系统"向"多元能力"转化，鼓励学生在科学探究中提高能力，力求培养学生的科学素养，这是国际化学课程改革的趋势。新课程突出强调创新意识和实践能力的培养，而学生创新精神和实践能力的培养需要通过学生具体的探究活动来实现。科学探究已成为新课程改革所倡导的重要理念，它不仅是一种重要的学习方式，而且也是学科课程的重要内容，是培养学生学科素养的有效途径。教材的开发和设计也十分重视引导学生开展科学探究。基于此，教学中教师要精心创设以科学探究为核心的学习过程，并提供主动参与、乐于探究、积极实践的机会，引导学生开展科学探究，以培养学生的科学素养。

一、充分利用教材，开展多样化的学习方式，培养学生对科学探究的热情

新课程积极倡导多样化的学习方式。在内容标准的"科学探究""实践活动""思考与交流""学与问"等栏目中设置了大量的探究性课题，引导学生运用观察、实验、调查咨询、查阅资料、交流讨论等多种途径获取信息，提出具有探究价值的问题，结合有关的线索做出假设和猜想，自主设计实验和其他实践活动方案，借助模型、图表、反应式和定量方法等描述化学变化过程，使学生在探究实践中获得知识和技能，体验学习化学的乐趣。

教学时，应充分利用教材中提供的素材组织教学。例如，《化学》（选修4）在学习"影响反应速率的因素"之后，教材在第21页和第23页分别安排了"科学探究"的四个实验活动。活动通过表格形式的呈现，为学科探究提供了明确的思路，有利于学生的实验、观察、分析、比较并得出结论，从而

加深对所学理论的认识和理解，以此来组织教学自然能收到很好的效果。又如，在学习"盐类的水解"时，课本首先提出问题：$NaHCO_3$、Na_2CO_3，俗称纯碱。明明是盐，为什么叫"碱"呢（设疑激趣）？接着，安排了"科学探究"的三个实验（活动体验），通过学生的实验观察、分析、归纳，获得了初步的认知。教材采用具有启发性的问题来创设学习情景，让学生产生疑问，能够很好地激发学生开展探究的兴趣，也为进一步开展探究学习活动起到了积极的作用。

教材有些章节还要将学习的新知识和有关的背景素材相融合，形成综合性的学习情景，使新知识的学习寓于具体情景中。学生借助学习情景中提供的素材发现或提出问题，然后通过探究活动解决问题、获得新知识。这类学习情景与探究活动融合在一起，情景的创设为探究活动的开展提供了一个真实的、贯穿活动始末的大背景，对探究活动的进行有十分重要的意义。如《化学》（选修3）"开放性作业——元素周期表"，一开始便设置"学与问"（问题情景），立即把学生带入新知识学习中，接着又分别设置与学习内容相关的图片（经验情景），使抽象的知识具体化，然后又设置"学与问"栏目（问题情景），通过问题的思考、讨论和交流，使学生学会元素周期律的基本内容，最后通过"科学探究"中的两个问题（问题情景），让学生活动、交流、归纳、整理，进一步理解并掌握元素周期律的本质特征。这节内容的学习，就是将新知识和背景素材相融合，问题的创设贯穿学习探究活动始末，能很好地激发学生开展科学探究的热情。

综上所述，依托并利用好教材，努力创设多样化的学习情境，是培养学生对科学探究产生持久兴趣的最有效途径。

二、训练科学方法，使学生学会探究，培养学生科学的思维方法

"科学方法在学习知识和解决问题中有独特的价值和魅力。"正因如此，科学方法成为科学探究的核心，它为学生进行科学探究、认识客观世界提供了平台。科学探究作为重要的课程内容，通过假设、观察、实验、交流、类比、演绎、推理、归纳等过程，使学生经历了"发现知识"的过程，有效地培养了学生自主学习和终身学习的能力。因此，在教学过程中，教师应精心设计以实验为主的学生探究活动，把化学基础知识的教学与科学研究方法的学习有机地结合在一起，使学生学会科学探究，从而促进科学思维方法的形成。如何体现科学探究的基本过程呢？现以《化学》（选修5）"苯的结构与

化学性质"为例设计如下教学内容。

教师：实验得知苯的分子式为 C_6H_6，其分子可能存在多种结构。接着，引导学生比较烷烃、烯烃、环烷烃、炔烃的通式，分析碳碳键类型与含氢原子数的关系，要求学生将苯（C_6H_6）与己烷（C_6H_{14}）比较，猜想苯的分子结构式（提示：从链式结构、环状结构猜想）。

学生：（让学生讨论、试画）在黑板上写出可能的结构简式。

若为链式结构，则苯分子结构可能有：

A. $CH_3—C{\equiv}C—C{\equiv}C—CH_3$

B. $CH{\equiv}C—CH_2—CH_2—C{\equiv}CH$

C. $CH_2{=}C{=}C{=}C{=}CH—CH_3$

D. $CH_2{=}C{=}CH—CH{=}C{=}CH_2$

……

若为环状结构，则苯分子结构可能有环烯式、环炔式、三棱柱式等。

教师：大量实验的结果只能制得一种一溴代苯（C_6H_5Br）。说明苯分子中六个氢原子有什么特点？应该保留哪个结构式？

学生：六个氢原子的地位完全相同，应该保留 A 式及三棱柱式。

教师：请按 A 式、三棱柱式预测苯的二溴代物（$C_6H_4Br_2$）有几种。

学生：两种。

教师：人们经多番努力之后却制出了三种二溴代苯。A 式及三棱柱式均不符合这个实验事实，请重新设计苯的结构简式，它应该能说明哪些事实？

学生：苯分子很稳定；六个氢原子的地位完全相同；一溴代物只有一种；二溴代物有三种（学生进行设计，教师巡视，适时启发，然后让学生写出）。

学生：在黑板上写出结构式，如图 1 所示。

教师：这个结构式确实可说明一元取代物只有一种，二元取代物有邻、间、对位三种。但是它不满足碳四价的条件，请进一步改进。

学生：添加交替双键后，如图 2 所示。

教师：这个结构式就是 1886 年德国化学家凯库勒通过假说而提出的苯的结构式，可简写为 。

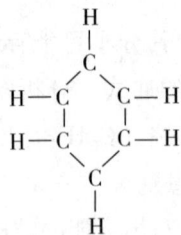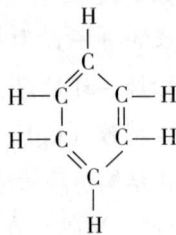

图1　　　　　　　图2

结合你已有的经验预测，苯应有什么化学性质？

学生：可以和氢气加成，和溴加成而使溴水褪色，可被酸性高锰酸钾溶液氧化而使高锰酸钾溶液褪色。

教师：的确可以和氢气加成生成 C_6H_{12}，至于能否使溴水或高锰酸钾溶液褪色，请大家现在进行实验来证实。

学生：苯不能使溴水和高锰酸钾酸性溶液褪色。

教师：上述实验又启示苯分子结构有什么特点？

学生：没有像烯烃分子那样的双键。

教师：还有什么事实可以证明苯分子没有像烯烃那样的双键（必要时可启发）？

学生：如果有的话，苯的二元取代物就不是三种而是四种，因为邻位的有两种（让学生上台写出，见图3）。

教师：正确。苯不跟溴水和高锰酸钾反应，邻位二溴代物只有一种。

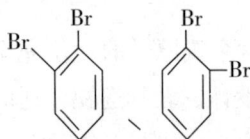

图3

还有许多其他的事实，都显示苯环上不存在三个固定的双键和三个固定的单键，而是一种介于单键与双键之间的独特的化学键，碳碳键长完全相等，并强调苯环是一个正六边形。在此基础上，教师出示《化学》（选修5）第37页"思考与交流"让学生通过分析、讨论学习苯的化学性质。

按照科学方法组织的这个教学过程，有思考、推理和实验验证，学生不是被灌输者，没有结构式是"从天上掉下来"的感觉，而在某种程度上是苯结构式发现过程的参与者。

这种教学模式可以应用到其他有机物结构式的推演上，如乙醇、葡萄糖等。

如果我们按照科学方法来设计元素周期律的教学过程，那将会十分生动，而在学科方法上对学生又富有启迪作用。

那么，在新课程中如何落实科学教育方法呢？笔者认为，主要可通过以下三种途径。

1. 以专门的主题介绍自然科学的一般方法

如在《化学》（必修1）"化学物质及其变化"中，深入介绍了有关物质的分类、分散系的分类和化学反应的分类等内容，重点介绍了分类的科学方法。通过本内容的学习，学生不仅掌握了分类的科学方法，而且进一步明确分类方法在化学研究中的作用。又如，教材通过安排"资料卡片"栏目，介绍了物质检验的方法（实验的方法）等。

2. 选取合适的素材渗透科学方法教育

教材注重通过选取合适的素材，展现科学研究的方法。如《化学》（选修4）"盐类的水解"中，"科学探究"栏目中要求学生探究盐水溶液酸碱性的成因，该实验包括"方法的选择""分类与归纳""结论和解释"，向学生传递了盐水溶液的酸碱性与盐的组成有关，教材还设置了"思考与交流"，使学生初步了解到溶液的酸碱性与盐本身的组成和水的电离密切相关，进而又以弱电解质的电离平衡及盐类水解平衡为依据，设置体现从"问题提出"到"问题解决"全过程的完整的科学探究实验［《化学》（选修4）第56页"科学探究"栏目中的关于 $FeCl_3$ 水解条件的探究实验］，不仅为学生展示化学学习中的科学探究的基本过程，并且结合探究的不同阶段，渗透不同的科学方法的教育。在问题提出阶段，主要有观察现象、发现问题的方法；在假设阶段，有渗透推理、形成假说的方法；在实验阶段，有渗透实验操作、现象与观察、归纳与整理等方法；在结论阶段，主要有渗透建立和论证结论的方法、表达与交流的方法等。学生通过相应的实验探究过程，从中很好地接受有关科学方法的教育，而且还体验到科学方法在科学探究中的功能与作用。

3. 结合实验等活动训练科学方法

教材安排了"实验""科学探究""实践活动"等活动性栏目，通过设置演示实验、实验探究、调查等具体的实践活动，为训练学生科学方法提供了很好的素材。在"实验"中，很好地训练学生观察的方法、记录实验现象、数据处理的方法等；在"实践活动"中，训练学生调查访问、收集资料、资料处理的方法等；而"科学探究"又是一个亮点栏目，很好地从多角度、多侧面训练学生运用科学方法。例如，《化学》（必修1）第79页。

科学探究　现给你一试管二氧化氮，其他药品和仪器自选。
请你设计实验，要求是尽可能多地使二氧化氮被水吸收（要求画出所设计的实验装置简图）。

	实验步骤	现象	解释（可用化学方程式表示）
(1)			
(2)			
(3)			

该实验不仅很好地对学生进行有关实验技能的训练，而且体现对学生"以实验为基础的实证研究方法""方案设计方法""实验条件控制的方法"及"实验事实处理方法"等科学方法的训练。

三、优化教材结构，开展科学探究，培养学生的科学思维品质

培养学生的科学素养是普通高中化学课程标准的根本理念，而科学探究是培养学生科学素养的重要途径。因此，科学探究被列为高中化学课程的重要学习内容和学习方式。在内容和呈现方式上，教材通过设置各种各样的活动性栏目，体现了科学探究的过程要素简明、直观，在促进学生改变传统学习方式、学会探究学习、初步培养科学探究能力等方面发挥了重要的作用。

这些栏目不仅仅是一种格式，更重要的是通过这些栏目呈现了科学探究的线索。栏目根据一定的线索进行安排，引导学生进行观察、提出问题、假设、动手实验、思考与交流、整理与归纳、开展实践活动等，把知识通过科学探究的过程呈现给学生，目的就是让学生在科学探究的过程中学习，从中理解和领悟探究学习。而且相对于纯文本的叙述，这些栏目更能体现学习的方向性和阶段性，与文字图片材料有机结合，引导学生积极参与学习活动，充分体现教材的"对话"功能，有利于引导学生探究学习，促进学生的学习和发展。

不同的栏目具有不同的功能，对学生的探究学习起着不同的导向作用。各栏目的功能与科学探究之间的关系，如图4所示。

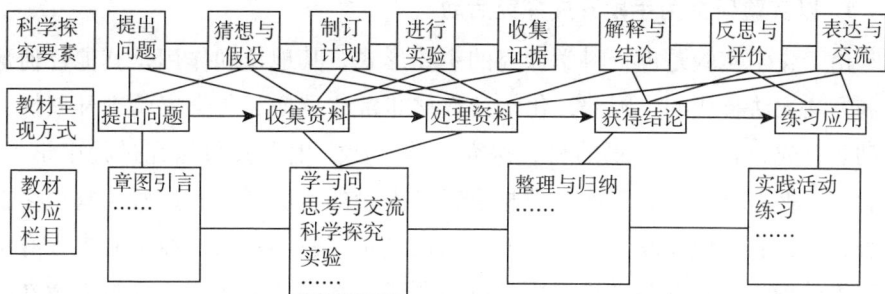

图4 各栏目功能与科学探究之间的关系

由此可见，与传统高中化学课程的"接受"式学习相比，新教材这些栏目的设计，积极倡导多样化的学习方式，体现了以学生为本、对学生探究学习活动的规划与指导，并将这一规划与指导贯穿在课前、课堂和课后各个环节中，使学生在探究实践中获得知识、方法和技能，从而满足引导学生改变学习方式的目标要求。

因此，教师应认真钻研教材，弄清各栏目的功能和关系，精心设计，优化课堂教学。例如，《化学》（选修5）第56页"醛"一节的教学。教师可从复习乙醇（C_2H_6O）氧化成乙醛（C_2H_4O）入手，分析乙醇脱氢（$-2H$）氧化成乙醛的反应机理，进而预测乙醛的可能结构（有三种），然后出示教材提供的"乙醛分子比例模型"和"核磁共振氢谱"，结合"学与问"，让学生写出正确的结构式。根据"结构决定性质"的观点，引导学生推测乙醛可能有的化学性质（学生交流、讨论），然后组织学生进行"实验探究"，要求学生记录实验现象、分析反应关系、找出反应规律，进而让学生整理并归纳出醛类的化学性质。

四、强调实践活动，落实科学探究，提高科学能力水平

科学探究的教学和学习目标的实现，必须让学生亲身经历丰富的探究活动。为此，教材通过设置活动性栏目，引导学生通过观察、调查、参观、收集、阅读、讨论、角色扮演、实验等活动，突出学生自主实践活动。通过活动性栏目的设置，实现课程标准提出的"力求创设生动、真实、多样的科学探究活动和实践活动情景，让学生开展探究。在探究活动中，体验科学探究过程，在丰富多彩的活动中培养学生的创新精神和实践能力"。教材主要通过实验研究、交流讨论和调查访问等实践活动来落实探究。

1. 以实验研究为手段开展探究活动

由于化学实验是进行科学探究的主要形式，其地位和作用是其他任何形式和方法无法替代的，因此，化学新教材非常注重通过化学实验来开展探究活动。首先，教材中设置的科学探究实验，让学生在实验探究过程中学习、体验并掌握科学探究；其次，教材设置了大量的实验活动，这些实验很多在旧教材中也有，但又改变了过去教材叙述过于完整的风格，在实验中没有给出明确的现象、解释与结论，而是以问题或学案形式来体现，要求学生在实验观察的基础上进行现象记录、思考、交流，然后得出结论，例如，《化学》（选修4）第20页实验2-2与第21页实验2-3通过表格形式呈现科学探究的要求，这样能更好地突出和强调学生参与实验探究的积极性和独立思考性，引导学生将实验观察和理性思维紧密结合在一起。

2. 以交流讨论的形式开展探究活动

讨论型探究是学生以小组的形式围绕某个主题或问题进行探讨，公开表达和交流自己的见解的活动。这种探究通过一系列有针对性的问题来引导学生深入思考，并在思考的基础上正确表达个人的观点，并通过与他人的交流修正、改进、完善自己的观点，获得超过个人思考所能得到的新认识。新教材非常重视这种探究活动，通过设置专门的栏目提出问题，引导学生开展讨论。"思考与交流"栏目以及"实践活动"栏目的一些问题所体现的就是要落实这种探究活动。下面呈现的交流讨论（辩论）的实践活动，其目的不在于决出胜负，而在于引导学生针对"是否应该停止使用铝质饮料罐"的关注和思考，养成乐于讨论、勤于探究的习惯，而且很好地训练学生收集资料、分析处理、活动组织、表达交流、竞争与合作的能力等。例如，《化学》（必修1）第57页所示。

> 实践活动　角色扮演：是否应该停止使用铝质饮料罐。
>
> 假如你是以下人员之一，对这一问题有什么看法？请查阅资料并做好准备，然后选择角色进行活动。可能扮演的角色：开采铝矿的工人、生产饮料罐的工人……
>
> 考虑时可能涉及的部分因素：铝的性质适宜制造饮料罐、铝废弃后会污染环境……

3. 以调查访问的形式开展探究活动

调查型的探究强调从学生身边熟悉的事物入手，深入社会生活实际，获取第一手材料和信息，借助个人已有的知识经验和各种资源，整理、分析获得的信息和资料，归纳、总结调查结果，使学生既能发现问题，又能提出解决问题的合理建议。化学新教材在"实践活动"栏目和课后习题中设置了一定的问题，鼓励学生通过查阅资料、调查访问、互联网查询和实地考察等途径来收集信息，利用图表、文字等形式来整理和分析所收集的数据，用图画、短文、海报、网页、论文、方案设计等形式呈现调查研究的过程和结果，并公开与他人进行交流。例如，《化学》（选修4）第9页所示。

> **实践活动** 查阅有关资料说明能源是人类生存和发展的重要基础，化学在解决能源危机中起着重要的作用。以小论文的形式在班上交流，提示：可从以下几个方面去查阅资料：①国民生产总值与能源消耗量的关系；②人民的衣、食、住、行，文化娱乐对能源的需求；③国防对能源的需求；④在节约现有能源和开发新能源中，化学所起的作用。

这样的实践活动，经历了提出问题、制订计划、调查访问、解释与结论和表达与交流等科学探究环节；上述问题提出到问题解决过程都是由学生自行决定的，具有很强的开放度和独立性，对落实科学探究、培养和发展学生探究性学习能力具有相当重要的作用。

值得一提的是，高中新教材各模块对知识呈现方式做了较大的改革。其中，有一些结论没有直接说明，而要求学生通过实验和推理过程自己归纳总结，容易使人直接感受到教材重探究而轻知识。如何处理好学科知识与科学探究活动的关系呢？

我们认为，化学用语、化学概念、化学原理、元素化合物等陈述性知识固然可以"系统地"教给学生，但学生通过假设、观察、实验、交流、推理、归纳等过程所获得的知识更富有"含金量"：学生经历了"发现知识"的过程，完成了知识的建构，将"是什么"的知识和"如何获取这种知识"融为一体，有效地培养了学生自主学习和终身学习的能力。因此，在教学过程中，教师应精心设计以实验为主的学生探究活动，把化学基础知识的教学与科学研究方法的学习有机地结合在一起，从而促进过程与方法目标的具体实现。

当然，科学探究活动的形式和内容应有助于学生领悟知识和发展能力，离开知识作为基础的活动、为追求时髦形式而展开的活动都不是真正意义上的科学探究。重视学生的科学探究也不是不要教师的讲解，关键是教师要研究"讲什么""怎么讲""何时讲",真正在启迪学生的科学思维上下功夫。

可以期望,通过广大教育工作者的共同努力,学生对科学探究将会产生极大的兴趣,学生的科学思维方法及能力水平将会得到全面的提高,在潜移默化的科学探究过程中,他们的科学素养也将得以形成。

本文获中国化学会论文评比一等奖

在化学教学中培养学生
自主学习能力的探索

"传授式"的教学方式和被动的"接受式"学习方法，往往教师"教"得过分夸张，漠视、淹没学生"学"的主体地位。"传授式"的教学方式往往是为"教什么""如何教"等因素而设计的，考虑教材多，考虑学生少。这样学生是"他主"的，不是"自主"的，因此在呼吁培养学生自主学习的新课程改革中，"传授式"的教学方式遭到了否定，培养学生的自主学习能力势在必行。

自主学习又称自我调节学习，一般是指学习者自觉确定学习目标，选择学习方法、监控学习过程，评价学习结果的过程。自主学习强调形成学生积极主动的学习态度，关注学生的学习兴趣，倡导学生主动参与，注重培养学生的独立性和主动性，促进学生在教师指导下主动地、富有个性地学习。因此，教师的主导作用贵在塑造学习主体，在教师的组织和引导下，让学生掌握学习的主动权，激发学生的主体意识，为实现自我发展而主动地、积极地参与学习。为此，笔者在教学实践中进行了一些有益的探索。

一、探究性学习方法是学生自主学习能力的核心

美国的教育心理学家布鲁纳（J. S. Bruner）特别强调培养学生的学习能力和注意学习方法的指导。他主张在教师的指导下，学生通过自学、探索、发现来获得科学知识。教育学家叶圣陶先生说："教任何功课的最终目的是在于达到不教……"我国古语："供人以鱼，只解一餐；教人以渔，终身受用。"都说明了掌握科学的学习方法，进行探究性学习的重要性，是学生自主学习的核心。

很多学生对新奇神秘的化学现象好奇，但是往往停留在表面现象上，而忽视了对不理解的事情进行深入研究，缺乏探究性。因此，教师要在保护和

激发学生的好奇心、肯定学生的好奇心的基础上，应鼓励学生多问"为什么"，培养学生"打破砂锅问到底的精神"；教师要在教学过程中适时激发探究意识；教师还可以适当地对学生进行一些专项训练，如对学生提出疑问或一些有趣的问题，让学生课后通过实验、查资料、讨论等方法去找答案，在恰当的时候检查学生的研究情况，并提出自己的意见。通过这些形式培养学生探究性的学习方法，提高自主学习能力。

例如，在做 CO 还原 CuO 的实验时，教材中介绍了两种处理尾气的方法：①用气球收集尾气；②改进实验装置用酒精灯的火焰燃烧掉 CO。利用这两套装置，引导学生分析各装置的利弊：①气球吸收不方便、不保险；②用酒精灯火焰处理不节省。启发学生积极思考，提出各自的处理方案，集思广益，同学们一致认为以循环利用法来处理尾气是一种更好的方法。学生可以在课余时间去进行实验验证。实验结果表明，还原同样多的 CuO，采用循环利用法可以减少 CO 的用量。

二、自主学习追求的目标是形成良好的创造品质，良好的创造品质又会促进学生自主学习

一个具有开拓精神、创造品质的人才能不囿于传统、安于现状，不盲目从众、唯上、唯书；才能面向未来，求真务实，勇于进取，乐于改革，欢迎新事物、新观念，充分发挥自己的潜力，并尊重别人的劳动、贡献，注重效率、效益；才能目标明确，思路开阔，想象丰富，兴趣广泛，善于调整自己的知识结构、思维方式、行为方式，表现出较强的适应力和应变力；才能对自己的力量和别人的力量充满信心。一个具有良好创造品质的人，往往具有强烈的求知欲，会更加自觉地自主学习。如何培养学生良好的创造品质，促进自主学习，我们认为主要可以从以下两方面着手。

1. 培养充分的自信心

为了使学生在受教育的过程中形成创造的自信心，必须给其自由的环境。教师应为学生营造一个良好的学习氛围，在科学面前师生平等。教师应重视每一个学生的观点和问题，使课堂上洋溢着宽松和谐、探索进取的气氛。教师应及时对好的方面予以肯定和表扬，更不要忘记对出错者予以耐心指导和鼓励。在这样的环境中学生得到了重视，自信心自然越来越强。

2. 培养创造的意志力

创造过程是一种探索过程，成功与失败共存于整个过程中。那种自觉的、

顽强的、勤奋的、实事求是的、百折不挠的、敢想敢干的精神，是一个成功者必备的心理素质。化学教师可结合教材内容，通过化学领域中诸如科学家献身科学的感人事迹，激励学生增强创造意志。化学教师可以帮助学生设计应长期坚持的化学实验，如水质监测，其监测的时间可以是半年、一年，甚至几年，其监测的项目有很多，如 pH 测定、硬度、富营养化、跨学科（如物种数量和种类及变化）等。教师应不断检查坚持者的实验情况、实验成果，给予必要的鼓励与帮助。化学教师可以帮助学生组建化学兴趣小组，鼓励他们勇于实践，在实践中增强自己的创造意志力，同时还可以培养他们的团队协作精神。

三、科学的教学策略和教学方式是提高学生自主学习能力的根本保证

以探究性学习为核心，以培养学生创造品质为目标的自主学习，如果缺乏一定的保证，其结果只能是"纸上谈兵"。因此，科学的教学策略和教学方式是提高学生自主学习能力的根本保证。现代教学论认为，学生不仅是教学的对象，而且是教学的主体，是整个学习过程的主人。学生的种种能力不是单纯的"教"就能培养出来的，教师给学生的知识毕竟是有限的，大量的知识要靠学生自主去学习、掌握，大量的社会实践中遇到的问题，要靠学生自己去分析、解决。"施教之功，贵在引导，妙在开窍。"故教师的职责不仅在于"教"，更重要的在于，运用恰当的教学策略和教学方式调动学生学习活动的自觉性、自主性、创造性。

四、保护好奇心是培养学生的化学学科兴趣，激发学生自主学习的有效途径

好奇心是人的天性，在传统的教学模式中，教师经常无意识地扼杀了学生的好奇心，而对好奇心的扼杀，直接影响到学生的学习兴趣和自主学习意识的形成。爱因斯坦说过："我没有特别的天赋，只有对事物的好奇心。"化学是揭示物质组成、结构、性质、变化，以及合成的自然科学。受好奇心的驱使学生会问许多稀奇古怪的问题，教师应该给予重视和鼓励，不要害怕和阻止学生的"好问"，不要讽刺和贬低学生的"怪问"；教师要培养和表扬学生的勤于提问，不要限制和压抑学生的"多问"；教师要指导和启迪学生仔细观察周围环境中的化学现象而广于提问，敢于提问，甚至善于提问，而且问

得要颇有见地、切中要害。这样从根本上保护了学生的好奇心。不仅如此，教师还应深入学科知识，创造情境，引导学生发现其中的深奥道理，激发其好奇心，培养学生的好奇心。

为此，在课堂教学中，可利用较奇特的实验现象、悬念式提问、新奇的故事、不同于惯常结果的实验方法等，易使学生情绪处于亢奋、激动之中，在这种情感的刺激下，抓住学生的注意力，激发学生去探索，揭示"奇"的奥妙，形成"我要学"的氛围，达到提高自主学习意识的目的。如"魔棒"点火、荒郊野外的夜晚"鬼火"、雷雨交加的地方的植被特别茂盛、豆科植物不用施肥就特别粗壮，化学中有许多这样的好材料。

五、培养适度的批判精神能激发学生开展自主学习的热情

中国的传统教育一直在培养"乖孩子""听话的孩子"，受应试教育的影响一直在培养会做题的孩子。这样的学生对老师教的、课本上的知识奉为"圣旨"；这样的学生迷信权威，崇信书本；这样的学生缺乏主动性、独立性，面临选择时束手无策，难置可否，结果放弃思考，人云亦云，窒息创造。"疑而启思，疑而生变"，在对事物的质疑中，学生不是以一种被动接受的闭合思维方式参与到认识过程中。它是一般思维发展到创造性思维链上的关节点，所以化学教师应注意培养学生批判性地吸收化学科学的精华。化学科学中的许多规律的认识过程总是由简单到复杂，甚至由错误到科学，教师不应是简简单单的传授，可以引导学生再来一次"创造"，让学生有成就感，激发自主学习的热情！只有这样，学生才能寻幽探微，穷根究底，最终才能有所发现与创造。例如，学习苯的分子结构时，让学生正确地去理解凯库勒式的积极意义，又要让学生通过性质的学习认识到它的局限性，激发学生更加强烈的求知欲——苯的分子结构到底是怎样的？有没有比我们现有的课本上更科学的解释？

六、发展学生的创造想象力能激发学生开展自主学习的欲望

创造想象力是创造的核心，是创造的源泉，能激发学生开展自主学习的欲望。教师可以通过帮助学生发挥想象力、启迪和鼓励联想、设计一些化学问题进行想象力训练等方式发展学生的创造想象力。例如，引入有机物的概念时可以让学生发挥充分的想象力——没有有机物的世界会是怎样的？有机物是怎样形成的？……在学习氢键时激发学生想象，如果水分子之间没有氢

键，我们的地球会怎样？若外星球也有生命但没水，那么哪种物质会相当于水的作用？在甲烷分子的立体结构教学时，可提示学生由此还会发现哪些物质的分子结构也为正四面体结构？有没有离子的结构也为正四面体结构？有没有哪些物质虽然不是由分子和离子构成，但其中存在正四面体结构；甲烷的一氯代物无同分异构体、乙烷的一氯代物无同分异构体、2，2－二甲基丙烷的一氯代物无同分异构体。由此，总结出什么样的规律？又怎样运用此规律有所发现。

七、加强实验和观察是培养学生化学学科自主学习能力的必要途径

化学是一门以实验为基础的自然科学，实验是验证、探索、创造的可靠手段。观察是创造的入门阶段，要创造就要有新发现，观察是发现问题的一条重要途径。敏锐的观察能力来自训练有素的观察技能与问题意识的结合。平时观察到的、偶尔发现的奇异的化学现象，要探索它的实质就要动手做实验。因此，敏锐的观察能力和扎实的化学基本实验，技能是学生创造思维、创造实践的根基，是培养学生自主学习能力的必要途径。在这方面，以下几点应特别注意。

1. 培养学生良好的观察品质，端正观察态度，教给学生观察方法

教师应根据所观察事物的特点，指导学生从大到小、由远及近、由点到面、由短期到长期、由宏观到微观，使学生学会全面、系统地观察，训练出学生敏锐的观察力。例如，在研究"钠与水反应的实验"时，就应该引导学生不应停留在金属钠在水面上"跑来跑去"这一"好玩"的实验现象，而应引导学生观察到钠浮在水面上、反应放出气体、液体颜色变化、滋滋的声音等实验现象。只有现象观察全面了，才有可能结合其他知识彻底搞清"钠与水反应"的实质。

2. 注重课堂演示实验，同时注重开阔学生视野

课堂演示实验应尽量让学生去观察实验现象，切勿包做包讲。当然，仅仅观察课堂演示实验还是不够的，要积极引导学生观察日常生活、化工生产中的实验现象。例如，家中的食盐为什么会变潮？"乐山大佛"为什么慢慢被侵蚀，又怎样保护？为什么要兴建火力发电厂？而为什么又要关闭一些小型火力发电厂？为什么有些地方的水不能直接饮用？

3. 要注重验证性实验

化学教材中很多是验证性实验，通过这些实验培养学生基本操作技能，掌握实验基本方法。应该放开手脚让学生自己使用常见的仪器，组装仪器，自己做实验，而不应该操纵学生实验。学生实验失败时，应该及时地帮助他找到失败的原因。

4. 要精心设计探索性实验，甚至可以将一些验证性实验改成探索性实验

探索性实验更能激发学生的学习兴趣，培养学生实事求是、勇于探索的精神。例如，在进行"氢氧化亚铁的制备和性质实验"时，就可以先按照常规的胶头滴管的使用方法，观察实验现象，同时引导学生辨别红褐色沉淀的本质，提出问题——为什么没有得到大量的氢氧化亚铁，怎样得到大量的氢氧化亚铁？学生可以各抒己见，甚至还可以对课本上的实验方法加以改进。这样学生不是在被动地接受知识，而是经过探索获取了知识，还获取了方法。

八、引导学生在合作学习中开展自主学习

合作学习是目前世界上许多国家都普遍采用的一种富有创意和实效的教学理论和策略理论，兴起于20世纪70年代初的美国，并在20世纪70年代中期至80年代中期取得实质性进展。由于它在改善课堂内的社会心理气氛，大面积提高学生的业绩，促进学生形成良好的非认知品质等方面实效显著，被誉为"近十几年来最成功和最有效的学习方式"。

合作学习是促进学生在异质小组中彼此互助，共同完成学习任务，并以小组总体表现为评价依据的教学组织模式。因此，合作学习是转变学生的学习方式，培养学生主动学习，主动探究，发展创新能力的很好的突破口，是探究性学习的重要组织形式，也是自主学习的外在表现形式之一。合作小组的成员既有明确的分工，又围绕共同的任务而相互合作，协调统一，贡献各自的智慧，达成统一的目标。在不同的合作学习中，各角色进行互换，使得学生各方面得到锻炼。合作学习以学生为中心，强调知识的构建，学生是主动参与的，小组成员是平等的，有利于学生的全面发展和个性化发展，这是自主学习所要求的。

精心设计讨论问题是合作学习的基础。合作学习总是围绕某些问题进行的，精心设计讨论问题也是合作学习取得成功的基础。教师在设计讨论问题时，应遵循适度性原则，讨论问题应当具有一定的难度和挑战性，但不能太

难，不能超过学生的能力范围；也不能太简单，否则流于形式。教师在设计讨论问题时，应遵循阶梯性原则，不断拓宽学生思维的广度和深度，同时也要考虑到满足异质小组内不同学生水平的需要，充分发挥互助合作的功能。例如，学习 SO_4^{2-} 的检验方法时，可设置下面一系列问题：①Na_2SO_4 溶液中滴加 $BaCl_2$ 溶液有何现象？再加入盐酸有何现象？盐酸有何作用？②某溶液中滴加 $BaCl_2$ 溶液，再加入盐酸沉淀不溶解，原溶液中一定有 SO_4^{2-} 吗？③某溶液中滴加 $Ba(NO_3)_2$ 溶液，再加入 HNO_3，沉淀不溶解，原溶液中一定有 SO_4^{2-} 吗？④你组认为检验 SO_4^{2-} 的最严密的方案是什么？教师在设计讨论问题时应遵循开放性原则，在小组合作学习前，教师要深入研究教材，明确所要体现的理念；教师要吃透学生，精心设计既有联系性又有开放性的化学问题，让学生在自主学习的基础上产生合作学习的欲望，把学生的自主学习引向深入。例如，在学习"二氧化硫的污染"时可布置以下开放性问题：①何为酸雨？酸雨有什么危害？②酸雨是怎样形成的？③空气中的 SO_2 主要来源？④如何防治酸雨？

把握合作学习的时机是合作学习的前提。教师应根据化学教学的具体内容和学生实际，把握合作学习的最佳时机。例如，当一定数量的学生在学习上遇到相近疑难问题，个人无法解决时；当学生对某一问题出现较大分歧，需要共同探讨时；当学生学习任务较多，需要分工协作时；当学生思路不开阔，需要相互启发时，都是进行合作学习的最好时机。

明确个人责任是合作学习的关键。在当前化学课堂教学的合作学习中，常出现个人责任不明确，小组中个别成员承担大部分甚至全部问题，而某些小组成员无所事事，或者成绩差的学生所提出的见解和贡献常会被人忽视。因此，要求教师在设计问题时不要只设计一个问题或完成一项作业，也要从不同侧面、不同层次回答，实现一题多解。要尽量设计有联系、有阶梯的一系列问题，使每个学生在小组中都负责承担独特的一部分任务，使用"切块拼接法"等方法。也可将学生按照层次分为"基本组""专家组"等。教师还应该改进评价方法，使学生各自为他们的学习负责。教师还应该试着让学生轮流担任不同的角色，在不同的学习任务中，角色互换，如组长、资料员、报告员、记录员等轮流做。

现代社会是信息社会，生活节奏快，知识和技术更新的周期越来越短，只有自主学习，才能有所创新，才能更好地生存；未来社会又是一个新的未知数，原有的知识不足以应付未来社会，靠终身的学校教育既不可能，更无必要，靠得住的是一个人的自主学习能力。因此，教师对接受学校教育的在校学生进行教育时，务必深刻认识到学生的知识不是"灌"的，是通过思考"悟"的，是通过活动"生产"的；务必高度重视学生自主学习能力的培养。正所谓"纸上得来终觉浅，心中悟出始知深，绝知此事要躬行"。相信在新课程改革和新课程标准的指引下，自主学习的大力推行会让学生"吃"到一份好胃口、好心情、好营养的"能力大餐"，并将受益终身！

本文在 2006 年广东省优秀教学成果评选中获一等奖

初、高中化学衔接教学初探

为了使高一新生迈好从初中到高中的第一步，顺利地学好高中化学。在讲授高中新知识之前，我们安排了几课时来复习初中内容，这实质上是初步完成初、高中知识的过渡复习，让新生扎实迈好从初中到高中的第一步。笔者现将近几年的做法和感受整理如下，供同行参考。

一、初、高中衔接是教与学的需要

高一新生在开学后渴望学习新知识，与其他学科不同的是，化学却要复习初三旧内容。部分学生认为枯燥乏味，"新瓶装陈醋"，提不起精神，有些教师也不以为意。但实践证明，这种做法收效明显，的确有它的必要性。从理论上，笔者认为过渡复习的必要性有以下三点。

1. 教材内容的需要

初中化学注重定性分析，要求记住现象或结论；高中化学除了定性分析外，还要注重定量分析，除了要知道"是什么"外，还要求弄清"为什么"和"是多少"。同时，初中化学以形象思维为主，通常从熟悉、具体、直观的自然现象或演示实验入手，建立化学概念和规律；高中化学除了加强形象思维外，还通过抽象、理想的化学模型建立化学概念和规律。另外，初中教材文字活泼，有较多插图，还有贴近生活的一些选学内容，具有较好的可读性，教材内容的表达易于理解；相比较高中教材显得平白、呆板、难懂些。

2. 学生学习的行为特点的需要

初中阶段很大程度是记忆，背记的东西多，据调查有些学生在初中学习化学的方法就是死记硬背。高中阶段则要求学生有较强的理解能力，理解后再记忆，死记硬背会导致学到的知识"消化不良"，无用武之地。初中阶段学生主要是依赖教师，欠缺独立思考能力，习惯于被动接受知识；而高中阶段则要求具有独立性，主动接受方式获取知识，具备较强的自学能力。初中到高中，要实现记忆由死记、依赖、被动向灵活、独立、主动的转变。

3. 新生适应教师、环境的需要

步入新的学习环境，遇到新的教师，新生需要一段时间适应。经问卷调查，新生一般都需要两三周时间来适应。新生不仅要适应教师的教法、特点、要求、课外活动等，还要熟悉学校的情况和身边新的同学，当然教师也要了解学生。师生间尽快消除"陌生"带来的"不适应感"，尽快地进入高中学习的正常轨道。

二、初、高中衔接的几点做法

认识到过渡复习的必要性后，就要扎实抓好过渡复习，消除知识过渡中的"台阶"和"障碍"。为保证顺利过渡，笔者致力做好以下四个方面。

1. 认真调查分析，做到知己知彼

这是做好顺利过渡的准备阶段。"知己"是明确复习过程中自己要做的工作，也就是"备教材"。近几年，教材教法不断推陈出新，我们也应顺应这种变化。如仍然使用初三旧教材来进行复习，甚至用被删去的知识点来考查学生，用旧书上的习题来测验学生，人为给学生增加"不适应感"。教师必须对初、高中教材和大纲进行对比分析，了解哪些知识在初中讲过，哪些知识虽讲过但学生不易掌握，哪些知识还得在高中加深和拓宽等，所有这些都要做到心中有数。"知彼"就是教师要了解学生。教师只有了解学生的素质状况，才能为以后教学的深度、广度处理做到应付自如。可采取抄录入学成绩、课堂提问、与不同层次的新生座谈、问卷调查、进行针对性测验等方式。要及时将所掌握的学生情况综合分析整理，在此基础上建立学生化学素质、成绩档案。对学生普遍反映、暴露的问题要记录下来。经过调查分析，做到"知己知彼"后，才能确立复习的起点和重点。

2. 抓住重点问题，采取多种复习方式

不是简单地过一遍，而应突出重点。根据所掌握的情况，适当调整教学课时分配，对于掌握较好的知识一带而过，普遍存在的问题要下功夫彻底解决。例如，问卷调查后发现很多新生对电解质的概念和电解质导电的实质等内容掌握不牢；对一些概念如加热、高温、点燃、燃烧混淆不清；对有些知识点如溶解度的计算模糊不清。这些重点问题要彻底解决，还要使学生认清初中知识是高中化学的基石，有些知识点在会考、高考中也占有一定地位。

初中基本概念、基础理论、基本计算要求中有 15 个知识点，《高考考试说明》也有多处明确要求，近几年在高考中频繁出现关于溶解度和溶液中溶质的质量分数计算的考题。采取各种灵活多样的方式，既能提高学生的学习兴趣，也是以启发式为中心培养能力的需要。在复习中既可以采用列表、知识结构图、归纳对比等复习总结方式，还可以采用分组讨论、层层诱导、实验启发等先进教改手段。不要一味满堂灌，要留一定空白，讲练结合，设置疑问，培养学生的思维方式和思维能力，以适应高中教学。

3. 及时查漏补缺，适当拓宽延伸

既要针对初中知识重点突出复习，还要对忽视和薄弱问题及时弥补。通过问卷调查，学生普遍反映有以下三个方面急需弥补。

（1）初、高中教材脱节的内容。现行的初三新教材和高中教材之间存在一些脱节。如初三新教材删去了电解质、非电解质和核外电子排布规律等概念和理论，也没有以选学内容的形式出现，但这些内容属于初、高中相互衔接的知识，高中讲到就感到突然和陌生。这些知识应在复习中注意弥补。

（2）关于溶液较高要求的计算。在初中关于溶剂和温度发生变化时溶解度的计算不做要求，以后学生却要在高中习题中常常接触到，这些内容要适当加深一些。

（3）有些选学内容。设立初中选学内容的主要目的就是既要提高整体素质，还要兼顾少数优秀学生的升学。有些初中教师认为不是"双基"，既不讲解也不指导阅读。有些初中教师很好地处理了素质教育和高中升学的关系，采用分层教学法，就是针对好、中、差不同层次的学生相应讲授深浅不同的内容。还要利用初、高中知识的内在联系，适当地拓宽延伸一些概念和规律。如讲解燃烧、氧化还原反应等概念范围将在高中进一步扩大，原概念就显得片面和狭隘，这是认识发展的必然规律。

4. 保证专题质量，"分散"贯穿始终

在保证质量、扎实有效的几课时过渡复习的基础上，还要树立打"持久战"的意识。过渡复习分"专题划块复习"和"分散渗透复习"两种形式，专题划块复习完成后，至于分散渗透复习则应贯穿在高中教学的始终，要坚持不懈。此外，在新课教学中，灵活运用旧知识，引进新知识，找出新旧知识的联系与区别，既复习巩固了初中知识，又为高中知识的学习铺路搭桥；既便于理解记忆，又能激发兴趣，从形式到内容都符合认识规律，而且一举两得。

教师做到"知己知彼"，逐步完成自己确立的过渡复习目标；学生扎实掌握了"双基"知识，适应了教师、教材、学习方法、学习环境等诸多方面，便从根本上消除了学生步入高中后的不适应感，从而更加热爱化学，为学好高中化学奠定基础。

本文在 2004 年揭阳市学科教改论文交流评比中获一等奖

开展研究性学习　培养学生创新能力

　　研究性学习就是以学生的自主性、探索性学习为基础，在老师的组织和指导下，通过亲自体验、实验、探索进行学习：通过自己提出问题，确定研究课题，设计研究方案，收集、整理、分析资料，从而学会发现问题、解决问题的一种自主学习活动。"创新是一个民族进步的灵魂，是一个国家兴旺发达的不竭动力。"创新人才是中华民族屹立于世界民族之林的基石，培养创新人才是当前学校教育的重要目标，如何运用研究性学习这一切实可行的手段，培养学生创新能力，是我们目前迫切需要探讨的问题。

　　我们要对创新这一概念有科学的认识，马斯诺曾将创造性分为两类：一类称为"特殊才能的创造性"，如科学家、发明家的创造性；另一类称为"自我实现的创造性"，这种创造性对社会或他人来说不是新的，而对自己来说是新的，是前所未有的想法或事物的创造。化学学习中，凡是学生独立地"发现"未曾学过的化学知识经验，能对某一化学问题提出新颖的见解思想、方法或设想，独立地具有说服力地修正或者批判某些公认的观点或认识，能独立地发现新问题、新事物，独立地设计完成新颖的化学实验，解决新颖的化学问题等，都可看作化学"创造性学习"。由此可见，研究性学习是中学生学习知识形成创新能力的重要途径，它体现出教育观念的更新与发展，引导学生不仅要打好扎实的基础知识，更要为今后继续学习和参加社会工作培养不可缺少的实践能力。

一、对研究性学习的几点认识

1. 化学实验是培养学生学习兴趣的载体，更是引发学生主动探究的驱动力

　　由于传统的教学模式是一种较为封闭的形式，以学生被动接受教师传授的知识为主，这种模式不利于体现以人为本的人文思想，学生的个性得不到发展，而失去个性的学生就渐渐失去了创造性，这与培养具有创新精神的高

素质人才的要求相背离，这就要求教师在整个教学中要具有开放性。首先，在备课的过程中，教师的主导思想要"从有利于教师教授转到有利于学生学习上来"，要把学生的主动参与摆在首要位置，创设一个民主和谐的教学环境。其次，在课堂教学不要事事包办，该学生参与的地方，教师要"急流勇退"，要把引导作为天职。笔者在讲授二氧化硫时，先引导同学们思考：根据所学知识，预测二氧化硫可能有哪些重要的化学性质，并说明自己判断的依据？同学们基本上可以回答出二氧化硫具有酸性氧化物的通性，有氧化性和还原性，此时引导学生设计出相应的实验，并在课堂上加以验证（相应的药品须在课前准备好）；对于二氧化硫的漂白性的实验，教师先演示"二氧化硫可使品红褪色，再加热品红又恢复红色"这一现象，引导学生分析二氧化硫漂白原理与氯水、漂白粉、过氧化钠、双氧水的漂白原理有何不同。最后把如何区别二氧化碳和二氧化硫作为课后作业，让学生查阅资料，寻找尽可能多的方法。这样学生的思维得到了活化，也乐学化学，学活化学，创新能力和动手能力自然会得到提高。

2. 化学实验是研究性学习开展的有效手段，更是培养学生创新能力必不可少的要素

我国著名化学家戴安邦指出："只传授化学知识和技巧的化学教育是片面的，全面的化学教育要求既传授化学知识，又训练学科方法与思维，还培养学科精神和品德，学生在化学实验中是学习的主体，在教师指导下进行实验，训练用实验解决化学问题，能使各项智力都得到发展。"在研究性学习中，我们不仅仅满足于创设条件让学生动手实验，还应该创设问题情景让学生设计实验，在通过进行探索活动中发展学生的发散性思维和批评性思维。运用新实验（新内容、新方法、新结论）转变思维角度，让学生成为实验的主人，把课本上的验证性实验变为探索性实验，拓宽学生的思维能力。例如，在做铜与浓硫酸的反应时，笔者有意识让铜与过量的浓硫酸反应，反应后生成的气体通入品红，品红褪色（加热品红又变红色），此气体是二氧化硫，底部出现黑色固体是什么物质？我让学生大胆猜测并设计实验证明，是 CuO 吗？在混合物中加入水试一试，黑色固体消失（CuO 与稀 H_2SO_4 反应），溶液出现明显的蓝色（$CuSO_4$）。通过以上学生实验的探索过程，让学生得出 Cu 与浓 H_2SO_4 反应的本质，浓 H_2SO_4 既显氧化性又显酸性。这样的实验在课本中非常多，只要我们站在学生的视角看问题，设计新的实验就能发挥出它培养学生创新能力的功能。

3. 研究性学习是开展和渗透环境教育的有效途径

如我们学习环境保护时，美英联军正在伊拉克进行侵略战争，全社会和全体学生都关注着伊拉克战事的发展，笔者以这一热点问题为背景布置研究性课题：美英联军在伊拉克进行的侵略战争对当地的环境会造成怎样的破坏？学生交上来的研究报告令我大吃一惊，很显然同学们查阅了大量资料（包括上网），学生的答案主要包括枪支、弹药、炸弹、导弹爆炸造成的碳氧化物、氮氧化物、硫的化合物的污染；坦克、装甲车、飞机等燃料燃烧产生的废气造成的污染；美军在战场上大量使用贫铀弹所释放的放射性物质对当地的河流、土壤、空气造成的长期的放射性污染；伊拉克境内的油井燃烧所产生的废气所造成的大气污染；爆炸所产生的粉尘污染等。学生通过这次调查研究使他们认识到战争不仅造成大量的平民伤亡，同时对整个地区造成生态浩劫和极大的环境破坏，使学生认识到"热爱和平，反对战争"是人类永恒的主题。

二、如何由浅入深地开展研究性学习

研究性学习模式源于萨其曼对于独立学习者发展的信念。他认为：科学家用来解决问题、研究未知的理性智略可以传授给学生。其研究模式是在学生参与科学探索过程中，教师试图模拟科学家的探索过程，使学生体会科学家如何解决问题的过程，使学生体会科学家如何面对疑难情境，学会搜索和加工需要的新资料，最终达到问题解决的研究过程，从而获得在真实生活情境中发现问题、解决问题的能力。化学研究性课题大体可分为三类：实验探索类、调查研究类、科技创新类。

为了达到在研究中学习，在学习中研究，优化研究性学习的整个过程，根据化学教育的特点和时代的育人要求，从培养学生的研究能力、学习能力、创新能力出发，可将研究性学习过程分解为研究动员→确定课题→建立组织→制订方案→实验研究→信息交流→信息处理→结果论证→信息反馈→结题报告，具体可分为以下六步。

1. 问题的提出

教师要注意激发和培养学生的探究兴趣，由老师或学生提出在学习或生活中遇到的感兴趣的、与化学有关的问题，确立课题研究的方向或题目，要注意尽量选择和学生的能力、现有的研究条件相符的问题，课题的研究范围不要太大，"问题"是研究性学习教与学的载体，能否提出有研究价值的问题是衡量学生思维能力的重要标准，这是充分发挥学生的主观能动性的前提和基础。

2. 问题的论证

对该问题出现的可能原因进行猜想，并与其他同学进行交流和探讨，同学之间根据自身爱好和课题需要优化组合，建立课题小组，选拔出课题组长。

3. 拟订实验方案

设计方案是最关键的一步，方案设计优劣决定着研究方向是否正确。对某一问题的研究，有几个因素决定：从已有的知识规律中去寻找答案，往往找不到直接答案，这就要求运用发散思维方法去变通，扩大思维的数量，找出其中一个原因，再通过相应的方法探索其他原因，此外，实验涉及的试剂的浓度、反应条件则必须考虑。各种条件和浓度下反应的结果，记录结果时应达到的准确度，如何查找资料等，课题组成员通过集体讨论，初步拟订研究方案，课题组内进行详细分工，将各项工作逐一落实到个人。

4. 实验方案的实施

让学生通过实验和观察收集化学现象和化学事实，或通过测定得到相应数据，在实验过程中要注意发扬团结协作精神，充分发挥集体的智慧和力量，并做好实验的各项记录，共同完成研究任务。

5. 分析研究及讨论

让学生对所收集到的现象和数据进行分析、研究和处理，并对实验中存在的问题进行集体讨论。

6. 在老师的启发引导下，完成结题报告

在老师的启发引导下，让学生在分析、研究、处理材料和数据的基础上，经过抽象、概括、归纳得出结论，形成概念或认识规律，完成结题报告。在该过程中，要注意在学生汇报后，不要急于做推论、做解释。先把学生能初步得出的结论得出来，要由近及远，由易到难，由浅入深。在整合的过程中，关键要分出层次，先是学生得出结论，达成共识，然后是教师帮助学生进一步推论、小结、评价。

三、实施研究性学习教学案例

课题一： 在无色的酚酞试液中加入少量 Na_2O_2 粉末，试液先变红，再继续加入过量 Na_2O_2 粉末振荡后试液又褪为无色的反应机理研究。

综述：部分资料和学生解释反应过程为：Na_2O_2 粉末先与水反应生成 NaOH，无色的酚酞试液遇到碱变红，过量 Na_2O_2 粉末氧化漂白使酚酞又变为无色。

质疑：在无色的酚酞试液中加入少量 NaOH 试液变红，再加入浓 NaOH 溶液又褪色。

思考：Na_2O_2 粉末过量后使酚酞试液褪为无色反应是氧化褪色，还是遇到浓 NaOH 溶液褪色？

实验1　往试管中加入 Na_2O_2 粉末，再加入蒸馏水，过一会儿，等无气体放出时，加入少量 MnO_2，用带火星木条伸入试管内。现象：又产生大量的气体，木条复燃。

实验2　往试管中加入稀 NaOH 溶液，再滴加 2 滴酚酞试液，变红色且较长时间不褪色，然后加入 H_2O_2，震荡。现象：红色褪去。

实验3　在紫色石蕊试液、甲基橙试液、品红试液中加入 H_2O_2，都可使上述试液很快褪色。

实验4　在紫色石蕊试液、甲基橙试液、品红试液中加入新制氯水，都可使上述试液很快褪色。

实验结果：无色的酚酞试液中加入少量 Na_2O_2 粉末试液变红，再继续加入过量 Na_2O_2 粉末振荡后试液又褪为无色的原因是反应生成的 H_2O_2 的漂白作用和所得的碱溶液较浓的影响。可见，Na_2O_2 与水反应实际可分解为 $Na_2O_2 + 2H_2O = 2NaOH + H_2O_2$；$2H_2O_2 = 2H_2O + O_2 \uparrow$。

评价：通过这次研究性学习使学生认识到在平时的学习中，只有敢于质疑，善于思考和分析问题，不迷信已有的结论，善于创新，才能够在能力上有所突破。

课题二：普宁市区可降解塑料的生产和使用现状调查。

说明：近年来可降解塑料解决生态环境的白色污染问题受到普遍关注。推广使用可降解塑料，具有绿色环保意义。让学生通过自己的调查研究，使学生了解可降解塑料的分类、降解原理及国内外可降解塑料技术发展的现状，并对温州地区可降解塑料的生产和使用现状有较深入的了解。

（1）课题的引入。按我国人均每天消耗一个塑料袋计算，一年要用掉 4380 多亿个。一个塑料袋重约 8 克，总重量是 35 亿多千克，而每亩地若含塑料残膜 3.9 千克，就会使玉米减产 11% ~ 23%，小麦减产 9% ~ 16%，且这种污染是很难消除的，塑料物品埋入地下降解约为两千年，燃烧又污染大气。

因此，可降解塑料的应用势在必行。

（2）对可降解塑料的了解和认识，引导学生查阅资料，或通过因特网，通过搜索引擎，输入关键词"可降解塑料"进行模糊搜索，访问相关的网站。

（3）通过学生查阅和阅读资料，学生对可降解塑料有了初步的认识。

可降解塑料包括：水降解型；生物可降解型（天然高分子型、生物技术合成微生物型、合成高分子型、混合型）；光降解型（共聚型、添加剂型）。

（4）组织同学们对一些可降解塑料的生产厂家进行实地考察，了解其简单的生产工艺。

（5）上网查询政府对可降解塑料制品的使用要求，推广环保型可降解塑料制品防治"白色污染"监督管理暂行办法的通告。

（6）同学们收集平时所使用的一次性购物袋，看看平时所使用的购物袋中可降解塑料制成的所占比例如何，并对普宁市区农贸市场使用一次性购物袋的情况进行调查，发现使用可降解塑料袋的情况寥寥无几。

（7）引导学生分析出现可降解塑料制品难以普及的原因：可降解塑料制品的价钱较贵，商家不愿意使用。市民环保意识不强，没有节约用袋的习惯；政府部门监督力度不够，有待于加强。

评价：在以上调查活动中，由于问题的现实性，学生在好奇心的支配下，激发了调查的愿望，培养了他们深入社会、严谨唯实的科学态度和科学精神，养成了关心社会、了解社会的习惯和树立良好的环保意识。

课题三：在学习氯水成分和性质时，引导学生设计氯水成分的鉴定实验。

（1）学生根据所学知识，初步预测氯水中可能存在的微粒及初步设计实验方案，教师对学生设计的方案作一定的分析，选择具有代表性和实验意义的方案让学生进行实验验证。

（2）学生设计的实验方案和主要实验步骤：①在新制的氯水中加入石蕊试液；②用玻璃棒取新制氯水滴入 KI 淀粉试纸中部；③向新制的氯水中滴加品红溶液；④向新制的氯水中滴加 $AgNO_3$ 溶液；⑤向新制的氯水中滴加 $NaHCO_3$ 溶液；⑥用在阳光下放置两天的氯水重复上述①~⑤实验。学生在实验过程中掌握新制氯水和久制氯水的成分和性质。

（3）发动学生对彼此的实验方案和实验结果进行评价和质疑。

（4）总结得出合理的结论，写出体会性实验报告。

四、实施研究性学习的思考

（1）由于研究性学习打破了以往"照方抓药"式的教学方式，对学生的学习给予了较大的空间和较大的选择，学生的主体性得到了充分的体现，培养学生学会求知，学会做事，学会共处，学会生存，学会创造。对教师提出了更高的要求，要求教师加强教育教学理论的学习，努力学习多媒体技术，认真学习新修订的教学大纲，优化教学过程，改进教学模式，能够设计出具有启发性的教学设计，充分扮演好引导者、组织者、辅导者、参与者和评价者的角色。在这一教学活动中，如何发挥教师的主导作用，我认为应注重以下几个方面。首先，做好心理辅导，让学生从惧怕、陌生变为喜爱、自然；其次，由于学生的个体存在较大的差异，为了让每一个层次的学生都有所发挥，在设计题目时要有一定的梯度，帮助学生选择好难度适宜的课题，难度过大或过度简单对学生的探究性学习都是不利的，这需要教师站在一定的高度，能够正确引导：如：①区别真丝和化纤；②鉴别碘盐和无碘盐；③氢氧化亚铁的制备；④氯水的成分的测定；⑤测定 Na_2SO_4 和 $NaCl$ 混合物中 Na_2SO_4 的质量分数；⑥测定 $NaOH$ 和 Na_2SO_4 混合物中各组分的含量；⑦铜和硝酸反应环保化实验装置的设计等。此外，教师还要注重方法的引导，教会学生如何查资料，如何设计实验，如何借鉴经验，避免多走弯路，既不能放任自流，也不能全盘包办。

（2）要掌握好时间，严格控制好实验进度。由于高中生学习任务重，时间紧，平时不便于过多地占用课内时间，以免过多影响其他科目的学习。我认为，每两周安排一次集体讨论、集体实验或集体查阅资料，主要时间还要靠双休日或假日，让学生自己灵活安排。教师要根据时间安排对实验进度做好调控，并做好指导和咨询。在需要的时候，教师可以让学生暂停，对存在的问题进行及时的评价反馈，如纪律问题、实验操作问题、安全问题、合作问题等。

（3）对学生的工作要做好公正客观的评价，研究性学习的终极目标是培养学生的能力，包括动手能力、合作能力、思维能力、创新能力等，因而在评价上应注重学习和实验的过程。只要通过探究性实验，学生的研究能力、实验能力、创新能力得到提高，不论结果如何，都要给予积极的评价。对于失败的探索要帮助学生积极分析原因，为以后的研究获得经验和教训。对于成功的探索也要让学生从中汲取精华，为今后的学习打好基础。

（4）要注意实验的安全和环境保护。化学实验往往存在一定的风险，而学生在药品的用量上往往过多，既浪费药品又增大实验的危险性，教师要予以特别强调，对于实验产生的废气、废液、废渣要求学生必须回收或处理，防止造成污染，使他们养成良好的环境保护意识，树立起对社会的责任感，这也是探究性实验的主要目标之一。

研究性学习涉及各类学科领域及学科之间的交叉，注重研究性学习的开发与应用，有利于激发学生的好奇心、求知欲、学习兴趣；要使研究性学习落到实处，变为学生的实际行动，关键是教师要解放思想，更新观念，站在社会发展的高度，大胆摈弃旧的习惯和教学方式，以学生的持续发展能力为本。大力倡导学生主动参与，乐于研究，勤于动手，把向学生传授讲解知识的过程，创造机会和条件变为让学生研究性学习的过程。这样我们才能把培养学生的创新兴趣、创新意识、创新意志和创新精神落到实处。

本文于 2006 年获广东省教育学会化学专业委员会征文一等奖

主体性化学实验教学
与创造思维能力培养探究

    化学是一门以实验为基础的科学，观察、实验和思维是学习和研究化学的最根本方法，学生的主体创造体验也往往寓于实验教学之中。如何在实验教学中发展学生主体性，激活学生的创造思维，培养他们的创造能力，这是中学化学教学中备受关注的问题。本文就试从改革传统实验教学方式，以求更好地扩大实验教学的内涵和外延，尽可能地激发学生学习的积极性、主动性，确立学生的主体地位，激励学生独立、自主地学习和探索，并在此基础上，促进实验教学过程由观察、探究和运用向创造发展，有效地培养学生的创造能力，谈以下几点认识。

一、改实验"观看"为实验"观察"——夯实主体创造基础

    观察是有目的、有计划的一种思维知觉，是实验研究的基础，演示实验教学是培养学生观察能力的最重要途径。学生对演示实验现象的观察往往带有强烈的好奇心，但注意力不集中，目的不明确，主次分不清，常常忽略了本质现象，甚至有的出现把教师的演示实验变成看热闹式的"观看"。在演示实验教学中，教师除交代实验仪器、装置特点、试剂及药品、实验目的和原理之外，更应向学生提出观察的重点和方法，应教给学生"看什么，怎么看"，并且对每一项演示实验都应制定相应的观察程序和内容，特别是依据学生的实验水平、预见到学生的知识、经验和操作技能上的缺陷，精心策划富有启发性的引导措施，变简单的"观看"过程为实验"观察"过程，以培养学生的观察能力，夯实主体创造的基础。

    例如，在做苯和溴发生反应的实验中，教师可引导学生按照实验顺序进行观察，先让学生观察整套实验装置的特点，并及时提出问题，如烧瓶口垂直的一段导管有什么作用？实验要不要检查装置的气密性？取溴时，为什么

要把胶头滴管插入装溴试剂瓶的底部？当溴加到烧瓶里时将有何现象？再加入苯并摇动烧瓶时，瓶内颜色有何变化？向瓶内加入铁屑时，又有何现象？实验开始时导管口附近有什么产生？该物质是什么？实验完毕把烧瓶里的液体倒在盛有冷水的烧杯中，烧杯底部不溶于水的油状物是什么？该物质有何颜色，为什么？应如何净化？等等。

在观察的过程中，教师要善于抓住每一个关键时刻及时唤起学生的注意，只有边实验、边观察、边思维才能促进知识向能力转化。这样就会把积极思维贯穿于观察的全过程中，变"看热闹"为"看门道"，使学生养成良好的观察习惯，掌握科学的观察方法，提高观察能力。

二、改演示实验为分组实验——增加主体创造体验

不少演示实验，由于受条件的限制，学生（特别是后面的学生）是很难看得清的。即使看得到，但由于缺少参与意识，往往调动不起学生的积极性，不能很好地发挥学生的主体作用，学生的独立操作能力及创造能力也就难以得到充分的培养。

改演示实验为随堂分组实验，就是在教师的启发指导下，将演示实验过程转化为学生自己独立地运用实验去探求知识或获取必要的感性认识，从而自己去总结得出结论的过程。这样做不仅可以在课堂上增加学生动手和动脑的机会，利于调动学生学习的主动性，而且有利于提高实验观察的效果，利于学生观察能力、思维能力的培养。同时，由于学生对实验的全程参与，也增强了其主体创造的意识，这种效果是单纯的演示实验所难以达到的。例如，在演示泥土、食盐、蔗糖、食油等几种物质放入水中的实验时，学生很难观察清楚上述物质放入水中开始时、振荡后、静置后三个阶段的现象，即使使用实物投影仪也不例外。如果把该实验改为分组实验，那么学生对实验现象的观察将会由"模模糊糊"转变为"真真切切"。

因此，对于那些操作简单、耗时少、易成功、安全无污染、观察能见度较差的演示实验而言，很有必要将其改为分组实验，通过教师—学生、学生—教师、学生—学生之间的多向交流，完成探索任务，增强了创造的体验，其效果一定比只看教师的演示要好得多。

三、改实验的验证性为探索性——激活主体创造思维

教材中属于验证性的实验较多，这虽有利于学生掌握并加深巩固所学的

知识，但验证性实验因有已知目的、内容、步骤和结论，学生实验时往往不需动脑筋，只需"照方抓药"，机械地模仿操作顺序而被动地实验。这样的结果，会使学生失去对实验的"神秘"和探索的欲望，造成思维单一呆板。教师若能从中筛选部分灵活性、变通性大的实验，积极创设情境，鼓励学生从多方位、多层次、多角度地观察、思考、探索、想象，通过学生亲身体验、认识事物、发现问题，从而提出多种设想和解决问题的方案。在此基础上，再点拨和引导学生利用已有的知识和经验，推理归纳，悟出道理，得出结论，并形成规律，使学生思维的有序性、变通性和独创性得到训练，从而激活创造思维。

例如，在实验探索浓硝酸的强氧化性时，若按教材上介绍的用试管作反应容器，存在两个缺点：①反应的进程不能控制，造成药品浪费。②由于剩余反应物的继续反应，产生过量的 NO_2 会造成环境污染。当学生在实验中发现上述问题之后，引导学生分析，通过讨论，他们提出了三种实验改进方案：①及时停止反应（采用即开即用的简易发生装置）。②尾气处理（连接尾气处理装置）。③控制硝酸用量（采用分液漏斗滴加法）。

根据学生设计出的多种方案，引导学生进行评价选择，通过比较、分析、探索各方案的利弊，选择一种最合理、效果最好的实验方案。这既是学生学习创造技法的过程，也是培养学生敢于批判、敢于挑战、勇于探索的过程。这样做将大大地激活学生的创造思维。

四、改实验室的封闭为开放——拓展主体创造空间

化学实验室是学生获知、激趣、求真、循理、育德的重要场所，如果实验室只是用来做一些课堂实验，其利用率是不高的，学生的实验能力以及个性的发展也必然受到限制。因此，开放实验室，以便对于那些在分组实验中做得不好的实验；学生在课堂上未观察清楚，需要重新"验证"的演示实验；做了改进的实验；学生自己设计的实验（经教师审核过的）；一些配合课堂教学的系列实验或补充实验等，鼓励学生利用课余时间到实验室，并在教师的指导下自己动手做实验。这样做不仅能进一步激发学生学习的主动性、创造性，而且能有效地拓展学生创造的空间。但实验室的开放不能是盲目的。

首先，应做到有目的、有步骤、有计划地开放。高一年级重在培养兴趣、动手能力、观察能力，应多做些实验基本操作和验证性实验。如溶液的配制、装置的组装、气密性的检验、物质性质的验证或检验，还可以多做些补充实

验、趣味实验等。高二侧重演示改进实验和探索性实验以及开始设计一些综合性实验，如喷泉实验原理的探索及喷泉实验的改进等。高三阶段侧重进行综合实验的设计和培养解决综合性实验问题的能力等。

其次，开放实验室是以学生为教学活动的主体，但是不能忽视教师的主导作用。教师仍然是整个活动过程的设计者和组织者，主导着教学活动的全过程。在开放实验室的过程中，教师要检查、修改学生的实验方案，指导参与学生的实验操作，质疑、解决学生实验过程中的问题，提出更高目标和要求。

此外，还要合理安排开放时间，让学生都有条件进入实验室进行研究和创造，并在良好的氛围中得到熏陶，使他们真正感受到化学的魅力，从而激发学生的求知欲；实验仪器及药品的摆设应改变以往的"和盘托出"和"饭来张口"的习惯，以免学生的思维空间受到限制，要让学生根据自己的实验需要去挑选，真正地落实学生的主体能动性，以培养学生学会动脑后再动手的良好实验习惯；要教育学生节约试剂，同时还要着力培养学生学会自我管理、自我约束，使实验室的开放做到有序、高效。

五、改实验知识为实践能力——发展主体创造思维

传统的课堂实验教学注意较多的是培养学生掌握实验的基础知识和操作技能，注意的是学生思维的共性特征。人的思维虽有共性的一面，但同时又有其鲜明的个性特征；只有个性和谐发展，才能充分发挥人的聪明才智，创造才有特色。因此，教学时要把面向全体和因材施教统一起来，使每个学生的创造思维充满生机和活力。变实验知识和实验问题为实践能力，给学生创设了施展个性创造的极好机会。启迪创造活动，可利用课外时间开展实验探究和实验创新，定期组织对学生的"小创作""小论文"并进行交流和评比，鼓励学生参加社会实践等活动形式，以求升华创造意识，发展创造思维。

1. 帮助学生做好"家庭小实验"，培养学生自主实践能力

化学教材中提供许多"家庭小实验"是配合课堂教学而编写的，目的是为了进一步培养学生的实验能力。它具有取材方便、操作简单、趣味性强、效果明显等特点。但由于教材无明确的实验步骤说明，常会使学生感到无从下手，还有的学生家庭没有所需的药品和实验器材，导致"家庭小实验"难以开展。对此，教师要积极帮助学生创造实验条件并给予适当指导，使"家庭小实验"能顺利进行，让学生体验成功的乐趣，促使实验知识提升为实践

能力。

2. 鼓励学生参与社会实践，使知识转化为创造能力

化学与生产、生活和社会有着广泛密切的联系，只有把所学知识与实际相联系，并应用于实践中，分析问题和解决问题，学生的创造潜能才能得以充分发挥。化学教材中"研究性课题"的设置，就是让学生联系社会实际，学以致用。另外，教师还要积极引导学生运用化学知识和化学原理，尽可能地解释和处理生产、生活中某些化学现象和化学问题。如土壤成分的检测、水质污染的成因及防治、钢铁的腐蚀和保护等。通过亲身实践，不仅开阔学生的视野，开拓了他们的思路，同时在分析和解决实际问题的过程中，知识也将迅速升华为实践能力。

3. 开展实验设计方案评比活动，让学生施展创造才智

教材中有不少关于实验问题的"讨论"和实验习题。教师可提出一些研究的方向，启发学生自行设计实验方案，并定期收集，认真审阅，对合理性好、可操作性强、实验现象明显、有一定水准的"作品"，教师应提供平台让学生实践，充分展示主体创造的能力，激发学生的创新意识，并使其创造欲望得以持久保持。

此外，为使主体创造得到发展，教师应鼓励学生根据活动的内容和形式，撰写"小论文"及"实验报告"，并定期举行交流和评比活动，展示学生的"作品"和创新"发明"，运用激励机制，对学生的成果及时表彰，使创造成果得到进一步的总结和推广。

主体性实验教学具有很大的创造空间，坚持主体性实验教学，才能使教师的主导作用与学生的主体性有机地结合在一起，优化实验教学过程，使实验教学富有生命力，才能使学生生动活泼，积极主动地创造和学习，才能使学生的主体创造思维能力得以可持续的发展。

本文在2003年广东省化学实验教学创新论文评比中获一等奖，发表在《实验教学与仪器》（2005年12月）

第三章

教研悟得

3

化学教学中应重视对学生
"最近发展区"的研究与开发

著名教育家维果茨基认为：教学就是把"最近发展区"转化为"现有水平"的过程。所谓"最近发展区"是指经过努力后能达到的较高层次的智能发展区。我们通常所倡导的"跳一跳，摘得到"的力所能及的教学原则，就是对学生"最近发展区"的一种开发。研究和开发学生的"最近发展区"是优化学生思维品质的重要手段之一。化学教师应重视对学生的"最近发展区"的研究和开发，从而了解并明确学生在学习过程中存在的各种困惑和阶梯，以便对学生学习化学的方法和思维途径进行有效的洞察和指导。

一、构建新的概念及知识体系，要以学生的"现有水平"为基础

教育学家苏霍姆林斯基认为，当课堂上所讲的知识里含有一定"份额"的已知的东西又包含有一定"份额"的新东西时，才能唤起建立在思维本质上的稳定的兴趣。揭示出已知的东西与新的东西之间固有的联系，这是激发兴趣的奥妙之一。讲授新课，要以学生"现有水平"为基础，应努力启发学生对原有知识的回忆与联想，培养能力也要以原有的能力为基础，尤其是对抽象的难以建立的新概念和难以接受的新知识体系更是如此。例如，讲授物质的量和摩尔的概念时，首先应引导学生回顾已学过的物理量和物理量的单位，并列表对照，然后指出物质的量如同长度、质量、时间、电流强度一样，是个物理量的名称，它是用来量度一定质量的物质中所含的粒子数。摩尔如同米、千克、秒、安一样，是一个物理量的单位，米是长度的单位，千克是质量的单位，秒是时间的单位，安是电流强度的单位，摩尔则是物质的量这个物理量的单位。通过类比启发，可化难为易，让学生过好名词关。在讲授摩尔的定义时，可先通过学生熟知的长度单位"米"的基准：用米原器来确定，引导学生认识物质的量的单位"摩尔"的基准，是以 $0.012kg^{12}C$ 所含的

碳原子数作为计数单位，并指出这个粒子集体称为阿伏伽德罗常数（用 N_A 表示），1mol 任何粒子的粒子数都是 N_A 个。又如，讲授化学平衡的概念时，可先复习初中化学中有关饱和溶液中溶解和结晶平衡的知识，把化学平衡和溶解平衡进行对比，找出它们的共同点，学生就不难掌握化学平衡的特征了。这样的讲授通俗易懂，对教师来说似乎是单刀直入地讲授新概念，学生听起来却像在上复习课，实际上旧中有新，以旧引新，使难以理解、难以接受的知识变得容易理解和易于同化，这可有效地激发学生的学习兴趣，提高学生的认知水平。

二、课堂教学的目标和层次的要求应兼顾学生的"最近发展区"

课堂教学中，教师对教材涉及的知识面的深广度应把握分寸，一定要符合学生现有的知识水平和思维发展的要求，使学生在接受知识的同时，能力层次得到了培养，智力又能得以开发。据调查，不少学生对化学的学习存在着困难，学习成绩不理想，学习热情不高，特别是高一级的学生更是如此。究其原因，主要是化学知识相互之间的衔接环节抓得不好，还有不少学校由于采用循环教学，高三刚送走毕业班的教师又马上接高一的课，不自觉地用应付高考的尺度来要求学生，用高考复习的方法进行课堂教学，用模拟高考的试题来训练学生，这些都大大地超越了学生智能的"最近发展区"；影响了学生的思维发展，甚至导致死记硬背现象的发生。因此，教师应根据学情，确定适度的教学目标，使其难度恰好落在学生通过努力可达到的潜在接受力上；根据教学内容，选择适度的教学层次，使其与学生的"现有水平"相衔接，以促使学生"潜在水平"的发展；创设合理的教学方法和教学手段，使知识或问题形成阶梯，让学生明确学习的途径，轻松地突破知识的重点和难点，不断地攀登知识的高峰。例如，以电离平衡为例，教学时，首先引导学生回忆电解质的概念、分类及特点，然后根据弱电解质溶液中既有弱电解质分子，又存在其电离出的离子这一事实出发，引导学生讨论，得出弱电解质的电离是可逆的，再联系化学平衡建立的条件及其特征，引出电离平衡状态及其特征，引导学生应用平衡移动原理，分析外界条件的变化对电离平衡的影响。这样讲授能极大地激发学生的学习热情，有利于发展学生的知识迁移能力。

对基础年级的化学教学既要充分利用教材，培养学生认真读书的良好习惯，又要从学生的现有知识水平和思维水平的实际出发，调动多种教学手段，采用灵活多样的教学方法，启发引导学生认识并掌握一个个知识阶梯，克服学习中存在的各种困难，让学生真正体验到学习的乐趣。这样，学生就会满怀激情地去接受新的知识。

三、创设"跳一跳"的新情景问题，开发学生的"最近发展区"

所谓"跳一跳"的新情景问题，是指先介绍一些背景材料，也就是先给予一定的新信息，然后依据所给的信息，联系已有的知识来分析、解决一些新情况、新问题，通过这类问题的设置，能有效地开发学生的"最近发展区"，培养学生各方面的能力素质。例如，在授完"原电池原理及其应用"之后，向学生提出这样的问题：已知将铜片和石墨与导线连接后插入稀硫酸中可以形成原电池，请写出电极反应式。对此，绝大多数学生都能写出负极反应式为 $Cu - 2e = Cu^{2+}$，而对正极反应式却感到惘然，若写为 $Cu^{2+} + 2e = Cu$，则总反应式为 $Cu + Cu^{2+} = Cu + Cu^{2+}$，这显然是不可能的，若写为 $2H^+ + 2e = H_2$，则总反应式为 $Cu + 2H^+ = Cu^{2+} + H_2$，这又与金属活动性顺序表相矛盾。既然有原电池的存在，就说明必有氧化还原反应发生，既然 Cu^{2+}、H^+ 均不能作氧化剂，则氧化剂必然为 O_2（与钢铁吸氧腐蚀氧化剂相同），又因溶液显酸性，故由钢铁吸氧腐蚀的正极反应式可推导出该原电池的正极反应式为 $O_2 + 4H^+ + 4e = 2H_2O$。由此可知，能否写出该原电池的正极反应，关键在于学生能否联系钢铁的吸氧腐蚀的异同。这一问题的答案既不能从记忆的知识中获得，也不能存在于问题本身所提供的信息中，而是存在于已知事物与未知事物的联系中，使学生出现求知上的"困境"，但经过一番苦心思索，终于从问题的"困境"中解脱出来，获得成功的情感体验，其思维的火花同时也得以迸发。

四、重视对典型例题、习题的研究，优化学生的"最近发展区"

教师应重视对典型题目的分析和研究，要以学生现有的知识为支点，紧紧抓住学生的"最近发展区"，编选出新颖、实用、典型的例题，并以此为基点，按照由易到难、由浅入深的教学原则，通过例题的分解、组合、引申、变式或一题多解、一题多变的方法，使习题的难度恰好落到学生的"最近发展区"内，让学生经过努力使问题得到圆满的解决。

例如：一定温度下，Wg 下列物质在足量 O_2 中充分燃烧，将产物通入过量的 Na_2O_2 中，充分反应后，固体质量增加 Wg，则符合此要求的是（　　　）

① H_2 ② CO   ③ CO 和 H_2 ④ HCHO

教师可引导学生从题意中前后两个 Wg，得出固体增加的质量，实际上等于被燃烧物质的质量；再结合 Na_2O_2 与 H_2O 和 CO_2 的反应方程式，导出如下关系式并进行变式：

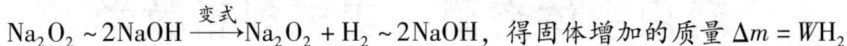

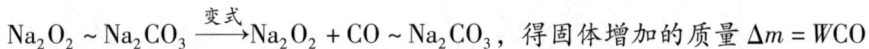

$$Na_2O_2 \sim 2NaOH \xrightarrow{\text{变式}} Na_2O_2 + H_2 \sim 2NaOH，得固体增加的质量 \Delta m = WH_2$$

$$Na_2O_2 \sim Na_2CO_3 \xrightarrow{\text{变式}} Na_2O_2 + CO \sim Na_2CO_3，得固体增加的质量 \Delta m = WCO$$

只要将④中的 HCHO 变式为"$H_2 \cdot CO$"，问题就迎刃而解了。若只将"物质"改为"仅由 C、H、O 三种元素中的一种或几种元素组成的物质"，要求确定该物质的通式。这时绝大多数学生都能从解题所获得的经验和技能中很快得出正确的结论为（CO）nH_m。典型例题的教学，能最大限度地激荡学生的大脑，使其思维处于亢奋状态。这样，学生的思维品质将会得到逐步的优化，同时，通过习题的成功解答，也会使学生保持着旺盛的求知欲，从而产生对学科较为稳定和持久的兴趣。

因此，在课堂教学中，教师不应只是传授知识，还要认真研究并努力开发学生的"最近发展区"，掌握并利用学生的"最近发展区"，使学生的知识尽快地提升为能力，从而增强他们学习化学的信心，于潜移默化中提高学生的学科素质。

本文在中国化学会第四届全国中学化学教学研讨会论文评比中获一等奖，发表在《中国化学会化学教育专业委员会论文集》（2004 年安徽·合肥）（被收入《知网》）

利用主体资源　实施创新教学

主体性教育理论认为：学生是教育的对象，更是教育的资源。学生的全部既有经验、智慧、知识和学习的内在积极性都应当为教师的教学所用，应当成为动力之源、能量之库，它是教学中的基础性资源，其他的资源，如教师和教材、课室和设备等，最终必须同学生的主体性资源相结合，才能发挥最佳效益。它体现在教学的行为上，要求我们必须全面依靠学生，因学生学会任何东西，最终都要通过自己的内化，这个过程只能依靠学生的学来完成，而任何人是代替不了的。这就是说，只有依靠学生的主体资源来进行教学，才会使我们的教育变得更有潜力，才是提高教学质量的希望所在。基于此，在教学过程中，应如何做到全面依靠学生，充分利用学生的主体性资源，真正地实施创新教学呢？下面是笔者在化学教学中的一些尝试和探索。

一、创造条件，让学生上讲台说

高中阶段的学生思维水平普遍较高，自学能力较强，且具有其独特的见解和特有的学习方法。传统的师本教学，往往忽视学生这方面的资源，压制了学生的主体性，难以激起学生学习的兴趣。创造条件，让学生上讲台来说，这是学生学习的动力资源得以释放的一种方式。笔者的做法是，在上课开始的前几分钟，让学生上台来说。教改伊始，笔者只是让学生上讲台去说上一节课学的主要内容。目的也只是为了巩固所学知识和检测学生对所学知识的掌握程度，坚持一段时间之后，这种形式便成为一种习惯。学生的热情高了、胆子大了，思想也放开了，演讲的能力提高了，自信心也就增强了，这种氛围也逐渐形成了。对此，笔者便把学生这种说"过去"引导为说"现在"，说预习过程中遇到的障碍，说新旧知识的联系，说对原理或规律的理解，说实验的改进与创新，说所学知识在实际问题中的应用，等等。为使学生在说的过程中有个良好的"表演"，笔者多采用"自学—辅导"的教学模式，对自学的内容和范围,以及要解决的问题向学生明确地提出来,并编写成提纲,让学生在自学的过程中产生新的问题,并提出质疑,再通过合作学习小组的分析和有关素材的网罗进行探索和讨论,最终形成自己的见解或达成某种共识,让学生在上台之前胸有成竹。这样还使那些个性较为腼腆、性格内向、表达能力较差的学生也敢于上台演说了。

短短的几分钟说课,便能激活学生的思维,为一节课的开端营造一种"以生为本"的活跃气氛。俗话说:台上一分钟,台下十年功。这种主体参与的课堂教学形式,在很大程度上使学生的独立性、自主性和合作性得到了充分的体现,他们为了这几分钟的"表演",认真地研读教材,积极查找相关资料,精心组织说的内容,其潜在的基础性资源也得到了发展。

二、选择教学内容,让学生上台讲

21世纪是个学习化的社会,在大学习化环境下,更应重视学生的学习资源。学生是天生的学习者,其学习潜能是无限的;他们都有自己的学习积极性,都有着为新的学习所准备的、被人忽视的、强大的基础。这就是学生学习的动力资源,一旦我们能体察到学生学习兴趣之所在,就会推动着我们的教学。在现行教材中,可读性的内容增加了,大部分知识都可由学生通过自学来完成。因此,选择部分教学内容让学生上台讲是完全许可的,同时,学生已有的经验和学习的积极性,以及对问题见解的独到之处,也是完全值得信任的。开始时,可由教师编拟预习提纲,让学生明确教材的目的要求,以及重点、难点和疑点,使学生在预习过程中做到心中有数。通过学生的品味和内化之后,使知识内容线索化、网络化,以形成明了的"教案"。刚实施这种做法时,教师最好事先通知学生并告诉他:同学们很想知道他是如何理解和剖析教材中的某一内容的,老师也很希望他能将自己的见解和思维的方法介绍给大家,并对他加以指导和鼓励。开始时,学生有些不适应,不善于表达。这时,教师应在一旁给予引导和帮助,将他"扶上马"。这无论对学生今天的成长,还是以后的发展,都会起到极其重要的作用。在学生讲授过程中,教师要摆正自己的位置,扮演好"学生"的角色:认真听课、仔细记录(特别是对学生说错、说漏和讲得不透彻的地方),以便在组织学生讨论时有发言权,在讲评时能对症下药。

以上方法在教学中获得成功,并经过一段时间的巩固后,还可以向其他方面进行拓展。如在讲解例题时,学生若有不同于老师的解答方法,就会自然流露出来，此时，教师只要向学生微微点头，送去一丝赞许和征求意见的目光，聪明的学生就会马上意识到老师要让他上台去讲了。的确，学生的有些解法是老师始料不及的。毋庸讳言，学生的某些方面是老师所不及的。学生每天都在接受大量的知识和科学信息，其资源是多样的，也是十分丰富的，教师应为我们学生的独具见解感到自豪，不应惧怕之，只有这样才能真正做到教学相长。同时，让学生上台讲授，也会使之获得终生难忘的体验，有利于提高学生的自主表现能力和良好的学习心理素质的养成，并能真正地激发学生从热爱化学到学好化学的热情。

三、知识的整理与归纳，让学生自己写

如何学好化学？如何大面积地提高教学质量，加强素质教育？首先要解决的就是如何使学生记住所学知识的问题。化学知识素有"繁、杂、碎"之称，记忆是学好化学一个相当重要的环节。同时，如果一个人没有良好的记忆习惯，也就无法进行正常的思维活动，"一切智慧的根源都在于记忆"。大量经验告诉我们：本堂课的问题，要求当堂课解决，不要依靠课外大量的习题，不要把问题积压。对此，在每节课的最后，教师可留适当时间，让学生上讲台来写，写关键、写要点、写结论、画线索、找网络等。教师也可将原板书的内容拭去，留出空白，让学生去完成，以强化目的。这样能使学生增强记忆的目的性和紧迫感，学生在识记知识和经验及技能时，恰好是在对教师讲解内容刚刚理解的基础上，又怀着强烈的"要记住"的愿望。这时，其注意力特别集中，记忆效率也将大大提高。由于学生有相当的自主表现，学生接受客观知识不再是被动的，而是通过感悟之后的能动探究，这也是知识和思维创新的一种表现。当学生学会自我归纳和整理之后，其学习能力也在不断地提高。例如，当在复习"卤族元素"时，教师用询问的语气说："谁能找出一种比较好的方法来帮助大家整理和归纳这一章的知识呢？"复习课的知识整理和归纳，往往令人觉得索然无味。但话音刚落，便有一位学生上台来，在黑板上画出一棵树的形状，然后，便解说开了：三条"树根"分别代表卤族元素的相似性（原子最外层均有 7 个电子、均能形成氢化物等）、递变性（自上而下，随电子层数的递增，原子半径逐渐增大，核对外层电子吸引力渐减小，氧化性由强逐渐减弱，气态氢化物的稳定性越不稳定等）、特殊性（如氟单质及其氢化物的特性、碘单质的升华及与淀粉的作用等）。"树干"中的"节"分别表示氟、氯、溴、碘、砹五种元素。然后，以氯及其化合物为代

表，以"树枝"向两边衍生和交叉表示物质间的相互关系。把常见重要物质的性质、制法和用途，分别以"绿叶、红花和果实"点缀于树枝的叉点上。这俨然就像一棵"知识之树"，真是别出心裁，让人耳目一新。这不仅给知识的学习注入了生命和活力，也使全体同学感受到化学的结构美和内在美，使人觉得这样的学习有血有肉，易记、易学。因此，课堂上应适当挤出时间，让学生有一个思考的过程和自我表现的空间，为学生的创造性学习提供条件。

四、实验的演示，可让学生上台做

教育资源理论认为："学生作为教育资源是一种活动性资源，这一资源不会损耗和消蚀，相反，它还具有生生不息、越用越多、越用越丰富的特点。"化学实验是化学科的基础，也是培养学生动手操作技能、观察能力和分析、思维能力的有效途径，演示实验在化学实验中占据着重要的地位，它具有示范性、探索性、综合性等特点。与其教师一个人包办，倒不如让学生上台去做或师生合作共同完成。开始时，虽然是一些简单、无危险性的实验，但学生上台操作时还是会出现不少操作上的失误，这也往往会引起满堂大笑，但这也未尝不可。一方面会给台下的学生留下深刻的印象，这比教师的一再强调效果要好得多；另一方面，善意的哈哈大笑，对于台上演示的学生又是一种鞭策。实验的成功固然是一件好事，但实验的失败也未必是一件坏事。只要认真分析失败的原因，并加以正确的引导，相信我们的学生，让他们再来一次，有时还会得到意想不到的效果。对学生所做的实验，教师要尽量发现其闪光之处，并加以鼓励和肯定，让学生享受成功的喜悦，以消除学生对化学实验的惧怕心理，使他们从热爱实验，到想做实验，直到善于做实验。由于学生主体参与实验教学，彻底改变学生以往"观看实验"的状况，同时在实验过程中也使学生的活性资源得以淋漓尽致地发挥。

五、作业和试题中的问题，让学生自己评

在传统教学中，作业和试卷的讲评往往是教师在唱独角戏，将一份试卷从头到尾讲一遍，就题论题，缺乏针对性，难以评出问题的特征，找出症结所在，这简直像一节习题解法展示课。事实上，一份试题中，学生易出错的或不理解的往往只占少数，绝大部分的题目都是学生自己能熟练解决的，况且在学生的群体资源中，他们当中不少学生对问题都有其独特的见解和新颖的解法，有些做法还有推广的价值。单向的讲评忽视了学生的群体体验，也

压制了学生的主体参与能动性。正如郭思乐教授所说的："师本的学习社会化与生本所带动的巨大的被深刻有力地发动起来的学习社会化相比，是不可同日而语的。"因此，讲评课要提倡生本的参与，要努力调动生本的学习社会化的巨大资源。学生在经过解题的智力感受之后，他们拥有十分充足的发言权，应当得到重视。因此，上讲评课，教师最好扮演的角色是，做学生的解惑和启智的帮助者，知识归纳和拓展指引者，师本与生本资源交融的协调者。讲评时可采用如学生自评、生生互评、师生共评等形式，让学生在学习化的课堂环境中，充分展示他们的聪明才智，使学生资源迸发出巨大的学习能量。例如，笔者曾承担了全市的高考化学复习讲评探索课，课前预先把班内的四个小组分成八个学习小组，要求他们从自己的实际出发，找出自己认为最有必要解决的问题、最容易出差错的问题、有独立见解的问题，并对有一题多解和多题同解的题目，提出他们的思维过程和解题的方法，并对解题过程中遇到的障碍提出解决的办法等，然后笔者只是将收集到的问题进行串联和装配，以避免各种简单问题的重复，最后由学生上台讲评。这节课，笔者把大量的时间让给学生，笔者只是作为一个释疑者、指引者和帮助者，甚至大部分时间还充当了一个欣赏者。这种教学改革，使课堂上的每一个学生的思维都处于亢奋的状态，平时沉寂的课堂气氛也变得活跃起来了，一般需用两个课时来进行讲评试题，一节课便完成了，不仅效率提高了，学生资源也被激活了。难怪参加这次评课的各县、区教研员及全市各重点中学化学教研组长都给予了高度评价，称之为一堂高效率、高质量的备考复习课。

六、平时练习或测试题，让学生自己编

学生的个体资源具有多样性，其群体资源更是极为丰富，学生有自己的经验和各种信息资源。在教学中，我们更应重视学生资源的共享，以促进其共同提高。

在高三备考复习时，教师的一项繁重的任务就是编练习、编试题。虽然现在的信息资源四通八达，各种备考资料铺天盖地，但很难找到一套有针对性的适合自己学生训练的配套题目。若是随手拿来就用，当然是一种不负责任的做法，领导要批评、学生要抱怨，且由于没有针对性，也难以达到训练的目的，若是一概自己动手编，则又不堪重负。因此，处理资料和信息、编制试题便成为高三教师头痛的一件事。解决这一矛盾的最好办法是能充分调动和利用学生的信息资源。试想，倘若每个学生每周能提供 1~2 道有价值的

题目，就群体而言，这个信息量的确是很可观的，而且这些问题都源于学生的主体思考，其针对性也必然很强。教师只要将学生提供的题目进行分门别类，精心编制，使可成为一套质量极佳的试题了，而且这些试题投入使用之后，在进行讲解时，也可最大限度地发挥学生的主体作用，让学生去自评和互评。这样做，可收到事半功倍之效。因此，教师应注重学生在这方面的资源。要大胆地开发，并做到善于开发。

总之，在教学中，我们不仅要重视学校和教师的资源建设，更应加强对学生资源的开发和利用。这样，才能使我们的教学真正地体现以学生为主体，使课堂真正成为学生自主发展的阵地；才能使我们的教学迸发出巨大的能量，使我们的教学朝着更高、更新的目标前进。

本文在 2004 年广东省中学化学优秀教学成果评比中获一等奖

谈化学新课程改革与学习方式的转变

当今世界科学技术迅猛发展，知识经济时代加速到来，国际竞争日趋激烈。在经济全球化的背景下，我国急需具有创新精神和实践能力的一代新人。通过当前课程改革来调整人才培养目标，改变人才培养模式，提高人才培养质量是一条造就这类新人的有效途径。《基础教育课程改革纲要（试行）》（以下简称《纲要》）指出：在新一轮基础教育课程改革中，要改变课程过于注重知识传授的倾向，强调形成积极主动的学习态度，使学生获得基础知识与基本技能的过程，同时成为学会学习和形成正确价值观的过程；改变课程实施过于强调接受学习、死记硬背、机械训练的现状，倡导学生主动参与、乐于探究、勤于动手，培养学生收集和处理信息的能力，获取新知识的能力、分析问题和解决问题的能力，以及交流与合作的能力。要行之有效地实施《纲要》，改变学生的学习方式，提高学生学习能力是新一轮课程改革的关键。

一、转变学习方式，先要更新教学观念

面对学生和社会对教育改革的期盼，为了更好地实施课程标准，我们必须更新教学观念，与时俱进。

1. 课程与教学的关系是这轮课程改革首先要摆正和处理好的一对关系

传统的课程观和教学观认为：教学是课程的传递和接受的过程，它规定学校"怎么教"；课程是学校教学的实体和内容，它规定学校"教什么"。现时课程不只是"文本课程"，更是"体验课程"，不再只是特定的知识载体，而是教师和学生共同探求新知识的过程，它就不只是忠实地实施课程计划，完成自己教案中设定的内容，更是课程的创生和开发。教学过程应成为课程内容的持续生成与转化，课程意义建构与提升的过程。例如，人民教育出版社编写的义务教育课程标准实验教科书《化学》（九年级上册第21页），在实验结束后设置了"现象与分析"等栏目，要求学生根据自己的观察及体悟去

填写留下的空白，让师生共同去思考、去创生、去开发。

2. 教学是师生交往、积极互动、共同发展的过程

在传统教学中，教师负责教，学生负责学，教学就是教师对学生单项的"培养"活动。教与学的关系表现为两方面。①以教为中心，师讲，生听；师问，生答；师给，生收；使课堂上的"双边活动"变成"单边活动"，教代替了学。②以教为基础，先教后学；不教则不学。学无条件地服从于教，教学由共同体变成单一体。学生的独立性丧失，最终遏制了学的"力量"。而新课程改革强调教学是教师的教与学生的学的统一，这种统一的实质是交往。在和谐、民主、平等的教学氛围中学习化学新知识，习得化学学习的基本方法，培养创新精神和实践能力。

3. 教学既重结论，又重过程

结论是表征该学科的探究结论（概念原理的体系）；过程是表征该学科的探究方法。两者是相互作用、相互依存、相互转变的关系。学科的探究方法都具有重要的教育价值。如依据新课程标准，在化学质量守恒定律教学过程中，若能打破传统教学的设计，让学生在生活中找实例，设计一个家庭小实验，用洗净的鸡蛋壳 2 只与 25 毫升家用食醋反应，分两种方法探究。一种在敞口玻璃瓶中充分反应后称量，然后沿着探究这条主线，引导学生得出科学结论，再让学生在生活中找出实例来予以分析和内化，究其质量守恒的原因，是"三个不变"，即原子的种类不变、原子的数目不变和原子的质量不变。另一种是让学生在活动中探究、在活动中思考、在活动中体验，"悟"出科学的结论。这种既重结论又重过程的教学方法也是新一轮课程改革所积极倡导的，因为这是一个人的学习、生存、生长、发展、创造所必须经历的过程，也是一个人的能力、智慧发展的内在要求。它是一种不可量化的"长效"，一种难以言说的丰厚回报。

鉴于上述分析，在教学中，我们应做到以下三种要求：第一，要把过程和方法视为课堂教学的重要目标；第二，要使教学过程真正成为学生探索、思考、观察、操作、想象、质疑、创新的过程；第三，要真正树立可持续发展和终身学习的理念，为学生终身学习奠定必备的基础。

4. 教学既要关注学科，更要关注人

苏联教学论专家斯卡金指出："我们建立了很合理的、很有逻辑性的教学过程，但它给积极情感的食粮很少，因而引起了很多学生的苦恼、恐惧和别的消极感受，阻止他们全力以赴地去学习。"专家一语点破了关注学科的传统

教学所带来的弊端，现在中学生的厌学也印证了这一点。因此，新的课程理念要求不仅要关注学科，更要关注人。在新课程实施中，要求我们去关注具有独特个性的、活生生的人，要关注他们的喜怒哀乐，关注他们的身心健康，更要关注他们的情感。这堂课上学生是兴高采烈，还是冷漠呆滞，是其乐融融还是愁眉苦脸（假如教师能关注到这一点，以往上午最后一堂课的拖课现象就不会出现）。去关注学生的道德生活、人格养成，以及关注人的结果，会使教学过程成为道德表现和人格体验，会使知识学习过程成为道德的提升和人格养成的过程。

二、转变学习方式，需要了解它的基本特征

学习方式的转变是本次课程改革的显著特征。学习方式的转变意味着个人与世界关系的转变，意味着存在和发展方式的转变。改变原有的单纯接受式的学习方式，建立并形成旨在充分调动和发挥学生主体积极性的学习方式，是教学改革的核心任务。学习方式不仅仅是一个方式问题，而且是一个生存、发展的大问题。若一个学生在 12 年的学习生活中，从未对课本和教师提出过质疑，从未提出不同于课本或教师的独特见解，从未认真思索过一个问题，那么这个学生如何面对社会，如何面对生活，是难以想象的。因此，要用好、用活教材，除了了解教材外，还须弄清学习方式的五个基本特征。

1. 主动性

主动性是新学习方式的首要特征，与传统学习方式的被动性构成鲜明的对比，两种方式在学生的具体学习生活中分别表现为"我要学"与"要我学"。"要我学"是外在诱因和强制的，只有外动力，缺乏内动力。"我要学"是学生对学习的一种内在需要。学生具有强烈的学习兴趣，并负有一份责任，是一种较为持久的内动力。因此，教师在教学中要有激发学生学习兴趣的艺术，才能使外动力向内动力转化，成为持久性动力。同时"自主学习"方式也是一种激励主动性的好方法。

2. 独立性

独立性是新的学习方式的核心特征。它与传统学习方式中的依赖性相比，则具体表现为"我能学"。21 世纪是知识经济时代，知识更新的速度加快。若学生没有"我能学"的自信，则将迅速被时代所淘汰。若能被合理利用，也是培养学生独立性的重要方式。另外，教师应在课堂教学中创设和谐、民主、平等的氛围，尊重学生，帮助他们建立自信的信念。

3. 独特性

每个学生都有独特的个性，其学习方式本质都有独特的个性差异。他们各自都有自己的内心世界、精神世界和内在感受，有着不同于成人的观察、思考和解决问题的方法。在课堂教学中要改变过去划一的教学设计、整齐的教学目标，注重培养学生的批判意识和怀疑意识，鼓励学生对书本的质疑和对教师的超越。鼓励学生充分发挥自己的特长，根据自己的独特性探索适合自身特点的学习策略。教学中充分关注每个学生个性差异，为每个学生提供平等的学习机会，注意分层次教学，因材施教，知识接受不求整齐划一，只要有所得即可。

4. 体验性

只有让学生亲临其境去体验，学习才能进入生命领域；只有有了体验，知识学习不再仅仅属于认知理性的范畴，也可以扩展到情感、身心和人格等领域，从而使学习过程不仅仅是知识增长的过程，同时还是身心和人格健全发展的过程。探究性学习无疑是增强体验的一种有效途径。人教版化学教科书中"活动与探究"栏目设置了来自生活的小实验，这样学生就有了亲身体验，感知化学就在身边，既激发了兴趣又习得了知识。

5. 问题性

陶行知先生说：发明了千万，起点在一问。问题是思维的动力、创新的基石，一个学生若能不断地提出问题，说明该学生对知识充满了好奇心，富于想象，善于质疑，勇于求异，使学生置于问题的情境中，让问题成为学生感知和思维的对象，在明了问题的基础上产生新问题，在问题中求知，在问题中发展。

《纲要》中倡导自主学习、合作学习、探究学习都具有更强的问题性、实践性、参与性和开放性。我们只有充分理解学习方式的基本特征，才能有效实施《纲要》。

三、转变学习方式，关键在于教学落实

新课程改革一以贯之的主题是：为了每个学生的发展。为了有效地促进学生发展，新的学习方式转变不是一句空话，需要我们每位教师在教学实践中付诸行动，落实课堂，才能有效地实施。

1. 明确自身角色

教师在教学活动中的角色地位是学生学习的组织者、引导者和合作者。

教师应利用化学自身的魅力着力于激发学生的学习积极性，向学生提供宽敞的学习机会，帮助学生在自主、合作探究学习活动中真正理解和掌握基本知识技能、过程与方法、情感态度与价值观，成为学生活动的主人。

2. 用好新课程体系

可以帮助学生理解化学对社会发展的作用，能从化学的视角去认识科学、技术、社会和生活方面的有关问题，了解化学制品对人类健康的影响，懂得运用化学知识和方法去治理环境污染，合理地开发和利用化学资源；增强学生对自然和社会的责任；使学生在面对与化学有关的问题的挑战时，能做出更理智科学的决策。它一方面给学生提供未来发展所需要的最基础的化学知识和技能，培养学生运用化学知识和科学方法分析和解决问题的能力；另一方面使学生从化学的角度逐步认识自然与环境的关系，分析有关社会现象。新教材为我们提供了实施、落实新的学习方法的蓝本。只要我们教师有心，就能弃传统教学的弊端，立新的教学观念，用新的教学方法，取现代教学手段，教出一代新人。

本文在 2004 年中国化学会第四届全国中学化学教学研讨会论文评比中获一等奖

更新教学观念 优化学习过程

随着我国的改革开放，基础教育的不断发展。原有的教育体系理念已经跟不上时代的发展。现在世界各国的竞争主要是人才的竞争，而人才的竞争，关键是人才素质的竞争。传统的教学体系已无法培养出符合现代社会需要的人才，实施新的课程改革，构建一个开放的、充满生机的、具有中国特色社会主义的基础教育课程体系已迫在眉睫。我们的新课程改革的教育将面向全体学生，注重知识能力的全面性和学生素质与发展的差异性。新课程改革更加注重基础性、社会性、人文性和发展性。全面实施新课程改革是我国教育事业的一场深刻变革，是一项事关全局、影响深远、涉及社会各方面的系统工程。从教育的时代性、社会特征来看，研究性学习可以成为知识经济时代占主导地位的学习方式。作为新时代的教师，肩负着为祖国培养人才的重任，更应责无旁贷地实施这一工程，进行研究性学习。

一、教师要改变传统的化学教学理念

新的形势的发展要求教师不仅是"传道""授业""解惑"，而且还要"授人以渔"。高中化学新教材学科难度明显下降，知识面和新科技的介绍有大幅度增加，课时大幅下降。与此同时，新大纲所赋予化学教学的任务明确指出：化学教学的第一任务，就是要贯彻全面发展的方针，提高学生的素质，为国家培养合格的公民，为此承担化学新课程改革的具体实施者——教师的教学观念必须转变。

教师要树立开放的教育思想观念。首先，教师具有开放的教学目标。要贯彻全面发展的方针，提高学生的素质，为国家培养合格的公民；要以社会、科学、学生自身发展所广泛需要的化学基础知识和基本技能教育学生，使他们具有一定的化学科学思想和方法、发展他们的能力和个性特长。培养他们的创新精神和实践能力，为他们今后参加工作和终身学习打好基础。其次，教师确立开放的学生观。教师要充分尊重和相信学生的学习能力，在教学中要提倡教学民主，废除教师"一言堂""满堂灌"的传统的教学思想和方法，创设宽松开放的学习环境，营造师生之间、学生之间和谐的学习氛围，注重培养学生的学习兴趣，激发学生的学习动机，引导学生自主地学习，而不是指挥学生的学习活动。进一步树立面向全体学生和使学生全面发展的观念，避免单纯为了应试而随意补充已删去的内容，或忽略"家庭小实验""研究性课题""阅读材料"的教学。这样既违背了新教材的编写意图，也加重了学生的学习负担，使得原本要体现素质教育、有利于培养学生创新精神的好教材变得索然无味。最后，在教学过程中，教师要重视帮助学生进行研究性学习，并创建自己的教学模式，带领学生共同研究、学习。教育部《普通高中"研究性学习"实施指南》中对研究性学习的定义为："研究性学习是学生在教师指导下，从自然、社会和生活中选择和确定专题，进行专题研究，并在研究过程中主动地获取知识、应用知识、解决问题的学习活动。"在研究性学习中，教师将是学习活动的组织者、参与者和指导者。教师要从教学的中心、权威转变成学生学习的辅助者、支持者，要善于激发学生学习的积极性和主动性。作为一名化学教师的主要职责是创设学习情景和学习途径，更应该引导学生通过对化学过程和现象的观察、推理、进行化学实验或其他实践活动，使学生自己形成化学的有关知识和体系。

化学教学要面向全体学生，让每一个学生能认识多姿多彩、与人类生活息息相关的化学，并能形成持续的化学学习兴趣。教师是教学过程的主导者，教师的教学观念必须适应教育发展和教学实际的需要。以化学教学为载体，培养学生积极进取、热爱生活、有社会责任感和使命感。

二、新课程改革要求教学方式的不断更新

1. 进行研究性学习，促进教学形式多样化

根据化学学科的特点和不同知识内容的特点，化学学科的课堂教学必须进行研究性学习，改变传统的教学方法。新教材设置了"观看录像""制作、展示实物或模型""思考""讨论""阅读""资料""家庭小实验"等教学环节，还设计了"角色扮演活动""专题辩论活动"。尤其提出了"研究性课题"，拓展了教学时空，为学生提供开放的主动思考的空间，另外课堂教学进行研究性学习可以采取的教学方法很多，如探究—讨论式教学法、启发—讨论式教学法、程序教学法、单元结构教学法、发现法、自学辅导法、实验探

究法等。

乙醛与氢氧化铜反应最佳条件的探讨：

高二化学学生实验"乙醛的性质"学生自己动手做乙醛与新制氢氧化铜的实验，在给混合液加热过程中出现不同于已知的红色沉淀（Cu_2O）的现象，在学生实验中出现了一定数量的这一现象。针对这一现象做出研究。

设计课题：

（1）研究乙醛与氢氧化铜的用量比不同时，产生的现象。

（2）研究使用新制的氢氧化铜与放置时间较久的氢氧化铜跟乙醛反应有何不同。

（3）研究增大反应物的浓度，在强碱性条件下与乙醛发生反应的情况。

（4）研究常温下、微热、加强热的条件下氢氧化铜与乙醛反应的情况。

（5）分析反应过程中呈现不同颜色的原因，判断生成了哪些物质，发生了哪些副反应。

准备：教师进行全面备课，对学生进行组织，每一小课题分配若干人负责，并协助学生通过网络和课外相关的文献资料来收集与主题相关的资料，以及准备实验药品、仪器等。学生作为主题应设计出具体的方案，论证方案的可行性。

实验过程：将设计的实验方案进行付诸实践，在实践中不断总结和论证。

总结：各组汇报，总体整合，综合各种情况，总结乙醛与氢氧化铜反应的最佳条件。

上述案例都能在课堂上完成，是微型性的研究性学习。这种形式改变了传统的单一的教学模式，使学生感到学而不厌，从而进一步激发了他们的求知欲，同时极大地调动了学生的积极性和主动性，达到事半功倍的效果。

运用各种不同的教学方法应该注意一个问题，那就是一定要根据教学实际，做到形式为内容服务，形式和内容统一，并且要强化化学作为教学主体的能动作用，结合教材内容和学生特点，使教学形式多样，内容新颖，达到学生喜闻乐见的效果。研究性学习要求分层次进行，为具有不同潜能的学生提供不同层次的学习，为调动全体学生共同参与的积极性创造条件，研究性学习需要齐心协力才能完成。从实践中来看，学生在研究性学习中选择较多的是小组学习形式，这不仅有益于个人发挥特长，而且有助于每个学生的责任感和协作精神，体验到个人与集体共同成功的快乐。同时，研究性学习还改变了以往学生被动接受的学习方式，创造条件让学生能积极主动地去探索、尝试，更好地发挥个体创造潜能，真正成为学习的主人。研究性学习创造了让学生充分发挥创新潜能的宽松环境，其学习成果主要不是知识的积累，而是创造能力的提高。创造力是一种综合能力，是知识、能力、人格的有机融合和促进，是人的一种潜能，等待着唤醒和激发，这绝不仅仅是一种简单的"教"，需要营造有利于创造力培养的好氛围。研究性学习正是为学生创造了这种氛围，有助于学生创新精神和创新能力的发挥。

2. 进行研究性学习，促进评估方式多样化

现代教学结果不再以完成教材教学任务为标志，而以激发学生课外进一步研究和学习为己任；不再以学生掌握书本知识为终结，而以学生灵活运用知识，迁移能力为目标，不再以考试为唯一评价手段，而以学生的素质全面发展为核心，不再以学生的书面成绩为唯一评价标准，而以学生在学习活动实践过程中体现出来的参与的积极性、主动性，克服困难的勇气和意志力，解决实际问题的技能和过程来综合衡量。研究性学习的价值观、教育理念认为，学习评价应是多元性、社会性的。多元性主要表现为评价方式、标准、主体的多元性，应鼓励学生主动、客观地评价自己的表现，在上述乙醛与氢氧化铜反应最佳条件探讨的案例中，对学生的评价是根据学生在研究过程中的表现情况进行分层鼓励和肯定，特别对集体协作好的团队做出赞扬。

在评价标准方面，灵活运用绝对评标，即标准参照评价，主要评价被评者是否达到研究性学习的目标要求，尽量使用个体内差异评价，关注学生在研究性学习过程中的进步程度，这符合学生成长的实际，有助于创新能力的培养。要慎用相对评价，对学生轻易进行分等、选拔与我们开展研究性学习的目的是不符的。在评价结论方面，应是定性描述与定量统计相结合，因为在研究性学习中，情感、意志等非智力因素的作用是很难进行定量评价的。只有合理的评价机制，才能保护学生创新、质疑的积极性，树立学好化学的信心，不断提高自身的学习品质和创新精神。培养符合当今社会发展的具有综合创新素质的人才。

3. 进行研究性学习，增加了学习内容的丰富性

教学中不但要完成基本化学知识的教学，要尽量使化学知识存在于生活的背景中，能够使之成为为人类服务的手段和方法，为此要开阔学生的知识视野，引发学生的学习欲望。研究性学习强调对所学知识、技能的实际运用，注重学习的过程和学生的实践与体验。

科学技术日新月异，如人们对 NO 分子的认识，以前人们只知道 NO 会污

染空气，对人体有害无益，但是近几年的研究表明，NO 在人体的生理方面具有独特功能，它是一种重要的信使分子。又如《元素周期表》，由于不断有新的元素被制造出来，表中已列有 112 种元素，但仍未反映出最新成果。据报道，目前第 114、116、118 等元素均已人工制成。因此，研究性学习强调学生通过自主参与类似于科学研究的学习活动，获得亲身体验，逐步形成善于质疑、乐于探究、勤于动手、努力求知的积极态度，产生积极情感，激发他们探索、创新的欲望。

新教材为我们提供了许多与生活实际相联系的内容，教师要在此基础上，收集地方资料或新科技新发现的相关内容，还要发挥学生的主动性，分内容分小组地研究相关领域，在统一共同交流中共同提高，增长知识开拓视野，增强应用知识解决问题的意识和能力，获得化学科学教育。

三、研究性学习要求不断完善教学手段

传统的化学教学往往是教师精讲，学生聆听和操练，是一种师生单向交流的方式。这种教学过程对于传授知识来说是较为有效的。但是这种交流渠道狭窄，信息流量少，尤其是忽视了学生的主体地位和学生学习的主动性和参与性，不利于学生的全面发展。随着社会的发展，科学技术的不断提高，多媒体技术的广泛应用，应赋予化学课堂教学更广阔的空间。多媒体教学是根据教学目的和学生特点，通过对教学策略设计，合理选择和应用教学媒体，并与传统教学手段有机地结合而共同参与教学的全过程，使教学活动更形象、更直观、更生动，从而极大地调动了学生学习化学的积极性，也极大地提高了教学效率。如果教师仍然采用老办法，不但无法应付正常教学的需要，同时也会挫伤学生的积极性，教学效果也会事倍功半。

1. 重视教学的直观性

在讲述物质结构、元素周期律等内容时，如果只用语言讲述，既费时又费力，学生还觉得抽象、难以理解。采用多媒体技术，微观粒子的结构跃然于荧屏之上，并且把核外电子在原子核外运动的生动形象用动画表示出来，学生感到生动有趣，同时对知识的理解也更加深入。像讲述有关环境保护、人工降雨、无机非金属材料等与生产生活联系的内容，放映一些相应的影视资料，带领学生拍摄一些相关内容，从而提高学生的学习兴趣和学习效率。

2. 重视利用现代教育技术手段

各种现代化的教学设备日益完善，应用于课堂教学已成为可能，同时也

是当今科技发展的必然趋势。如自制和利用现有的化学课件、截取电视相关资料，利用录像、投影等，还可建立习题库、实验录像、课件库等。在化学课堂教学中，利用计算机改革传统的化学课堂教学，突破化学教学中的重点、难点，增强对新知识的记忆和迁移，同时结合工业生产中有关的录像图片，如工业制硫酸，对学生进行环境保护方面的教育，记忆更加深刻。作为化学教师要努力创造条件，充分利用现代化教学手段，根据本学科的特点拓宽教学思路，完善教学手段，从而使化学课堂生动活泼，引人入胜。

总之，新形势下的化学教学必须改革传统的教学思路，优化教学机制，教师应从思想上提高认识，从行动上赶上时代教育新发展的步伐。我们中学化学教师必须转变理念，拓宽思路，改变方法，以全新的思路、全新的方法投入化学新课程改革中，使化学课堂成为学生喜闻乐见、增长知识才干的所在。发挥化学学科优势，以化学教学为载体贯彻全面发展的方针，提高全体学生的素质。

本文在 2011 年揭阳市优秀论文评比中获一等奖

谈高中化学学习的方法

——观、动、记、思、练

化学有两大特点：①化学的形成和发展，源于实验又依赖于实验，是一门以实验为基础的自然科学；②化学"繁"。这个"繁"实际上就反映了化学学科知识点既多又分散，并且大量的知识需要识记的特点。因此，我们不能把以前学数学、物理的方法照搬来学化学，而要根据化学的学科特点取舍、创新。笔者根据化学本身的特点和多年的化学教学经验，总结出了"观、动、记、思、练"的五字学习法。

一、观

"观"即观察。苏联著名生理学家巴甫洛夫在他的实验室的墙壁上写着六个发人深思的大字：观察、观察、观察！瓦特由于敏锐地观察看到"水蒸气冲动壶盖"而受到有益的启发后，改良了蒸汽机，这些都说明了观察的重要性。我们在化学实验中，培养自己良好的观察习惯和科学的观察方法是学好化学的重要条件之一。那么怎样去观察实验呢？首先应注意克服把观察停留在好奇好玩的兴趣中，要明确"观察什么""为什么观察"，在老师指导下有计划、有目的地去观察实验现象。观察一般应遵循"反应前—反应中—反应后"的顺序进行，具体步骤是：①反应物的颜色、状态、气味；②反应条件；③反应过程中的各种现象；④反应生成物的颜色、状态、气味。最后对观察到的各种现象在老师的引导下进行分析、判断、综合、概括，得出科学结论，形成准确的概念，达到理解、掌握知识的目的。例如，绪言部分的第四个实验，在试管中加热碱式碳酸铜，观察目的是碱式碳酸铜受热变化后是否生成了新物质；观察内容和方法是：①反应前：碱式碳酸铜是绿色粉末状固体；②反应中：条件是加热，变化过程中的现象是绿色粉末逐渐变黑，试管壁逐渐有水雾形成，澄清石灰水逐渐变浑浊；③反应后：试管里的绿色粉末全部变黑，试管壁有水滴生成，澄清石灰水全部变浑浊。经分析得知碱式碳酸铜受热后生成了新物质黑色氧化铜、水和二氧化碳。最后与前面三个实验现象比较、概括出"变化时生成了其他物质，这种变化叫化学变化"的概念。

二、动

"动"即积极动手实验。这也是教学大纲明确规定的、同学们必须形成的一种能力。俗话说："百闻不如一见，百看不如一验。"亲自动手实验不仅能培养自己的动手能力，而且能加深我们对知识的认识、理解和巩固，成倍提高学习效率。例如，实验室制氧气的原理和操作步骤，动手实验比只凭看教师做和自己硬记要掌握得快且牢得多。因此，我们要在教师的安排下积极动手实验，努力达到各次实验的目的。

三、记

"记"即记忆。与数学、物理相比较，"记忆"对化学显得尤为重要，它是学化学的最基本方法，离开了"记忆"谈其他就成为一句空话。这是由于：①化学本身有着独特"语言系统"——化学用语。例如，元素符号、化学式、化学方程式等，对这些化学用语的熟练掌握是化学入门的首要任务，而其中大多数必须记忆。②一些物质的性质、制取、用途等也必须记忆才能掌握它们的规律。怎样去记呢？本人认为：①要"因材施记"，根据不同的学习内容，找出不同的记忆方法。概念、定律、性质等要认真听老师讲，仔细观察老师演示实验，在理解的基础上进行记忆；元素符号、化合价和一些物质俗名及某些特性则要进行机械记忆（死记硬背）。②不断寻找适合自己特点的记忆方式，这样才能花时少，效果好。

四、思

"思"指勤于动脑，即多分析、思考。要善于从个别想到一般，从现象想到本质，从特殊想到规律，上课要动口、动手，主要是动脑，想"为什么"，想"怎么办"，碰到疑难，不可知难而退，要深钻细研，直到豁然开朗；对似是而非的问题，不可朦胧而过，应深入思考，弄个水落石出。多想、深想、独立想，就是会想，只有会想，才能想会了。

五、练

"练"即保证做一定的课内练习题和课外练习题，它是应用所学知识的一种书面形式，只有通过应用才能更好地巩固知识、掌握知识，并能检验出自己学习中的某些不足，使自己取得更好成绩。

本文在普宁市化学科教学研讨会上交流，发表于《揭阳日报·教育版》（2006 年 5 月）

如何让学生积极参与化学教学

参与是责任感和主人翁精神的体现。学校教育要把学生培养成为社会主义事业的建设者和接班人，首先要培养学生的参与精神。这就要求教育教学活动充分调动学生参与的积极性，培养参与的能力，创造参与的机会。下面就如何使学生积极地参与化学教学过程，谈几点具体做法。

一、激发学生学习兴趣

挖掘学生参与的原动力兴趣是学习的先导，它能生发学习热情，并能激发积极而持久的学习动机。因此，在教学中培养学生的学习兴趣，能促使学生积极参与教学活动。

1. 理论联系实际

诱发学习兴趣。在面向 21 世纪的今天，现代化学正在帮助人类更好地解决能源、农业、环保、医疗、交通等方面的重大问题。这种发展趋势决定了化学在人类生活和新科技革命中的重要地位。化学教学要挖掘教学内容与材料、能源、环保、生命、农业等科学的联系，使学生感到生活中处处有化学。在科学技术和物质生产高度发达的今天，必须掌握一定的化学知识，从而激发他们热爱化学的情感和努力学习的动机。

2. 设计趣味实验

激发学习兴趣。化学趣味实验能以简单的操作、鲜明的现象对学生产生极大的吸引力，因此我们要充分利用趣味实验，激发学生对化学的兴趣。趣味实验的设计常有以下两种途径：①简化或重组演示实验，如将氨气与氯化氢的化合反应改为"空瓶生烟"；将二氧化碳与氢氧化钠的反应改为"变色喷泉"。②根据教学需要增加趣味实验。如介绍浓硫酸的脱水性时增加"黑色面包"实验；在铁盐的教学中增加"自制墨水"实验。

3. 揭示化学之美

巩固学习兴趣。寓美于教，以化学所固有的和谐美去感染学生，陶冶他们的审美情操，使学生保持对化学的兴趣。不少化学实验具有美的魅力。如氨气急剧溶于含有酚酞的水中会变成红色的喷泉；铝热剂的反应火光四射，犹如钢花四溅……这些神奇美妙的化学现象能唤起学生探索化学美的求知欲望，强化他们萌动的好奇心，促进学生的兴趣沿着有趣、乐趣向志趣的方向发展。

二、教给学生学习方法

使学生掌握参与的本领，要使学生主动地参与教学活动，必须使学生学会学习，掌握参与的本领。

1. 指导学生阅读

不会阅读，就不善于思考，就不能顺利地获取知识，提高能力。指导学生的阅读要做到：阅读前，明确提出阅读的目的要求；在阅读中，了解学生的阅读情况，帮助学生扫除障碍；在阅读后，通过提问检查学生的阅读效果。给学生一个"非看书不可，看书非钻研不可"的学习方法。

2. 启发学生思考

善于思考才善于学习。在教学中要促使学生养成独立思考的良好习惯，遇到问题要能想、会想、多想、善想，甚至大胆地去猜想。为了启发学生的思考，应为学生创设适当的问题情境。如从不同侧面、不同角度设问；紧紧围绕教学内容，抓住那些牵一发而动全身的关节点、疑难点设问；对较难或较综合的问题，用按认知层次分化知识点的方法从易到难步步深入地发问；对学生错误或不全面答案进行反问，不断加大问题的思考力度等。

3. 组织学生讨论

讨论是人们进行思维交流的最好形式。在教学中，鼓励学生间争论，可使学生从中相互启迪，提高思维的深刻性。例如，《原电池原理及其应用》的教学，在学生进行探索性实验后自然会提出：为什么有许多不同的现象，这些宏观现象与看不见的微观粒子的运动有什么关系等问题。教师可因势利导，指导学生带着问题阅读与课本有关的内容，并进行邻位间的讨论，再把电子为什么从活泼金属流向不活泼金属的关键性问题提到全班讨论，让他们在热烈的气氛中各抒己见，相互补充，得出结论。

4. 引导学生总结

归纳总结是对课本内容、知识结构进行梳理和归类的过程。为了使学生掌握总结技能，教学中可以指导学生充分挖掘不同章节知识的内在联系，将所学的知识"由点到线，由线到面"地构成一个动态的知识网络。如对溶解平衡、电离平衡等平衡状态的分析比较，可以得出平衡的一般原理。

三、加强实验教学

为学生创设参与的机会，化学是一门实验科学，让学生亲自实验探究知识往往能达到事半功倍的效果。

因此，化学实验教学应为学生创设更多的参与机会，增强他们的参与意识。在教学中，要创造条件，把课本中设备简单、操作方便、安全可靠的演示实验改为分组实验，适当增加分组实验的次数。另外，要重视实验习题的教学。因为实验问题的解决过程从设计方案到实施、形成结论等几个阶段与科学家研究问题的过程有许多相似之处，并且学生对自己亲自设计方案并实施的实验操作更精确，观察更细致，参与的意识更强烈，更能有效地使他们的智力向更高级的阶段发展。

发表于《揭阳日报·教育》（2008 年 3 月）

课堂教学中如何落实新的教学理念

在全面推进素质教育的今天，教师的教学应着重体现培养学生的实践能力和创新精神。

改革开放二十多年来，我国的教育事业取得了卓越的成就，但还存在着有悖于新的教育思想的陈旧做法。其中最为突出的是受传统教育的影响，教师注重向学生灌输知识，教学中重学生的知识记忆，轻学生的动手实践，以分数作为衡量学生的唯一标准，使学生的创新精神和实践能力的形成受到很大束缚，所以课堂教学必须顺应时代发展，以新的教学理念、新的教学方法去构建新的教学模式，培养符合新时代要求的创造型人才。本文就此谈一些不成熟的见解。

一、转变好角色

课堂教学中教师从师道尊严的角色转化为与学生完全平等的指导者和朋友。尊重学生，关心学生，理解学生，帮助学生营造宽松、民主、和谐的教学氛围，建立以爱为基础的情感联系，"爱"是以尊重学生人格为依托的，没有侮辱、贬损，更没有威胁、体罚，"爱"与"平等"是转化角色的内涵，情感交流是角色转化的条件。以学生为主体，把学生的发展作为化学课改革的着眼点和目标，教师的教是教学生会学。即课堂是在教师指导点拨下，学生的用武之地，千万不能越俎代庖。现在大量的教师还是填鸭式教学，平时上课满堂灌，公开课满堂问，要么就是五花八门，"海陆空"手段全用上，热闹非凡，最后的效果不佳。所以，教师一定要从学生的学出发，让学生做学习的主人。教师是帮助者、指导者。

二、优化课堂教学结构

从单向型的课堂结构转换成网络型的结构。单向型往往是教师讲，学生听，或者是学生问，教师答，是单向型的直线关系。这样只是一部分学生在听，其他都是陪客。教师是要教会所有的学生，要把所有的学生组织到课堂教学中来，要把所有学生的积极性、主动性调动起来。要让他们在原有的基础上有明显的提高，所以课堂教学要网络设计，像太阳辐射。这样的好处是，教师的"教"作用于所有的学生，而所有学生的"学"都反馈到教师的"教"这方面来。学生与学生相互作用，共同寻求知识和真理，共同探求解决问题的方法。教师总体上是超过学生的，但在某一点上并非如此，完全可以起到教学相长的作用。所以课堂教学辐射的网络设计是非常重要的。有一次在讲实验室制 CO_2 的步骤时，一个男生站起来说："检查这套实验装置的气密性与制 O_2、H_2 装置的气密性检查一样吗？"学习气体实验室制法时，只有制 O_2、H_2 的装置介绍气密性的检查方法，制 CO_2 的只是一带而过，这名学生很善于提出问题，一石激起千层浪，大家七嘴八舌，课堂气氛非常活跃。同学们想出了很多种方法：①用止水夹夹紧导管，从长颈漏斗口处加水，看水是否进入锥形瓶中，进水——漏气；否则，不漏气。②先向锥形瓶中加水，封住漏斗下端管口，然后微热发生装置，看伸入水中的导管口端是否有气泡冒出。③将导管一端伸入水中，密封漏斗上口，然后用双手握住锥形瓶外壁，看导管口是否有气泡冒出。④将漏斗上端口封住，用肥皂水涂抹装置的各衔接口处（如双孔塞的玻璃管与孔衔接处、玻璃导管口与胶管的衔接处等），然后用嘴从导管口处向里吹气，看是否有肥皂泡产生，等等。讨论问题，教学相长，师生的关系非常和谐，使得教学向纵深发展。有些学生的学习很深入、到位。一次，我们学习催化剂的概念，课上有一位同学站起来说："催化剂既然改变了其他物质的化学反应速率，说明它参加了化学反应，那它的化学性质和质量怎么会不变呢？"这样的学生怎能学不好化学呢？

三、拓展学生创造思维的空间

传统教学有很多弊端，如重结论轻过程，重记忆轻创造。对知识的产生、发展过程的了解掌握，有助于学生懂得学习化学的方法。学生对知识的死记硬背导致无法灵活应用知识，更谈不上创造。因此，教师在培养学生求知的时候，要引导学生探究、发现这个知识的来源，如空气的成分测定：从开始的燃素说到拉瓦锡进一步用天平测定，得出空气是由氮气和氧气组成的。几百年后，英国科学家雷利通过实验测定空气中氮气的密度与纯氮气比较：每升有几毫克的差异，可贵的是雷利没有忽视这种微小的差异，继续研究发现空气中还有极不活泼的氩气。这就是探究，探究的过程是非常重要的，可以拓展学生创造思维的空间。

在化学课堂教学中有两方面是必须重视的：一是实验，化学是一门以实验为基础的自然科学，以实验为基础是化学的最基本特征。目前，联合国教科文组织所提倡的"新内容、新方法、新实验"进课堂，加强理科的"实践定向性"，表明了国际范围内理科改革的大趋势，即充分落实实验的多种功能，发挥实验对教学工作的定向和导向作用。

在教学中，以"参与创造"为宗旨，要求每一位学生亲自参加实验，在实验中学生通过动手、动眼、动口、动脑，结合实验事实和过程，认识化学要领和理论的形成并逐步培养操作能力、观察能力、表达能力、思维能力，从而为学生创新精神和实践能力打下基础。

在教学中，可将教师演示实验，以及一些学生验证性实验变为学生探索性实验，让学生设计实验过程，模式如下：

确定实验目的→学生实验设计→根据假设推测实验现象→实验探讨→结果分析→得出结论。

这样做的目的是培养学生的主动性和创造性，提高学生的科学素养。

一定要留给学生创造思维的空间，留出空间让他质疑。21 世纪是知识经济高速发展的时代，学习化社会中强烈要求学生不再是只有丰富知识的人，而是能够获得丰富知识的人，即教学的目的是培养学生学习的能力，培养学生的创造性。

以"主体自觉"为理念，使学生适应知识化社会的发展要求，质疑是必不可少的，而质疑是创造思维的催化剂，经过质疑、协商、交流信息，再质疑、再解疑的几次反复过程，有利于学生对知识认识的深化、活化，并且使其思维更缜密，逐步学会求知，学会创造。

怎样才能使学生学会质疑呢？第一，教师在课堂教学中要有高质量的质疑艺术，这就要求教师分析教材内容和学生学力的层面，注意疑问的隐蔽性和梯度，要让学生在解疑时有一定的切入点，顺藤摸瓜，才能顺理成章地解决问题。比如，一次讲实验室制取二氧化碳的装置时，教师故意用一个普通漏斗代替长颈漏斗，学生发现后，立即指出不可行，教师此时质疑：没有长颈漏斗用普通漏斗怎样完成实验呢？同学们的思维被激活了，都在积极想办法解决这一难题。这一问题对学生而言，有难度，但是，找好切入点即不能让气体从漏斗逸出。故此，学生的思路是想办法让漏斗下端管口位于液面下，这样一来，问题就不难解答了。第二，启发诱导学生质疑，如将浓硫酸稀释时，教师质疑：浓硫酸怎样才能转化成稀硫酸呢？学生的思维是酸与水混合，而教师演示酸入水稀释过程，并且强调这样做才是正确的。一名男生立刻站起来问："为什么不可将水倒入酸中呢？"教师给出浓硫酸的密度，于是学生互相讨论、协商，明白了道理。又比如，学完盐酸的化学性质，要学习硫酸的化学性质时，教师强调：现在学习另一种酸——硫酸，接着，教师请同学们猜想硫酸的化学性质，一名女生站起来问："它的化学性质应该与盐酸有相似的地方，因为它们都是酸。但它们也应该有不同的性质，因为它们是不同的酸。这只是我的初步猜想，我不敢肯定。"教师肯定地说，该生爱动脑筋，想法很好，她的想法对不对呢？同学们非常想知道结果，于是教师就指导学生用实验探讨研究。实验过后，结论与她的想法一致。这时有的同学进一步提出：都是酸，性质怎么会相同呢？怎么又有不同呢？学生的这些疑问都是在老师的诱导启发下发现的，所以教师要精心设计启发诱导的方法。再比如，学习"质量守恒定律"一节时，教师不是先提示学生发生化学反应物质质量有什么变化，而是让学生看一个有趣的现象（目的是留出空间让他们自己去想），演示测定磷燃烧、氢氧化钠和硫酸铜反应，反应前后的质量变化，学生通过观察发现，反应前后天平指针不偏转，学生的疑问就产生了，反应后的物质总质量与反应前物质的总质量为什么会相等呢？学生就会自觉地找寻原因。经过教师的点拨，学生思考结论很容易得出来。总之，教师的质疑与启发诱导学生质疑，目的都是为培养学生自己会质疑→会学习→会创造，化学课堂教学应该朝着这个方向改革。

四、不断完善和充实自己

实施素质教育，教师是关键，这就对教师的知识结构提出了更高的要求。再好的大纲教材还要有教师创造性的劳动才能教好。教师要不断地充实自己，完善自己，要了解化学学科发展的动态，及时学习新的教育理论，追求创新，不断改进教学方法，提高调控课堂的能力。常言道：打铁要靠自身硬，要把学生培养成才，自己先要成才，才能在素质教育中做出自己的最大贡献。

发表于《揭阳日报·教育版》（2008 年 5 月）

例谈中学化学课堂教学法

　　课堂教学是教学活动的主阵地，要提高教学质量，就必须在课堂教学上下功夫。因此，重视课堂教学方法，不断改进教学方法是每一所学校教育教学工作的重中之重。为此，本人也谈谈化学课堂教学，与同行们共勉。

一、引入新课

　　好的导入新课是课堂教学中的催化剂和兴奋剂，引课技能运用的成功与否，关系到能否吸引学生、抓住学生的思路，是进一步做好课堂教学的关键，因为好的开端是成功的一半。

1. 留旧引新

　　如讲授原电池原理时，教师可出示 Zn 与稀硫酸反应的化学方程式，并要求学生用单线桥标出电子的转移和数目，然后教师提问，该反应的电子得失是由 Zn 直接转移给溶液中的 H^+，并没有电流的产生。如果能设计一个装置让 Zn 失去的电子通过导线再传递给 H^+，那么，我们将实现由氧化还原反应中的电子得失转化为电流，这是多么伟大的创举啊！

2. 生活实例引入法

　　实例应贴近学生生活，是学生熟悉的但又说不清道理的问题，这样才能激发学生的求知欲望，起到启发学生发散思维、具有新课学习导向性的作用。

　　在进行"胶体的性质及其应用"教学时，提出问题："为什么豆浆咸的会聚沉而甜的却不会聚沉？为什么钢笔混用不同墨水会写不出水来？"讲完新课后，要引导学生解决引课时提出的问题，这样，可让学生凸显"收获"的喜悦。

3. 抽象概念形象化

　　在化学教学中，经常会遇到一些抽象的概念，如化学键中的共价键。教师在课堂教学中应注意使用形象化的语言，使抽象的概念形象化，学生易于接受。以 HCl 为例，"氢和氯都是非金属元素，其原子最外层都没有达到稳定结构，且均容易获得 1 个电子。当二者结合时，都希望得到对方的电子，互不相让，争吵不休。为了解决矛盾，只好谈判，最终达成协议：双方各拿出一个电子配成一对公用电子对共同使用，从而使双方都达到稳定结构。"这样可使学生对共用电子对的形成具有一定的认识，也就不难理解共价键这一概念了。

4. 趣味实验导入法

实验是激发学生学习兴趣的源泉，而化学是一门以实验为基础的科学，因此实验导入新课在化学教学中具有得天独厚的条件。通过实验，吸引学生注意力，激发解惑析疑的欲望。

在讲"钠"时，这样导入："通常情况下，我们用火柴点燃酒精灯。那么，用水能否点燃酒精灯呢?"接着演示"用胶头滴管向酒精灯的灯芯上滴几滴水，结果酒精灯燃烧起来"。再讲："俗语说'水火不相容'，那么，水又是怎样把酒精灯点燃的呢? 因为事先在酒精灯的灯芯上放了一小粒金属钠。"实验现象使学生议论纷纷，课堂气氛活跃。教师抓住机会提出问题："钠为什么遇水就能把酒精灯点燃呢?"学生非常好奇，急切地想找出答案。于是，教师因势利导地引入新课。

在教学中还可以采用承上启下导入法、事例导入法、故事导入法、多媒体课件导入法等。不管采用何种导入法，其宗旨都是：激发学生的求知欲，变"要我学"为"我要学""我想学"。

二、利用合适教学法，活跃师生双边活动

教师授课时，应在技巧上下功夫，充分创造条件，让学生参加教学活动，使教学过程成为真正的师生共同参与的过程，成为真正合作的相互作用的过程。在教学中依据不同的教学内容，除了采用常见的讲解法、实验法等，还可采用讨论式、启发式和喻导式等教学方法。

1. 问题讨论法

问题讨论法的做法是把教材内容编写成不同形式的题目，写在黑板上或做成课件，在上课时要求学生依据题目，把课本内容阅读几遍，把自己认为正确的答案在课本上注明。先由一名学生按题目说出答案，然后由师生共同讨论，肯定正确，纠正错误，说明原因。

例如，在组织学生学习硫酸根离子的检验时，我提出了以下问题：几位学生设计了下述检验硫酸根离子的实验方案，都认为，如果观察到的现象与

自己设计的方案一致，即可认为试液中含有硫酸根离子。请你简要分析每个方案是否严密？

方案甲：试液 $\xrightarrow{BaCl_2 \text{ 溶液}}$ 白色沉淀 $\xrightarrow{\text{足量 } HCl}$ 沉淀不溶解。

方案乙：试液 $\xrightarrow{\text{足量 } HCl}$ 无沉淀、无气体 $\xrightarrow{BaCl_2 \text{ 溶液}}$ 白色沉淀。

方案丙：试液 $\xrightarrow{\text{足量 } HNO_3}$ 无沉淀 $\xrightarrow{Ba(NO_3)_2 \text{ 溶液}}$ 白色沉淀。

通过这样带着问题读书，结合演示实验，学生很快找出正确答案，讨论过程中充满自信，顺利解决提出的问题，完成了教学任务，学生学习快乐，教师教得轻松。

2. 启发式教学

启发式教学的做法是教师对所要讲授的重点或难点知识不直接给出，而是启发学生思考，帮助他们分析，让学生自己得出正确结论。

例如，在进行钠与水反应的实验教学时，启发学生思考：钠放在水中是浮是沉？钠的状态是否变化？反应后的溶液的颜色有什么变化？生成的气体是什么？还有什么现象发生？这些问题启发学生积极思维，认真观察化学实验，从而得出钠与水反应的实验现象及其原因，对所学知识不仅知其然，还知其所以然，可达永久记忆。

3. 喻导式教学

喻导式教学的做法是运用比喻的方法，激发学生产生强烈的求知欲，促进学生积极思维，增强理解和记忆所学知识。

在讲授"影响化学平衡的条件"一节的勒夏特列原理时，学生难以理解，可通过"有的人存在逆反心理，叫他朝东偏要向西"作比喻，从物理学中的"楞次定律"作类比，列举浓度、压强、温度等条件的改变对化学平衡的影响，使学生对平衡移动的原理有较为深刻的理解。通过喻导式教学，可以帮助学生总结规律，可以使学生感到好记，不致对化学基本理论产生畏难情绪。

三、学生参与课堂小结归纳

课堂中的小结与归纳是对本堂课重点、难点知识的高度概括。虽然是短短的几分钟、几句话，里面包含的内容却不可忽视。如果这一过程只由教师来完成，不利于学生的提高。为此，我们可采用先示范、学生参与，最后由学生自己总结的方法。这样，可提高学生的思维能力和口头表达能力，对课堂教学起到促进作用。

四、让学生参与作业设计

为了提高课堂教学效果，必须重视课后作业的设计，在精选和一题多练上下功夫，即对同一道题提倡学生设计出与此题相似的题型并解题。如铜与硝酸的反应：3.84 g铜与足量的浓硝酸反应，当铜完全溶解时，求反应后消耗的硝酸的物质的量；启发引导学生自行设计相似题目：①3.84 g铜与足量的稀硝酸反应，求反应消耗的硝酸的物质的量；②3.84 g铜和一定量的浓硝酸反应，当铜完全溶解时，共收集到标况下气体2.24 L，求反应消耗的硝酸的物质的量。通过学生参与作业设计，可达到触类旁通、举一反三的效果。

五、课后反思，促能力提升

所谓教学反思，即教师以自己的教学活动为思考对象，对自己的教学策略、行为、过程及结果进行审视和解剖，做出自我批评、自我否定、自我改进。

在习题课讲到"在标准状况下，将 a molH_2S 和 b molO_2 混合充分燃烧后，两种反应物都没有剩余，得到三种产物 S、SO_2、H_2O，求产生的 SO_2 的物质的量。"如果就题论题，根据题意，产物为 S、SO_2 和 H_2O，依照 H_2S 完全燃烧和不完全燃烧两个化学方程式求解出 SO_2 的物质的量。这样教学，学生虽能解题，但是，如果题设情景改变，学生又茫然了。

为此，课后反思时，如果对题中的 a、b 值进行讨论，对 b 的取值范围逐一分析：①当 $b \leqslant \dfrac{a}{2}$ 时的产物及物质的量；②当 $\dfrac{a}{2} < b < \dfrac{3a}{2}$ 时的产物及物质的量；③当 $b \geqslant \dfrac{3a}{2}$ 时的产物及物质的量。这样的习题讲解，可让学生全方位地认识 H_2S 和 O_2 反应的全过程，不管题设怎样改变，均有应对办法。通过这样的教学反思，为下一节课的教学提供了一个参考。可见，教学反思是一个学习、提高的过程。

课堂教学是一门艺术，艺术的提高是无止境的，正所谓"教有法，但无定法，贵在得法"。课堂教学的改进永远在路上，这将有赖于我们不断总结、积累与创新。

发表于《揭阳教育》（2014 年 5 月）

优化教学设计是提高化学课堂
教学质量的重要途径

　　课堂教学是提高教学质量的关键所在，而课堂教学效果如何，除教师本身的素质外，还取决于教学设计的优劣，即看教师的教学目标、教学方法和手段，教学过程中教与学的双边活动的构思和安排是否达到最优化。下面就我们的教学体会，谈几点看法。

一、坚持教学目标多元化是前提

　　教学目标是教学双方积极活动的准绳，是衡量教学质量的尺度。明确具体的教学目标对教师的教的方式以及学生学的方式起着决定和制约作用。因此，制订教学目标时要考虑以下问题：①使学生学到哪些知识？学到什么程度？②巩固哪些知识？为学习哪些知识做好准备？③要结合哪些生产和生活的实际内容？④要培养学生哪方面的技能？并达到什么程度？⑤使学生受到哪些思想教育？纠正哪些错误的观点？⑥要培养学生哪些能力？结合哪些知识、技能的教学来培养？等等。教学目标要定得恰如其分，提法过高、过低或模糊不清，都不便于执行和落实。

　　当然，并非每节课的教学目标都要包括上述的各个方面，但必须有所依据，例如"卤族元素"这节教材的教学目标可确定为：①在学习氯的性质的基础上，使学生掌握氟、溴、碘的主要性质，以及它们一些重要化合物的用途；②使学生初步掌握卤素的原子结构及其性质的关系，并通过卤素性质的比较，初步形成元素自然族的概念，为学习元素周期律和元素周期表做准备；③通过卤素性质的比较，培养学生观察、分析和依据现象做出结论的能力；④对学生进行物质结构决定物质性质的辩证唯物主义教育。

　　目前，受"应试教育"的影响，许多教师对教学的认知目标重视了，但对教学的非认知目标比较忽视。例如，在教学的知识运用和发展阶段，把练习内容一步到位与高考"接轨"等，而较少考虑教学内容联系社会和生产生活的实际问题，较少考虑对学生科学态度和科学方法的指导及创造精神的培养等，在应试教育向素质教育转变的今日，我们应该自觉地坚持教学目标的多元化，让化学教学围绕提高公民素质的总体目标运作。

二、坚持教学过程的科学化是根本

教学过程的科学化是指以最少的时间和精力，求得课堂教学的最佳效果。达到这一点，要求教师依据教学目标精心搞好以下四个设计。

1. 课堂教学结构设计

一般认为，按时间序列把化学课划分为课的开始、课的中心和课的结尾，这样固定的三个部分较为合适，这种划分适合于任何一种课型。课的开始，重要的是应该向学生明确一节课的学习目标和学习要求，使他们做好知识和心理上的准备。课的中心部分是一节课的核心，课的教学目标的完成，教学质量的高低关键在这部分，所以课的开始和课的结尾都要紧密围绕课的中心来进行。在课的结尾部分，要使学生对所学到知识加以归纳、概括，重点强化，加深理解和记忆，便于使本节课和下节课更好地衔接起来。

2. 问题设计

一个有意义的问题将对教学效果起到事半功倍的作用。创设多种问题情境，可以极大地调动学生的学习积极性，使课堂教学高潮迭起。如在"盐类的水解"这节课中，首先设疑："盐溶液是显中性还是显碱性或显酸性？为什么？"接着通过实验演示说明现象，最后师生共同分析得出结论。再如学习"氮气"，讲氮气的化学性质时，首先分析分子的键能，提出：氮气在通常情况下化学性质如何？当在高温等条件下，氮气分子获得足够能量后，从氮元素的主要化合价来看，氮气可能发生哪些化学反应？由于学生带着问题去学习，必然对所学内容产生一股强大的吸引力，效果不言而喻。

3. 课堂练习和作业设计

《全日制中学化学教学大纲》明确指出："在教学中，教师要有目的、有计划、有针对性地布置适当数量的考查学生最基本最主要的基础知识和基本技能的各种类型的习题，以便打好基础，还要注意布置综合性和有一定灵活性的习题，并加强解题指导，严格要求学生独立完成。不要布置学习解答过深、过难和过量的习题，以减轻学生负担。"认真实施这一要求，加强化学课堂练习和作业的设计是极为必要的。对于课堂练习的设计，主要是着重考查学生刚学过的化学知识的掌握情况，起到及时反馈、巩固所学知识的作用。所以要紧密配合上课内容，适时地穿插安排，多选用难度不大，全班学生绝大多数都可以答对的习题；对于课外作业的设计，要配合学生已学过的知识，达到加深理解，综合运用，并逐步形成化学知识结构的作用。

因此，课外作业题的综合性、题型的多样性、例题的灵活性及答案的隐蔽性等都要比课堂练习高一些。这样经过相当时间的培养、训练，学生的解题能力就会伴随教学进程的发展得到提高。

4. 板书设计

课堂教学的板书，是教师教学思维的文字表达形式，它既可以弥补语言难以表达的不足，如化学用语，又可达到形象直观的效果。一份好的化学教学板书，应有科学性、直观性和艺术性。板书设计要体现以下原则：①体现教学目标性，能揭示一堂课的重点、难点和关键，是一堂课的精髓；②体现教授的系统性，能形成完整的知识链；③体现教学的全过程，成为上课的注意中心。

三、坚持教学方法的多样化是关键

教学有法，教无定法，教要得法。目前，书刊上介绍的化学教学方法种类繁多，如探索法、自学辅导法、发现法、程序教学法、单元结构教学法、"读读、议议、练练、讲讲"教学法、 "边实验、边观察、边讨论"教学法……一堂课究竟采用什么样的教学方法，要视课型、内容及教师、学生的实际而定。只要"省时、启智、轻负、高效"就是好方法。在化学教学实践中，要重视掌握好化学教学中的基本方法，如启发性讲授法、演示法、实验法、练习法等，针对高中学生的认识水平，还可着重运用探索法、讨论法、自学法等。应用时要注意多种教学方法的相互配合，保证教学过程的最优化。

特别要注意的是，化学是一门实验科学，"实验在化学教学中的地位无论怎么强调都不会过分"。化学教师必须充分运用化学实验这一重要的教学方法，认真开展实验设计，让学生动手实验，在实验中发展问题、研究问题，这样往往可以达到事半功倍的效果。如"原电池"一节可设计以下实验来突破：①观察锌板和稀硫酸的反应。②在锌板和稀硫酸的反应中用铜板接触锌板，有何现象？③锌板和铜板在稀硫酸中不接触，用导线在外电路通过电流计连接，观察现象。④将稀硫酸换成蒸馏水重复上述实验，会发现什么问题？

上述实验问题是按由易到难、循序渐进的原则设计的，学生在完成一系列实验的过程中，经老师点拨，不但掌握了知识，而且更重要的是，学生的操作能力、观察能力、分析能力得到了训练和提高。

由上可知，化学教学设计是一项复杂的工作，其中每一个环节都值得去探讨，教师在这方面下的功夫越多，教学效果就越好。

本文发表于《揭阳日报·教育版》（2014 年 5 月）

运用"自主诊疗法"，提高试题讲评课效率

在考试后的试题讲评中，普遍存在机械地采用逐题对答案、改正错误、就题论题、面面俱到的问题，虽然也有的在讲评的形式上做改变，如重点讲评、针对易错讲评、串联讲评等。但所有这些方式都是教师讲、学生听，形式单一，学生处于接受现成答案的被动地位，忽略学生主体的有效参与，削弱了学生的自学能力、善于思考和发现问题的优势，试题讲评课效率不高。

为改变这种状况，笔者曾做了多种尝试，如把相近知识的题归类，并适当拓展，试图给学生一些规律和解题方法和技巧；针对错误进行重点评讲，并提供模拟训练；整理学生试题中存在的问题，归类讲解。这样做能收到一定的效果，学生也会比较爱听，但是由于整个思维和归纳过程的主体还是教师，从学生的角度看，他们仍然还是被动的接受者。

如果能由学生自己来思考和总结，或参与到这个过程中来，那他们又会有多深的感悟、多大的收效呢？如果由一个人做比较困难，是不是还可以考虑小组成员一起取长补短呢？带着这样的思考，笔者做了新的尝试：把试卷中存在的问题摆出来，让学生自行讨论分析、自行探究纠错、自行归纳总结、自行解决问题。这种方法就叫"自主诊疗法"，笔者曾在揭阳市各重点中学化学教研组长及市、县、区教研员参加的"高考复习讲评课"上做示范，获得与会代表的首肯。

一、基本步骤

1. 学生的自我诊疗阶段

考试结束后，学生对所做的试题答案按自我的标准进行初步的"自我诊疗"。学生的有一些问题是因为一时的疏忽做错；有一些是自己的知识掌握得不够牢固，经过自己的学习是可以自己解决的；有一些问题经过学生自己的再思考是可以自己解决的。像这一类的问题，让学生在考试结束后及时进行

回忆，自己估计自己的考试得失，让学生自我反思和自主学习，有疑问的地方可以开展同学间相互讨论。学生自己是完全能够处理好的，那么就不需要老师来帮忙，只要给以时间和信心就可以了。这个环节的目的主要是发挥学生在评价中的主体地位，督促学生巩固试卷的知识要点的同时，提高学生自我评价能力。

2. 学生的互帮互助的"互诊"阶段

当学生的问题自己解决掉自己能解决的之后，我们不妨给学生分一下组，根据学生的多少分成几个小互助组，小组人数以 6~8 人为宜，每一个小组都尽可能各个层次的学生都有，才能形成互帮互助的实质意义。给每一个小组指定一位小组长或由学生自己推荐。这些工作在课前准备好，并形成习惯。

这时转入学生的互帮互助阶段，老师提供的标准答案对自己所做题目答案再进行"自我复诊"。然后，让在小组内由学生提出不会的问题由会做的同学进行讲解。在这个阶段由学生给学生讲解达到学会的目的。组内都不会的问题就由组长记录并在最后告诉老师或填入准备好的统计表中。

教师在这一阶段中可以结合试卷内容，有针对性地重点点明疑点、难点问题，这样不仅可以节省时间，更重要的是可以激发学生的兴趣，使学生带着悬念听课，帮助进一步回忆有关知识，再次锻炼自我评价能力和对知识的掌握水平，这一环节的评价主体仍是学生。

3. 师生之间交流对话，即课堂上的"师生会诊"

根据各小组的统计，教师组织学生收回组织权，根据各组情况由多到少（不会的小组数）的顺序来解决。

经过了两次纠正（自纠和互纠），学生的问题基本解决，剩下的问题再由老师组织，让会做的小组给同学们讲解。讲解题思路，老师适当补充、引导、评价。

针对前两个阶段个体或小组对知识探究情况，学生自主地对老师的批改情况进行审验，有错误或疑问的地方可以与老师交流辨析，形成师生互动局面，加深学生对知识的记忆。这一环节的评价主体是多元的，既有教师的评价，也有学生自己的综合。

实践体会

第一次进行这样的试卷讲评，学生感到有点不适应，同时有部分学生担心，怕浪费宝贵的学习时间，课堂教学上由原来教师的主讲一下子变成了学生自己为主的课堂，有序性被打乱了，学生有些不适应。但由于在整个试卷讲评过程中，学生始终处于主动地位，学生学习兴趣和积极性较高，与以往的单一的对答案式的试卷讲评相比，明显可以看出学生在评价中的主体地位。经过几次之后，学生适应了，教师课堂讲评时间也明显缩短了。相对来说，时间还是节省了，学生能够对做过的题目，特别是错题深入反思，触类旁通，有利于学生良好认知学习策略的形成和提高。还有一些学生建议其他学科也进行这样的试卷讲评。

二、理论依据

所谓"自主诊疗法"，其依据是："学习是一种反复思考招致错误的缘由、逐渐消除错误的过程。"在试卷讲评过程中，学生多次地进行自我诊断，在不断地去伪存真的过程中，逐步形成正确的认识。"学习是经过多次尝试和不断减少错误的过程，信息对个体的意义是信息保持的决定因素。"在试卷讲评课中，这种错误的消除，是通过自我调节过程而产生的，而不是记住别人所给的答案而发生的。在试卷讲评课中，有效组织多次的自我诊断，发挥学生的主体性，有利于积极主动地构建意义，提高教学效果。

三、结论及反思

教学目标的实现是评价试卷讲评课的标准，"自主诊疗法"试卷讲评课模式是继承传统考试管理方式，针对现行试卷讲评存在的弊端提出的，使考试评价与教学有机结合，发挥评价促进学生成长的重要作用。

1. 突出学生的主体地位，倡导多主体参与

学生的体验让学生说，学生的问题让学生讲，学生的障碍大家评。这一模式改变试卷讲评教师作为唯一的主体现象，让学生进行自我评价，目的是培养学生的自我评价、自我反省与自我监控能力。"自主诊疗法"试卷讲评课让学生参与评价，并不是为了试卷分数的本身，而是一种学习与交流的过程，不仅能够更清楚地认识到自己的优势和不足，还可以提高学习的批判性思维，同时让学生学会交流、合作与共享。

2. 突出讲评的过程性，关注学生的个体差异

考试的根本目的是促进学生的学习与发展，实现评价的发展性功能的一个重要举措就是突出评价的过程性，关注学生的个体差异。"自主诊疗法"试卷讲评课有效避免了课堂上教师"一刀切""一言堂"的现象，关注了学生

的学习过程，了解和尊重学生的个体差异，为学生提供针对性的教育和指导。

3. 重视评价的发展性，发挥评价促进学生发展、教师提高和改进教学实践的功能

在基础教育阶段，课程改革提出了一个具体目标，"改变课程评价过分强调甄别与选拔的功能，发挥评价促进学生发展、教师提高和改进教学实践的功能"。"自主诊疗法"试卷讲评课通过学生的主动参与，多元性地帮助学生诊断在发展中的优势与不足，教师在此基础上提出有针对性的指导方案，有效促进学生的学业进步和全面发展。同时，改进教师的教学工作和促进教师的专业成长，使评价与教学活动有机地结合起来。

本模式在试卷讲评课的教学实践，取得了良好的效果，但对于其他学科、其他年级的适宜性，还需继续进一步探索。

本文于 2014 年 10 月 25 日在揭阳市高三教学研讨会上分享交流

谈新课程理念的生成性
化学课堂教学的实施

《基础教育课程改革纲要（试行）》中指出，要"积极开发、合理利用校内外各种课程资源"。课程资源是指形成课程的要素来源，以及实施课程的必要而直接的条件。教师在课堂教学过程中，面对的是带着自己思维的众多学生，这就使新课程对广大教师提出了许多新要求，也带来了许多新问题。从教学理论的视角来看，课堂教学是生成的、开放的，不是预设的、封闭的。而结合目前的一些教学实践情况来看，现有的一些课堂教学却模糊了教学生成的本质，从而削弱了学生在学习中的主体地位，继而忽视了教师在教学中的指导作用。基于新课程理念与现有课堂教学的矛盾，这就有必要认真研究基于新课程理念下的生成性教学的实施方案。

一、生成性教学概念的界定和实施原则

所谓生成性教学，是指教师在课堂上以学生有价值、有创见的问题与想法等细节为契机，及时调整或改变预设的计划，遵循学生的学习问题而展开的教学。

本文论述的生成性教学，是指教师不能机械地按照预先设定的一种思路教学，而应该根据课堂师生互动，以学生认为有意义、有价值的问题为契机，由教师灵活地调整，从而生成新的超出原计划的教学流程，使课堂教学处于动态生成的过程，以满足学生学习需求，真正体现"一切为了每一个学生的发展"的核心理念。

概括而言，生成性教学在实施过程中，应该注意如下主要原则。

1. 以学生的发展为目标

学生的发展是指全面的发展，包括知识技能、情感、态度、价值观，以及学生个性的充分发展。"一切为了学生的发展"是新课程改革的根本理念。

因此，教师应用发展的眼光，注重在教学中启发学生积极思考，主动地学习，从而让学生参与到教学中来，与教师共研讨、共探索，不断得到提高和发展。

2. 以课堂的开放为准则

新课程理念主张课堂开放。教师在教学时，应考虑师生的互动、灵活多变的学习方式、学生的多感官参与、立体教学信息传递，以及多种教学组织形式，而不是自我封闭的、孤立的活动。并且，学习过程不应该仅仅局限于课堂内，束缚在教材的规范中，限制于教师的指导下。只有这样，才能使学生开阔视野，增长知识，发挥出创造潜能。

3. 以课堂的民主为准绳

生成式教学要求有民主的教学环境与氛围。只有这样，学生才能感到宽松、融洽、愉快、自由、坦然。在没有任何形式的压抑与强制的前提下，学生才能自由与自主地思考和探究，积极踊跃地发表自己的见解，大胆、果断而自主地做出决策，从而不断实现创新和超越。

4. 以学生的参与为依据

教学的最终目的，是让学生掌握教师所教的知识和技能，并以此形成相应的情感、态度与价值观。生成性教学是在教师的激励和指导下，通过自身的参与、思考、探究、交流等活动来主动获取和建构知识。在教学过程中，教师要善于把教材中的知识转化成一个个相互关联的问题，给每个学生提供思考、创造、表现及体验成功的机会，努力给学生在课堂上营造良好的学习氛围。

二、生成性课堂教学的实施

（一）确定教学目标

对于高中学生而言，首先要把学习目标从"老师交给的任务"转变为"自己学习的需求"，这是真正开展自主性学习的关键前提。在化学课堂教学中，能否创设条件启发学生自主发现和提出问题，又是启发学生学会学习、学会创新的关键。因此，在教学中，教师应该尽可能创设活动情境和探究条件，让学生的学习目标动态生成于它们的学习活动过程中。以"二氧化硫的性质"这一知识点为例。

提问：用所学的知识来推测二氧化硫的化学性质。

提示：化合价→氧化性、还原性；物质的分类→物质具有的通性。

自主探究并得出结论：①二氧化硫中，硫元素处于中间价态，因此二氧化硫既有氧化性，又有还原性。②二氧化硫是酸性氧化物，应具有酸性氧化物的通性，不仅能与水反应生成亚硫酸，还能与碱性氧化物反应生成含氧酸盐，也能与碱反应生成盐和水。

深入：如何设计实验加以验证？

合作探究：二氧化硫与硫化氢气体混合，有无淡黄色固体产生→验证氧化性；二氧化硫通入滴有石蕊试液的水中是否变红色→验证能否与水反应；二氧化硫通入酸性 $KMnO_4$ 溶液或溴水是否褪色→验证还原性；二氧化硫通入澄清石灰水中是否变浑浊→验证能否与碱反应。

该案例表明，学生在小组间充分交流，并在大组中充分展示，以及教师适时参与诱导的过程，正是教学目标动态实现的过程。

（二）构建教学内容

1. 要适时捕捉意外教学资源

课堂教学中存在许多突发意外事件。著名教育家布卢姆认为，如果没有预料不到的成果，教学也就不能成为一种艺术。教师对意外突发事件情况的处理是否得当，很大程度上反映了教师思想观念的新旧与应变能力的高低。这就需要教师因势利导，组织学生共同探究，启发学生思路，及时扭转被动尴尬局面收到意想不到的效果。以学习"硅和二氧化硅"中的课堂意外为例。

在学习了二氧化硅的性质后，教师提出问题："玻璃的主要成分之一是二氧化硅，能在玻璃上进行雕刻，将其制成毛玻璃和雕花玻璃的物质是：A. 盐酸；B. 纯碱；C. 氢氟酸；D. 烧碱。"问题提出后，绝大多数学生选"C. 氢氟酸"，但有个别学生认为"烧碱"也能与玻璃反应，用来雕刻玻璃。这就需要教师及时与学生一起分析烧碱、氢氟酸能与二氧化硅反应的异同之处，从而使学生明确氢氟酸雕刻玻璃的原理。

2. 要捕捉和利用学生的错误资源

在教学时为了追求教学流程的顺畅，不少教师处处设防，尽量避免学生的错误，可却往往事与愿违。事实上，学生的错误不一定是件坏事，如果利用得当，有时会成为宝贵的教学资源。并且，让学生经历从错误走向正确的过程，也有利于提高学生的思维能力。以《物质的漂白性》为例。

提问：如果将等量的 Cl_2 和 SO_2 同时作用于潮湿的有色物质，可观察到什么现象？

大多数学生马上给出答案：将等量的这两种物质同时作用于潮湿的有色

物质，漂白性更强，有色物质仍褪色。这时，教师可以不急于评价学生的回答，而是引导学生通过实验，用事实说话。

实验：在一试管中投入一湿润的红纸，塞入带双孔玻璃塞的导管，并分别与课前准备好的制备 Cl_2 和 SO_2 的装置连接好，打开活塞同时进行反应，让气体同时通入试管中，提醒学生是否看到了预期现象。学生在焦急的等待中，发现潮湿的有色物质竟没有褪色，非常意外。此时，教师可以适时提出问题：是什么原因导致不褪色？经过共同的分析和讨论，可得出正确答案：由于 Cl_2 的氧化性比 SO_2 强，两者发生氧化还原反应，生成盐酸和硫酸，从而失去漂白性。

由此可见，把学生的错误作为资源加以利用，是真实的课堂教学手段。教师应该引导学生自己发现错误、剖析并改正错误，从而获得正确的认识。

（三）形成教学过程

1. 教学方法的生成

要改变学生的学习方式，最根本的是要在课堂中体现学生的主体性。具体而言，问题让学生去发现，过程让学生去经历，结论让学生去获得，让学生真正参与到学习活动的全过程，从而建构属于学生们自己的知识内容。

课堂教学的科学性是学生获得知识、获得发展的有效保障。如"浓硫酸的氧化性"的教学，让学生动手实验，从中体验和感悟，从而构建教学方法的动态生成。具体而言，在实际教学过程中，可以按照如下流程：学生分组实验→教师巡视指导→各小组细心观察、记录实验现象→各小组汇报交流→分析实验现象→得出结论。其中学生都观察到一个异常的现象，溶液中出现了黑色的物质，加水稀释溶液变成蓝绿色。教师鼓励学生大胆推测所看到的现象，由此，推出黑色物质是 CuO，溶液呈蓝绿色是含 Cu^{2+}。以此，教师进一步引导 CuO 是怎样变成 Cu^{2+} 的。学生经思考和交流之后，认为 CuO 与过量的硫酸反应后，生成了硫酸铜溶液。这样，学生就能理解铜与浓硫酸的反应的实质，从而清晰地把上述反应视为两个过程：先生成 CuO、SO_2 和 H_2O，该反应体现出浓硫酸的强氧化性，然后 CuO 与稀硫酸反应生成 $CuSO_4$ 和 H_2O，体现硫酸的酸性。

2. 教学评价的生成

新课程标准指出，评价要关注结果，更要关注过程。要关注学生在科学活动中所表现出来的情感、态度与价值观，帮助学生认识自我，树立信心。学生之间是有差异的，因此，当一个开放性问题被教师提出后，学生有可能会说出许多不同的答案和设想。作为教师，应该认真倾听，延迟评价，这样才能更好地实施生成性教学方案。

（四）生成教学设计方案

以系统的观点来看，每一次课堂教学，教师都是围绕一定的教学目标，按照教师预先设计好的教学方案进行的心智活动。因此，教学设计方案的科学性、合理性、有效性就直接影响着教学目标的达成。在生成式教学的实践过程中，常常会出现一些超出教师预设的新情况、新困惑、新思维，因此，对教师的教学设计进行深刻、有效的反思和生成，就显得非常必要。

教后感是教学常规中的一项基本要求，是课堂教学的延伸，也是教学链条上一个必需的环节。一个成功的教后感，为教学设计的生成提供了一条有效途径。教后感也是对教师自身具体教学工作的检查与评定，是教师整理课堂教学、反馈信息、适时总结经验教训、指出教学中的成功与不足的重要过程。

总之，一份优良的教后感，可以帮助教师增强分析和处理教材的能力，从而改进教学方法、积累教学经验、提高教学艺术和课堂教学质量。同时，也为之后的教学生成奠定良好的基础，提供有效的实践资料，从而可以在以后的教学过程中，根据以往的教学经验总结，把握课堂教学中的闪光点，把握促进课堂教学动态生成的切入点，让学生多质疑、多探索，使课堂充满生机和活力，真正成为学生全面发展、提高素质的主战场。

本文于 2016 年 3 月 12 日在揭阳市学科会议上交流

认真研究，精心磨课，潜心解题

——谈骨干教师的专业成长

骨干教师的专业成长有许许多多的途径，因各人的特质不同，发展的程式各异，但也有共通之处，本人认为，教师的专业发展主要阵地在课堂，而课堂教学的关键是：认真研究，精心磨课，潜心解题。对此，下面我就这三方面谈谈自己的见解。

一、认真研究

名师是在做研究中产生的。大家都是来自各地的中青年骨干，课堂教学基本功都很不错。这次研修，目的是学习先进的教育教学理念、对教学问题再研究、在教学实践再磨炼等方面的研习，突破自身发展"瓶颈"，把自己从一名教学能手，发展为教学骨干和教学名师。作为教师，可研究的东西很多，但比较有效的是对身边问题的研究，如自己教学中的问题、学生学习的问题、课堂中出现的问题、教与学心理与情境问题、教学调查与教学变革问题等。研究问题要小不要大，大了往往会变得空泛，小的问题则可做得精细。

目前，各种评优选先都得有教育教学研究成果。其中，教学教研论文几乎都是必需的，好多教师平时不重视这方面的积累，等到要评优选先了，拿不出一篇像样的文章来，最后只能放弃，实在可惜。化学教学成果表现方式很多，如果我们能把平时偏爱的、得意的教学片断录制下来（讲清重点、厘清难点——微课方式录制），把教学成败写下来（先列纲目再不断补充、修改、完善），把学生平时的学习问题和学习心理记下来（配合教育教学相关理论，做简要分析，便可成为一篇好文章），把实验改进或实验探究串联起来（可几个，也可一个实验，但要有创新性和可操作性）、把课堂教学改革（如实验教学法、概念生成性教学法、元素及化合物树形教学法）等进行实录和加工（这是人家比较喜欢的文章），多积累、勤反思，对自己的提升有好处。

二、精心磨课

名师的课都有其独特的风格和独到之处。课堂是我们的主战场，也是我们耕耘和成长的园地，课堂教学是否优质高效，取决于我们是否能真正成为名师。对什么是好课的界定很多，但笔者简单地认为，好课就是"合适、需要""好教、好学、好考"的课。

磨好"三课"——新授课、复习课、讲评课。

1. 新授课

新课中概念教学。如物质的量、电解质、离子反应、原电池等，教学预设可以从下列几个方面着手：①概念从哪里来（生成性），教学时，教师应创设情境问题，引导学生了解为什么要引入这一概念，并设计概念的生成过程；②概念内涵（适应性），教学时，教师要注重概念的内涵及概念的本质特征，指出应用概念的范围和条件，并让学生进行概念的表述；③概念哪里去（应用性），教学时，教师应创设应用性问题，让学生懂得运用概念去分析、判断和解决问题，从而，让学生学会达到学以致用；④概念发展性（完善性），教学时，教师应提醒学生，概念不是一成不变的，而是随着知识的层次递变而不断发展的。又如，在进行元素及其化合物教学：如氯、硫、氮、钠、铝、铁等，实验情境教学法，是学生喜欢的几种方式，问题、导学—引领、建构是一种行之有效的教学方式。如，以氯为例，采取实验情境教学法时，教师可以出示"氯气制取、净化、收集、尾气吸收、性质实验"综合实验图，然后按图索骥，按实验过程提出问题，引导学生思考。例如，"制取氯气时，采用浓盐酸和二氧化锰"，请问还可以使用哪些药品？为什么？该制取装置需要加热，请问用哪组药品时可不用加热？该制取反应产生的气流大小难以控制，请问如何改进该装置，让气流产生较为平稳？反应产生的氯气中为什么会有水蒸气和氯化氢？请说明原因。除去氯气中的氯化氢，为什么不直接用水洗而是采用饱和的氯化钠溶液？为什么除杂时，要先除去氯化氢，然后再除去水蒸气？收集氯气时要采取哪种方法收集？尾气吸收时为什么不采用澄清石灰水？如何将装置中留下的氯气清除以免造成环境污染？等等。这样的教学，可将氯气的性质融入整个实验过程中，让学生更好地掌握知识，并运用知识解决实际问题。

2. 复习课

一轮复习、专题复习：各有特色，要求问题来源要符合学情，教学内容应适合学生。复习课本来是为了帮助学生查漏补缺，梳理和巩固知识，发展和运用知识等，但是，当前大多复习课（专题复习）都有"炒冷饭"和"一言堂"之嫌。因此，教师务必在复习之前调研学生需要，哪些需要讲，哪些可不讲，哪些要详讲，哪些要略讲，哪些要串讲，哪些要拓展等，教师要做到心中有数，课堂才会有针对性。

3. 讲评课

讲评课是指考试过后的试卷讲评。我们知道，一份试题要考 1.5～2.5 小时不等，学生在考试过程中，对每一道题都认真思考过，考试过后，同学之间又彼此校对。据调查，在通常情况下，如果一套试题，学生考对 80%，那么，最后学生需要老师讲评的问题大约只有 12%。那么，该不该讲、由谁去讲、如何讲、评什么、如何评，应依学生答题情况而定。其中，诊疗式讲评是一种较好的尝试，重难点松结法、串联法、触类旁通法是常用方法，互动讲评是当前倡导的方式。

同时，教师要坚持一课多思（同课多构），可从不同角度、不同思路、不同方法去设计。这对提高自己课堂应变力、执行力很有用处。

三、潜心解题

名师往往是在"题"中产生的。常语道"书多人自贤"，对教师来说，笔者以为是"题多人自高"。题——问题和考题。问题源于教师，也源于学生，还源于师生之间。考题多源于各地市模拟题、全国各地高考题，也有来自一线教师编制的各类试题。

名师之教在乎来自学生的问题，以学生的问题实施教学是最有效的，也是学生最欢迎的（满足学生之所需），基于此，结合自己的教学经验，提取各届学生的问题，整合于教学之中，是我们实施优质教学的有效途径。名师往往是析题、编题、创题能手。好多高考专家、命题专家都是在"多做、多编、力改、求创"中发展起来的。教师整天离不开的是"考题"。每节课有每节课的题，每单元有每单元的配套题，有周测题，月考题，阶段考题，期中、期末考试题；有考点、热点题，专项训练题，综合训练题，仿真模拟题等。题只做不行，要比较，要分类，要迁移，要改编，要创新。在玩味考题的过程中，就会不知不觉地提升自己的问题能力，久而久之，便会使自己成为一个问题专家，把自己的课堂变成一个问题课堂，独特风格也就自然而然地形成了。

2018 年 12 月 5 日于韩山师范学院"广东省培骨干教师培训"会上的讲座

新课标实施过程中的体会及思考

新课程方案与各科课程标准的颁布，宣告了新一轮课改的开始。新课程提出，要尊重学生的个性发展，引导学生自主学习、探究学习、合作学习，关注学生的学习过程，促进学生的可持续发展，培养真正全面发展的人。这个方案，时代特点鲜明，创新精神突出，教育理念先进，是全面实施素质教育的行动纲领。

广东省有教改的基础，推行新课程还比较顺利，但是在实施过程中还是碰到了这样或那样的问题。课程标准是新的，教材是新的，但不少课堂仍是"涛声依旧"，新旧观念的激烈碰撞与交锋不可避免地经常发生。最新的课例分析表明：不少课堂中，"课堂热闹了，孩子动起来了，但实际收获少了"的情况也不在少数。还有，一些学科的新教材注重了培养探究意识，却忽视或弱化了学科知识的循序渐进与内在的联系与逻辑性。进入新课程以后，教辅书籍并未减少，巨大的利益驱动使得教辅市场暗流涌动，不少进入新课程的学生也因此而反映负担沉重。

事实证明：在现阶段，新课程偏向理想，它的本意是尊重孩子自主发展的能力，引进了西方灵活的教育理念；现实是只有少数学校才能达到硬件标准。同时社会的大背景也把教育功利化了，人人都想在竞争中获得更好的受教育的机会，继而获得更有利的位置。如果教育超越了当前的情况，必然会造成冲突，带来曲折。

一、新课标实施过程中存在种种问题不容忽视

1. 难以割舍的考试情结使得理想与现实的距离还是那么遥远

新课程推行了，实践的过程却并不那么美妙。新问题层出不穷，课堂以学生为主体了，教师又该如何发挥主导作用？课堂形式多样了，教学活动增多了，教师讲解的内容少了，学生的基础知识会扎实吗？……细细想来，这

些问题的核心，原来是一种难以割舍的考试情结。考试对老师、对学生、对家长都是那么熟悉和陌生，让人欢喜让人忧。然而，新课程标准下，学生怎么考试？高考怎么考才最合理？毕竟，考试尤其是高考，是检验一所学校"成败"极为重要的标志，也是应试教育在今天仍大有市场的根源所在。对学校来说，失去了高考的成功，就失去了学生的认可、家长的信任、社会的支持，就失去了优质的生源，更失去了巨大的经济利益。任何学校的高考都不容有失，南京"高考之痛"就是鲜明的写照。今年，广东高考新方案的颁布，更引起了人们对教育的反思：我们究竟需要怎样的教育？新课程标准下的教育与以往的教育又有多大的区别？

2. 新课程改革是每一位教育工作者都要面临的严峻的挑战

从听过的一些示范课来看，新课程的确推动了授课方式的突飞猛进，课堂渐渐变得生动活泼起来。但是真正能做到让课堂活泼起来的能有多少教师呢？

例如，在化学课堂中，"科学探究"的提出是为了改革课堂教学中不适应新形势的弊端，让学生模拟科学研究的过程，从选择方案和研究过程，开发利用资源，到探索研究结论，都由学生自主操作，教师更多的是活动的共同者和合作者。可根据调查得知：学生对新知识的认识，往往被教师用原有的预设所代替，当学生提出或设计的探究方案与教师预设的不一致时，教师便马上帮助学生"纠正"。这与其说是讨论，不如说是解说；尤其是讲授到一些定量分析时，往往就是出一两道计算题，由学生解出，达到使其理解的目的，学生完全依照教师的思路去学习、分析与归纳，显然是以教师预先设计好的答案定位，难以体现出课堂教学中学生的主体作用。

新课标的改革，按照规定，每位教师在教授新课程之前必须接受岗前培训。但培训情况并不容乐观，有些教师等不到机会，而参与培训的很多教师又敷衍了事，草草过场，仅仅一个礼拜的学习能给他们带来多大的改变？很多老师在教学上已经习惯了用老教案来备课，或者还是按照以往的教学思路、教学模式来完成授课任务。新课程一推出，他们根本无法从原来"灌输式"的思维模式中转变过来。在这样的背景之下推行新课程，不少老师表现出了不自信，他们宁可用过度学习的方式来操练学生，而不是耐下心来"诊断"每个学生的学习情况。

教育需要一个积淀的过程，不管对学生还是对教师。因此，新课程改革不仅要改革学生的学习方式，也要改革教师的培养模式。从提高教师素质入手，也许能取得更好的效果。

二、造成理想与现实距离遥远局面的原因分析

1. 受"应试教育"传统观念的影响

目前我国中小学教师基本上是在"应试教育"的旧体制和传统的师范教育模式下培养出来的。他们接受旧教育观念，采用旧教育手段，使用旧教育方式。在长期的课程活动实践中，已经养成唯上、唯书的心理，形成"灌输式""结论式"的课程活动模式，逐步变成了能力残缺的"知识传授型"教师。

2. 对教师主体性和自主性的忽视

我国是一个以"儒家文化"为主流的传统社会，人们的价值取向是重集体轻个人、重统一轻个别，强调的是认同和服从，而非批判和创新。在这种文化的积淀之下，便是课程管理对教师主体性和自主性的漠视。全国用统一的课程设计和"一刀切"的要求，强调课程整体划一、"齐步走"，甚至连每一节课的授课内容、教案都要求一致。在此高度一致的现实背后就隐含着一种文化观念，即对教师课程能力的漠视和轻视。而且，教育管理部门往往只是把已定的教学材料提供给教师，而没有留给教师一定的空间去思考和讨论，即使在形式上倡导发展教师课程能力，事实上也并没有在政策和条件上引导教师发展课程能力。

3. 受社会多元化和经济市场化的冲击

随着我国改革开放向纵深方向发展，社会从一元逐步走向多元，社会生活的价值取向多样化，加之市场经济负面因素的冲击，隐藏在教育领域中的经济因素被激活并被加以利用。相对于教育效益和社会效益而言，不少教师更多的是考虑经济利益和个人实惠。这种教育的经济主义倾向扭曲了教育的本质与价值，也湮没了教师主动开发课程能力的热情。

在现阶段，新课标想通过改革突破原来的教育模式，的确有其理想的一面。但是新课标的问世，并不能使以往传统教育的问题一了百了，使新的教学成果一呼而出。我们需要在逐步实施的过程中，渐渐拉近现实和理想的距离，大家都希望这一天快点到来。那么，如何才能从旧的教育理念中走出来？与新课标相配套的还需要些什么？

三、面对理想与现实的距离我们应做些什么

新课程改革实验，涉及课程体系的方方面面，包括课程观念、课程结构、

课程内容、课程实施、课程评价和课程管理等，是一场史无前例的整体性课程改革，给任何一个教育工作者都带来了前所未有的挑战。目前我们能做的，就是在摸索一个理想和现实的结合点，既不能一味屈从社会的功利化倾向，也无法彻底突破和改变现实，只求稍有进展。

1. 建立与素质教育理念一致的评价与考试制度

在新课程改革中，建立与素质教育理念一致的评价与考试制度，促进学生学习方式的改善，促进教师教育观念的形成，成为推行新课程改革的首要问题。要建立一种发展性的评价体系，改变课程评价过分强调甄别与选拔的功能，促进学生全面发展的评价体系，使评价不仅关注学生在语言和数理逻辑方面的发展，而且要发现和发展学生多方面的潜能，了解学生发展中的需要，帮助学生认识自我、建立自信，促进学生在已有水平上的发展，充分发挥评价的教育功能，重视评价目标多元化和评价方法的多样性。

笔者认为，在新课程标准下对学生的评价，要建立起学生素质水平评价手册，并充分利用好学生素质水平评价手册，将评价手册与分数或等级评定结合起来，完善学生成长过程的记录。这是全面发展学生素质，培养学生能力较简便易操作的方法。

这样做的好处是，将学生的学习过程自始而终地贯穿起来，既有对素质的评价，又有对能力的认定，避免了只凭升学考试一张卷子决定命运的弊端，学生对平日的各项活动也能积极参加，又便于教师有效组织。

2. 新课标要求所有的教育工作者能树立全新的课程意识

新课程改革要求每个教育工作者改变过去那种过于注重知识传授的倾向，转向注重学生的能力培养，引导学生形成积极主动的学习态度，使学生在获得知识与技能过程的同时，学会学习和形成正确的价值观，即从单纯注重传授知识转变为引导学生学会学习、学会合作、学会生存、学会做人，关注学生"全人"的发展。我们知道，过去的教育体制忽略了对学生能力的培养，而侧重于知识结果的传授，学生缺乏应有的社会责任感，健全的人格、创新精神和实践能力，因此以关注学生"全人"的发展为目的的新课程改革，成为历史的必然。

新课程改革能否顺利推进，关键在于教师课程能力能否与之相适应。因此，课程改革的当务之急是重新探讨和建构与新课程相适应的教师课程能力体系，让广大教师尽快完善课程能力，走进新课程。

新课标需要教师改变以往的教学活动方式，教师的活动不再是依据固有模式"灌输"现成知识，而要应对学生活跃的思维和变化的情绪，不断推出有创意、有针对性的教育策略。这就需要师生之间互相沟通、交流，教师要以平等的心态看待学生。而且，课程标准重视对某一学段学生所应达到的基本标准，同时对实施过程提出了建设性的意见，而对实现目标的手段与过程，特别是知识的前后顺序，不做硬性规定。这就为教材的多样性和教师教学的创造性提供了广阔的空间，为体现并满足学生发展的差异性创造了比较好的环境，更体现了课程是教师和学生共同建构的新理念。

新课程改变教科书一统课堂的局面，其内容的综合化和弹性化，充分扩大了教师在教学过程中可支配的空间。相应地，新课程一方面要求教师必须摒弃传统的"照本宣科"式教学，根据教学的实际需要，采取最合适的教学形式和教学手段，整合各种课程资源；另一方面要求教师整合信息技术与学科课程，充分发挥信息技术的优势，为学生的学习与发展提供丰富多彩的教育环境和有利的学习工具，实现教学内容的呈现方式、学生的学习方式、教师的教学方式和师生互动方式的变革。新课程的课堂教学模式强调长期的、跨学科的、以学生为中心的学习活动。不断激励学生自主学习，为学生提供探究问题、解决问题的机会；而且提供跨学科学习的机会，让学生在探究学习的过程中，科学地运用和整合不同学科领域的知识，使学习更有针对性和实效。

总之，新形势下的教学必须改革传统的教学思路，使教师应从思想上提高认识，从行动上赶上时代教育新式发展的步伐。这就要求我们教师转变观念，拓宽思路，改变方法，以全新的思路、全新的方法投入新课程改革中，使课堂成为学生喜闻乐见，增长知识才干的所在。

此次课程改革具有狂飙突进的激进风格，但实施改革时的激进作风却将催生种种危机。改革需要的不是头脑发热，不是"大跃进"，不是一哄而上，要顺利推进这样一场复杂的变革，必然要在各种因素之间，在新与旧、快与慢、破与立、传统与现代、理想与现实之间寻求新的平衡。任何简单化、单一化、排他性的激进思维方式和行为方式，都可能招致课堂生态的失衡，进而导致课程改革的失败。

实践是检验真理的唯一标准，也是检验新课标的唯一标准。考查新课标之"实践"，检验新课标之得失，坚持其"正"，纠正其"误"，才是对新课标理念的真正爱护。

本文于2006年获广东省教育学会评比一等奖

第四章

4

科研撷英

和老师们谈教育教学课题的研究

一、关于开题报告的撰写

开题报告，就是在课题立项确定之后，课题负责人在课题立项和调查研究的基础上撰写的报请上级批准的课题研究计划。有的人会以课题申报书的内容来代替开题报告，这是不合适的。因为两者功能、所面对的对象等都是不同的。

课题申报书主要用于课题评审，所面对的是评审专家。它的功能是获得评审专家的认同。课题评审主要是对课题做出评判。而开题报告主要用于开题论证，所面对的是论证专家。它的功能是获得课题研究的支持。开题论证主要是对课题进行诊断。开题论证是在课题申报基础上对课题可行性的进一步论证。课题立项后，需要对与课题相关的文献重新进行梳理，查证新的资料，并据此写作开题报告。

课题申报书侧重于课题的价值阐述和可行性分析。课题已获立项，说明其研究价值已经得到认同，其可行性也已得到基本认可。但课题申报书中对课题实施即可行性的论证还是比较粗线条、比较宏观的，还缺乏细致、具体、可直接操作的论证。因此，需要进一步通过开题论证来改进和推动。开题论证报告是将研究假设具体化，将研究内容和方法结合起来通盘考虑和设计，侧重于对课题研究实施可行性的分析。

因此，为切实做好开题论证，必须重新撰写开题报告。当然，开题报告可以在课题申报书的基础上撰写。

课题申报书与开题报告的关系

比较项目	课题申报书	开题报告
主要功能	用于课题评审，对课题作出评判	用于开题论证，课题作出诊断
面对专家	课题评审专家	开题论证专家
主要内容	侧重于课题的价值阐述和可行性分析	将研究假设具体化，将研究内容和方法结合起来通盘考虑和设计，侧重于对课题研究实施可行性的分析
两者关系	开题论证是在课题申报的基础上，对课题可行性的进一步论证。开题报告可以在课题申报书的基础上撰写	

二、关于开题报告的内容

一般开题报告应具体阐述以下几个方面的内容：

（1）选题目的。选题目的部分要说明为什么选择这个题目，通过这项研究要达到什么目的。

（2）课题价值。课题价值是选题的依据，要回答所选课题对解决教育实际问题（包括对本校、本地区的教育工作实际存在的问题）或回答教育理论问题有什么意义，对教育的改革和发展有什么贡献，选择这一课题的依据是什么等问题。

（3）研究条件。这部分要说明课题的前期准备情况，课题研究涉及哪些客观条件，是否都能满足，从研究者自身看是否有足够的知识、能力、信心、时间等。

（4）研究方案。研究方案，涉及研究假设、研究步骤、经费开支计划、课题组成员的分工内容等。如果是大的课题，还要拟定相应的课题管理办法，明确课题组成员职责、课题经费管理，以及课题档案管理等内容。研究方案部分要说明方案的总体思路是什么、方案是否完备、方案中各部分的联系等。

（5）研究过程分析。研究过程分析就是分析研究过程可能出现哪些问题、有哪些对策。

（6）结果预测。结果预测就是预测研究结果可能出现哪些情况、是否会带来不良后果。为了更好地呈现课题内容，往往还需要在开题论证报告的基础上，制作 PPT 等课件以便于在开题时简明清晰地呈现论证内容。

三、关于课题研究的开展

1. 找准切入点，制定活动方案

一项课题研究不可能面面俱到，而必须考虑研究背景，缩小研究范围，把握好研究角度，找准研究"题眼"。找准切入点后，接下来就要制定活动方案，做好活动的规划：一是起止时间的规划。最好安排到具体的周次，明确指明结束的时间。二是分解目标，明确每段时间内要完成的研究任务，以及分别要采取什么样的步骤、措施、方法。比如，课堂诊断—调查问卷—反思设计—实践行动—总结反思……只有做好细致的规划，课题研究活动才有了明确、清晰、可行的思路，课题也才能具体进行分步实验和操作，才能对照方案检查自己研究工作的进展是否按期取得了阶段性成果。

2. 分类开展，形成序列

活动是课题研究的重要载体，课题研究必须在具体的活动中细化、丰富、深化、改进并提升。那么，课题研究可以开展哪些活动？如何开展呢？不同类别的课题，活动的内容、形式有别，如：教育类的课题，一般以教育系列活动为主。内容序列定下来了，所有的活动就能围绕课题有序开展了。教学类的课题，主要是聚焦课堂展开系列活动。综合性课题，一般是以教育教学活动为主线。无论哪类课题活动，为了使活动有效，最好能形成序列，保证活动的系列性、持续性，不单纯为了活动而搞活动。

3. 及时总结，反思活动

为保证课题研究活动的有效性、系列性和持续性，每一项研究活动完成后，要及时总结，对活动进行反思，开展交流，进而调整、制定下一阶段的活动计划，这是课题研究必不可少的活动。

课题研究就是在这样的边研究、边观察、边总结、边反思、边改进的活动中，经历反复的尝试—总结—修改—再尝试—再总结的过程，从而不断走向深入，达成目标。

课题研究活动的开展，还要注意"三结合"：一是要与课题研究本身的进程相结合，使活动与课题进展有机融合；二是要与日常教育教学相结合，真正促进自己的教育教学工作；三是要与阅读写作相结合，阅读能让你站在巨人的肩膀上思考，写作将阅读、思考、实践融为一体的同时，也能形成一种研究成果。

课题研究活动能否有效开展，决定了课题能否真正落地并开花结果。

四、关于行动研究报告的撰写

行动研究报告是教师系统、公开地解决教育实践问题的一种途径，是依据教师自己所开展的教学行动研究，以问题为中心，主要记录和分析其发现问题、确认问题、解决问题的过程和结果，以及该过程中的反思和启示。研究报告的主要内容与研究过程的环节基本一致，主要包括三个组成部分：一是文章标题、摘要、关键词；二是正文；三是参考文献、附录和致谢部分。文章标题点明研究的主题，通常带有"……的行动研究"字样；摘要简明扼要地介绍研究的目的、过程、结论和意义；摘要后面有三到五个反映报告主要内容的词或词组，即关键词，如"行动研究""阅读教学"等；参考文献部分呈现报告中引用的文献清单；附录部分收录研究过程中使用的调查问卷、访谈文字摘录或学生作品选录；致谢部分则根据情况，对于参与研究的人员表达感谢。

正文部分是行动研究报告的主体，与其他研究报告略有不同，主要记录和分析研究的过程和结果，常见的有以下两种模式：

第一种模式是按照研究的时间顺序大致描写和记录研究过程，研究的各个环节贯穿其中。包括以下七个部分：一是问题的发现；二是问题的确定；三是行动方案设计；四是行动方案的实施；五是行动方案调整；六是行动方案实施效果；七是总结与反思。这种结构便于读者追踪研究者的思路，研究的过程清晰，不足之处是缺乏相关理论和文献的支撑。如果步骤过多容易埋没研究的问题主线，略显累赘。

第二种模式是研究结构模式，在前一种模式的基础上进一步归纳整理，突出行动研究主要环节的同时加入文献梳理部分，包括以下五个具体步骤：一是观察和发现问题；二是分析和确认问题；三是制订行动计划；四是实施行动计划；五是评价行动效果。在报告的撰写中，我们将行动计划的制定、实施、调整，以及效果合并为一个部分，就可以构成四个主体部分：问题的发现和确认、文献梳理、行动方案的制定与实施、研究结果与反思。这样有利于在报告中突出行动研究中教学改革的措施，便于其他教师参考和借鉴。第二种模式凸显了问题线索，发现问题、分析问题和解决问题的脉络十分清晰。

接下来我们再谈谈行动研究报告的写作技巧。了解了行动研究报告的结构和主要内容之后，教师还需要掌握一些研究报告的写作技巧，包括树立写作的信心、在行动中记录研究内容、分部分进行写作等。

　　首先，我们谈谈如何树立写作的信心。许多教师都感觉自己的文字功底偏弱，文采不好，逻辑思维不严谨，担心写不出好论文。还有不少教师不了解学术规范，对于写研究报告或者论文有所畏惧。但是在撰写行动研究报告时无需有如此顾虑，因为行动研究报告与研究过程联系紧密，很多文字都是过程的记录与分析。逻辑思维能力能在做研究和写作过程中得到提高，写不好的问题也可以通过多次修改报告得到解决。因此，教师首先要树立写好行动研究报告的信心。

　　其次，我们要在行动中及时记录研究内容。行动研究报告的写作不是整个研究结束之后才开始，它更多的是一种积累和整理的过程。教师在研究之初就可以开始写作，随着研究的开展，在不同阶段会积累一些材料。我们可以按行动研究的实施阶段将其分为研究前记录和研究中记录两个阶段。研究前的记录，即研究开始阶段阅读行动研究样文，做笔记，了解行动研究的过程，熟悉报告写作的框架和基本规范。大部分的写作素材是在第二个阶段即研究中记录和积累下来的。从发现问题开始，教师可以通过教师日志、观察笔记、课堂转录、教学反思等方式记录自己是如何发现教学中的问题，以及问题的主要表现是什么。通过书面记录、分析这些数据，以及进一步开展对学生的调查，教师能够形成更加清晰的概念，准确把握问题实质。确认问题之后，要阅读相关文献以确定行动方案，此时记录工作集中在阅读相关文献上，如摘抄重要概念，记录相关研究的重要信息，比较它们所采取的解决方式和结果，评价所读研究等。在制定行动方案和实施行动计划阶段，需要记录一些重要材料，包括具体的方案、行动计划、实施的效果、计划的调整、重要教案等，同时还需要收集相关数据，如学生的书面或者口头作品、分数、问卷、学生访谈等。此阶段收集的数据量比较大，建议教师对于收集的数据及时进行处理和分析，一方面可以为后面的计划调整提供依据，另一方面也可以避免后续数据处理量过大而被迫放弃某些数据。反思部分是平时反思的集合和整理，以及最后完成研究后对整个行动研究过程的整体反思。

　　最后，我们谈谈分部分进行写作。撰写行动研究报告一般可以采取两种写作方式。第一种是写出大纲之后，把原有素材先填充进去，然后进行加工和精简。第二种方式是先基于原始材料梳理思路，然后按照新思路组织材料和撰写报告。第二种方式看似困难，但是思路清晰，文章的整体性较好。第一种方式比较容易，被普遍采用，我们在此主要介绍这种方式的写作步骤，具体操作有以下五个步骤：

一是拟订大纲，拆解任务。依据大纲分配任务，合理安排时间完成各部分的写作任务。二是确定框架和论文结构。以问题为主要线索来组织材料，明晰论文的框架和结构。三是填充内容。根据框架添加写作素材，补充缺乏的内容。四是写出正文的初稿。写的时候要有一定的读者意识，注意详略。可以运用例子、图片等来辅助说明行动计划、解决方案等。五是完成开头和附录部分。确定或者修改论文标题，写出摘要、参考文献等，注意格式。

五、关于结题报告的撰写

结题报告是相对于开题报告来讲的，意思是课题研究结束的研究报告。结题报告是一种专门用于科研课题结题验收的实用性报告类文本。它是研究者在课题研究结束后对科研课题研究过程和研究成果进行客观、全面、实事求是的描述，是课题研究所有材料中最主要的材料，也是科研课题结题验收的主要依据。结题报告的水平，直接影响教育科研的质量。撰写结题报告的意义，主要体现在以下三个方面。

一是有利于丰富教育理论，推动教育实践。撰写结题报告的目的，是科学地总结自己的研究工作，用书面形式反映课题研究的成果，向教育界和社会提供教育科学研究信息，以丰富教育理论宝库和推动教育实际工作，促进素质教育的贯彻落实，显示其实用价值。因此，课题实验研究的结题报告的撰写，不仅仅是反映科研成果的问题，而且是深化和发展科研成果的问题。

二是有利于学术交流，经验推广。教育科研过程是人们获得直接经验的过程，这种经过精心设计、精心深入探索而获得的直接经验，不仅对直接参加者来说是十分宝贵的，而且对于所有教育工作者、对于人类整体认识的提高和发展都是十分宝贵的。教育科研成果的表述，有利于不同空间、不同时间的人进行学术交流。

三是有利于提高研究者的思维、写作能力。课题实验研究结题报告的撰写过程是一个严密的思维过程，需要撰写者具有一定的分析、综合、抽象概括的能力，而且还要具有准确运用语言文字的能力和技巧。所以撰写课题实验结题报告，有助于培养和提高研究者的思维能力和表达能力，进行有效的科研活动。

（一）结题报告的基本结构

一篇规范、合格的结题报告，需要回答好三个问题。

一是"为什么要选择这项课题进行研究？"即这项课题是在怎样的背景下提出来的，研究这项课题有什么理论意义和现实意义。二是"这项课题是怎样进行研究的？"要着重讲清研究的理论依据、目标、内容、方法、步骤，讲清研究的主要过程。三是"课题研究取得哪些研究成果？"

一份规范的应用性研究课题结题报告，其基本结构大致包括以下 10 个部分。

①课题提出的背景；②课题研究的意义（包括理论意义和现实意义，这个部分也可以合并归入"课题提出的背景"部分）；这两个部分着重回答上面提出的第一个问题"为什么要选择这项课题进行研究？"③课题研究的理论依据；④课题研究的目标；⑤课题研究的主要内容；⑥课题研究的方法；⑦课题研究的步骤；⑧课题研究的主要过程；⑨课题研究成果；⑩课题研究存在的主要问题及今后设想。

③～⑧，回答的是上面提出的第二个问题"这项课题是怎样进行研究的？"结题报告的这 10 个部分，除了⑧外，①～⑦在填报课题立项申报表、在制订课题研究方案、在开题报告中，都有要求，内容基本相同。到了撰写结题报告时，只需照抄或作适当修改就可以了。⑧则需要通过对课题研究过程进行回顾、梳理、归纳、提炼。⑦⑧也可以合并写。⑨回答上面提出的第三个问题"课题研究取得哪些研究成果？"

（二）结题报告的基本要求

（1）课题提出的背景。这个部分内容的陈述，要求用两三段简洁的文字讲清选择这项课题进行研究的原因、理由，回答好"为什么要选择这项课题来研究"这个问题。个别的结题报告，如有必要，还可列出一个部分"课题核心概念的阐释"，专门对课题的核心概念作说明。

（2）课题研究的意义。课题研究的意义包括理论意义和现实意义。这个部分既可以单独作为一个部分来陈述，也可以归入"课题提出的背景"来陈述。这样处理的好处，在于能更充分地回答"我们为什么要选择这项课题来研究"这个问题。

（3）课题研究的理论依据。课题研究的理论依据是进行课题研究的理论指导。课题研究需要在一定的理论指导下来进行。这部分的陈述要求理论依据要具体，要围绕课题研究的需要，有针对性地列出课题研究所依据的若干个具体的理论观点或若干项具体的政策，所依据的理论要具科学性和先进性，所选择的政策要具时代性。在陈述理论依据时，应切忌将某一专家、学者的整篇著作或某一个文件、某位国家领导人的讲话全文当作理论依据。

（4）课题研究的目标。课题研究的目标体现的是本课题研究的方向，是本课题研究所要最终达到的目的。在实验性的课题中，它体现的是"实验假设"。实验假设其实也是实验将要达到的目标。这一部分的陈述只须用一二百个字就能说明问题。

（5）课题研究的主要内容。课题研究的主要内容陈述的是课题研究的范畴，课题研究的着力点。对研究主要内容的表述应当紧扣研究目标，简明扼要，准确中肯。在陈述课题研究的主要内容时，有的将子课题表述成研究的内容，这也是一种简洁明了的表述办法。必须注意的是，课题研究的主要内容与课题研究成果同样有着密切的内在联系，课题研究的主要内容的研究结果必须在研究成果中予以体现。

（6）课题研究的方法。课题研究的方法，指的是该项课题在研究时所采用的教育科研方法。一项课题的研究，往往要采用多种科研方法。比如，采用实验法，同时也可能采用问卷法、调查法、统计法、分析法等。这部分的陈述，一般列出将采用的科研方法，稍加说明就可以了，花费的笔墨不必很多。

（7）课题研究的步骤。"课题研究的步骤"这部分的陈述比较简单。一般将课题研究分成准备、实施研究、总结三个阶段，也有的分成四个、五个阶段。然后，在每个阶段中简要陈述做了几项工作，一做什么，二做什么，三做什么……简明扼要，不必详细陈述。

（8）课题研究的主要过程。"课题研究的主要过程"这部分，需要花费较多的笔墨来陈述。要通过回顾、归纳、提炼，具体陈述课题研究的主要过程，具体陈述采取哪些措施、策略或基本的做法来开展研究。

"课题研究的主要过程"这部分也可以与"课题研究步骤"合在一起陈述，在每一个阶段中具体陈述所做的几项工作，所采取的研究策略或措施等。

撰写"课题研究的主要过程"这部分内容时，应注意不要用总结式的语调来撰写，不要将这部分写成经验总结或研究体会。

（9）课题研究成果。"课题研究成果"这个部分是整篇结题报告中最为重要的部分。一个结题报告写得好不好，是否能全面、准确地反映课题研究的基本情况，使课题研究成果具有推广价值和借鉴价值，就看这部分的具体内容写得如何。

（10）课题研究存在的主要问题及今后的设想。这个部分内容陈述要求比较简单。但要求所找的主要问题要准确、中肯。今后的设想，主要陈述准备如何开展后续研究，或者如何开展推广性研究等。

（三）结题报告的注意事项

（1）结题报告的关键词要紧扣题目。围绕科研课题题目，尤其是扣紧题目中的关键词语，是写好一篇结题报告的基本要求，也是填写好立项课题申报表，制定好课题研究方案，撰写好开题报告，组织好课题研究的基本要求。如果能切实做到紧扣题目，紧扣关键词语，在撰写时就不会出现大的偏差。例如：《民办教育质量监控管理体系的研究》关键词是"质量监控"，那么课题要重点解决的是民办教育质量监控的内容、监控的人员、监控的制度及监控效果的评价。

（2）结题报告的结构要完整。要按照10个部分（或8个部分）的基本结构要求来撰写结题报告，做到结构完整。有些结题报告存在结构性缺失，有的缺失一二项，有的缺失多项，有的自定结构，自设小标题，这些都是不符合规范要求的。结题报告的撰写格式不同于论文的撰写格式，要注意不要仿照论文格式来写，不要在结题报告的前头增设"内容提要""关键词""引文"等。结题报告也不同于经验总结，不要以经验总结的格式要求来撰写结题报告。

（3）结题报告的内容要统一。结题报告中问题的提出和解决问题的措施、方法以及课题研究的成果要相一致，不要出现措施与问题不相关，成果和问题不对应的现象。措施和方法是针对问题提出的，解决了课题研究的问题就是课题研究的最大成果。

（4）结题报告的成果要突出。"课题研究成果"这个部分内容的表述，要注意三个问题：

第一，不要只讲实践成果，不讲理论成果。一个结题报告的研究成果，应当包括理论成果和实践成果两个部分。不少的结题报告，是这样陈述研究成果的：我们通过研究，开设了几节公开课、观摩课，发表了多少篇论文，获得哪一级奖，在CN刊物和某些汇编上发表了几篇文章，有多少学生参加什么竞赛获得了哪些奖项。或者是，通过研究，学生的学习成绩和学习能力获得了哪些提高，教师的科研水平得到了哪些提高等。这些是不是研究成果？是成果。但仅是属于实践成果。一篇结题报告，单单这样陈述，是远远不够的。因为这样的陈述，别人无法从你们的研究成果中学习到什么，这样的研究成果没有什么借鉴推广价值。具有借鉴价值和推广价值的，往往体现在理论成果部分。有的同志认为，我们的课题研究没有什么理论成果。其实不然。我们所说的理论成果，就是我们通过研究得到的新观点、新认识，或者新的策略、新的教学模式等。这些新观点、新认识、新策略、新模式，又往往与我们在"研究目标"或"研究内容"中所确定了的要达到的成果密切联系。例如，有项研究阅读教学的课题所确定的研究目标是：要通过研究，"建构具有主体性、开放性、实效性、体验性、创造性的自主探究、激励成功的阅读教学新模式，研究探讨该模式应遵循的基本原则、基本操作程序和常用操作程序，以及操作该程序的有效展开和运作的基本教学策略"。那么，在"研究成果"中，具体陈述所建构的新模式是什么，以及基本原则、操作程序、基本教学策略等。这些就是研究的理论成果，这样的研究成果才有借鉴和参考的价值。

第二，研究成果的陈述不能过于简略。有些课题在研究过程中，撰写出多篇学术论文。这些学术论文，就是课题研究的部分主要成果。在结题报告"研究成果"部分，要将这些论文的主要观点提炼、归纳进去。有的结题报告是这样陈述所取得的成果的：研究成果详见什么论文。只是这样的陈述是不行的。如果一个课题分为几个子课题来研究，在结题报告的成果表述中，也要将这几个子课题研究的成果进行提炼、归纳。在提炼、归纳时，应注意不要只是简单地罗列这几个子课题的主要成果是什么，那个子课题的主要成果是什么，而应融会所有子课题的主要研究成果，归纳出几点。同时也应注意这些子课题的研究成果必须体现所确定的研究目标。

第三，有关课题的研究经验或研究体会不要在"研究成果"这个部分来陈述。一般说来，一个研究课题在通过结题验收以后，课题组还需要进行总结。这个总结，就要总结课题研究的经验，谈及研究的体会。而在结题报告中，就不要陈述这两个方面的内容。

另外，要注意结题报告的语言要规范。结题报告运用的语言应是陈述性的、报告性的，文字应当简洁流畅。在语言文字的表达中，一要注意不要使用经验总结式的语言；二要准确表达，切忌答非所问；三要简练，文字切忌累赘、重复。

总而言之，撰写结题报告，是课题实验的一个重要环节，编筐编篓重在收口。写出一份翔实、全面、生动、真实有力的结题报告，是为课题实验画上一个完美的句号，也为今后更好地工作提供可借鉴的依据。

（四）关于结题工作的建议

一是材料准备要"扎实"。结题所需要的文字资料，一定要准备扎实，这是结题工作开展的基础。文字资料是评审专家了解课题研究、评估课题成果的依据，是结题工作的第一要务。一般需要准备的科研结题报告材料有以下几项。

（1）撰写课题结题报告。这是结题材料的"重中之重"，前期已有专门讲解，不作赘述。

（2）填写《课题结题申请书》，按各级课题的要求填写相关文本，以简洁规范为原则，简述课题研究过程，突出课题研究成果。

（3）收集整理课题组成员已发表与课题研究相关的论文、专著等，整理成册，这是课题研究的重要成果，是获得学界认可的标志。

（4）其他产生社会效益的材料，如我们一线教师的课题多为实践研究或行动研究，那么老师参加教育教学比赛证明也可以作为课题研究成果的例证；或者有的老师做校园文化建设的相关研究，那么新闻媒体对本校校园文化的宣传报道、外单位的参观来访等都是课题研究产生社会效益的证明材料。

（5）课题研究的过程性资料，如课题的实施方案、开题报告、研究计划、中期汇报、调查调研报告等，以便评审专家可以通过文案了解研究过程。

（6）课题研究过程的辅助材料，如会议记录、参观访谈、集中研讨的图片、有代表性的学生作业等，这些虽不是研究的重点，但可以从侧面说明研究工作的严谨程度，亦可以作为专家评审的参考。例如，有老师做小学博物馆研学课程的开发，那么学生到各个博物馆的研学计划、研学经历、学习成果展示等都是课题研究的辅助材料。

文字材料的准备和整理是科研态度的重要体现，也是数年研究成果的集中展现。因此课题材料一定要扎实，并且要做到三点："齐全""规范""精美"。

齐全。上文所提到的文字材料，要在结题前准备齐全，不能缺东少西，不然结题时就容易手忙脚乱，给专家评委留下不好的印象。

规范。既要严格遵循学术研究的基本规范，又要遵循文案编排的基本原则。如文献引用要规范，字体字号要统一，标题段落要明了，图表要有编号，页码目录要一致等。因为结题时要提供的材料较多，建议对于零散的材料做好归类，装订成册。例如，《课题组成员研究成果汇编》《优秀学生作业汇编》《课题研究过程性资料汇编》等。

精美。精美是在齐全和规范的基础上提出的更高的要求，主要是指文字排版、印刷装订等，这些是对自己研究成果的尊重，也是对评审专家的一种尊重。当然，如果经费有限，只要在排版上做到清晰明了，简单的印制也可以让材料看起来很精美。

建议大家做课题时，有专门的人员做资料的收集和整理，便于结题时材料汇编。材料印制好后，可以请一个课题组外的老师简单过目，看是否能通过资料大致了解课题研究的经过和成果，以便补充和修正。

二是避免结题小"误区"。课题结题是研究的最后一个阶段，也是经常容易被忽视的。

（1）避免将"经过"作为"结果"。这就是前文教师提到的问题，觉得自己做了很多事，但是却不知如何结题。课题结题评审是专家基于对课题研究经过的了解，一起论证课题研究成果的科学性和有效性。所以，研究经过是路径，而研究结果是目的。

（2）避免将"实践"替代"思考"。实验研究、行动研究、课堂观察等是我们一线教师常用的研究方法，贴近实践，直面课堂，这是一线课题研究的优势；同时也在一定程度上限制课题研究的理论提升。因此，在课题研究过程中，特别是结题阶段，一定要依据研究的过程性材料，做好提升、提炼和总结。

（3）研究结论避免"大而全"。很多老师在课题结题时，因为担心无法结题，会回避问题，夸大成果。其实，任何研究都是具有局限性的，在课题结题时切忌以"大而全"的结论作为研究成果。结题报告和课题成果展示要实事求是，可以在结题报告或主持人陈述时，对于研究未澄清的问题或有待进一步论证的问题作简要说明，也便于评审专家做出更进一步的研究指导。

本文是 2014 年至 2020 年作者在揭阳市科研课题系列培训讲座整集

教法创新与学法指导
相结合的课堂基础探究

根据新一轮基础教育课程改革的思想与要求，审视现行的基础教育，特别是在课堂教学观念、教师的教学方法、学生学习的方式等方面还与改革的目标和要求存在着较大的差距。如果在这方面没有实质性的革新，课程的改革将难以实施。因此，变革课堂教学方法，建立灵活多样的符合课程改革的课堂教学模式，改变学生陈旧的、被动的学习方式，建立有利于学生自主、创新学习的课堂基础模式，是有效推动课程改革的核心环节。

教法的创新是指变革传统的、陈旧的、呆板的、单向灌输等阻碍学生自主学习和个性发展的教学方法。要求教师除要学习和领会现代教学理论、教学方法和教学原则外，更重要的是要下决心转变自己的教学观念，树立创新意识，坚持以学生为本的教学新理念，要敢于否定自己，不断汲取教学改革中所取得的经验和成果，以适应新的课堂教学要求。所谓学法的指导是指变革学生以往学习被动接受的局面，通过教师引导、师生交互与合作等方式，让学生掌握新的学习方法与技巧，主动积极、自主探究地学习，改变以往那种死记硬背和"饭来张口"的学习状况，最大限度地开发学生的潜能，发展其思维能力，提高学生的学习能力、活动能力和实践能力，以达到培养其创新情感和创新人格为目的。无论教法的改革还是学法的创新，课堂仍然是个主战场。因此，变革以往课堂的教与学模式，建立有利于教法与学法相互促进的新型课堂基础是十分必要的。

一、提倡评价多元化，使课堂有安全感，让学生乐于学习

著名心理学家马斯洛认为，人的一切行为都是由需要所引起，而需要又分是层次的，其中，最低层是生理需要，中间层是安全需要。学生在学校学习，尤其是在传统教育思想影响下，"师道尊严"的思想依然存在，在课堂上

对学生有意或无意的种种责难时有发生，学生在校时或课堂上普遍存在着惧怕心理，往往不敢直接发表自己的看法和见解。这不仅阻碍学生创新学习和创新思维的发展，也为课堂的教学改革带来严重的障碍。只有"安之者"才能做到"乐之者"。因此，教师必须改变以往"格式化"的、呆板的教学方式，运用多元评价，多给予学生心理上的支持和精神上的鼓舞，努力建立一个接纳的、支持性的、宽容的课堂气氛，创造一个安全的学习环境。给学生一个安全的活动空间，还学生一个安全的课堂，是教法改革与学法创新得以顺利实施的保证。安全的课堂应该是：①确保学生"无错"原则。教师应以多角度、多视野、多种方式来评价学生；②坚持民主性原则。要多和学生沟通、互动与协作，创设和谐、平等的课堂氛围；③尊重学生的人格的原则。不挖苦、不讽刺、不诋毁学生；④鼓励性原则。对学生提出问题或看法有的虽然幼稚，甚至是荒谬的，教师应给予宽容和鼓励，不应一棍子打死，压制学生乐于表达的热情。

化学学习过程中，学生对化学现象、化学变化等往往需要经过仔细观察、认真分析，才能做出判断，对化学知识、化学原理、化学规律，以及化学问题也往往需要经过推理、演绎和验证，才能得以领悟，思维的密度大、强度高，如果没有发言表达或提见解的强烈欲望，多数学生是不愿轻易说出来的。这种是有感而发，或是有疑而问的积极性，在理科课堂上并不是很多见的，教师的确应给予保护、引导、鼓励和支持。要让学生有个安全感，就得坚持学生"无错"的教学原则，即学生在回答问题时，教师要充分尊重学生，不要对学生回答的问题动辄就以"错""大错特错""这么简单的问题都回答不了"等言语来刺激学生，而是要从多方面、多角度找出学生积极的一面和正确的地方，加以鼓励和表扬，让学生有话敢于说，有思想就敢于表达，使学生学习的思维过程得以充分释放。"只有知道学生在想什么，思维的障碍是什么，我们才能找出对教学的对策，才能做到有的放矢，才能有效地提高课堂教学质量"。因此，课堂上对学生回答的问题不应过分追求答案的标准化。而是应当采用多元的评价，让学生觉得我们的课堂有安全感，才能使学生安于学习，激起学习的兴趣；才能使学生主动、积极地思考，创造性地参与教学过程；才能更好地传承知识，反思并变革自己的学习方式。如何建立一个安全的课堂，这里有美国著名心理学家加德纳的多元智力理论，为我们寻找学生的优点提供了广泛的理论基础。

二、造情感浓烈课堂，使学生有温馨感，让学生自主学习

教与学的过程是以人的整体心理活动为基础的认知活动和情意活动相统一的过程。认知因素和情感因素是同时发生、交互作用的。传统的教学方法往往忽视教与学中的情感问题，把生动的、复杂的课堂教学活动圉于固定的、狭窄的认识主义框框之中。在新的课程理念背景下，教师与学生的情意因素和教与学的交互过程被提高到一个新的层面来认识，它强调情感、态度、价值必须有机地渗透到课堂的教学内容中去，并有意识地贯穿于教与学的过程中，成为课堂教学的灵魂。因此，教学中必须把情感教育渗透到教学活动的各个环节以突破单纯地注重传授知识和发展智力的局限，把培养学生积极的学习情感放到至关重要的位置，用情感和爱心感染、打动学生，激活学生的思维状态，形成积极的认知干预，让学生伴着丰富而快乐的情感主动参与教学过程，使课堂充满生机和活力。为有效地将教法转变为学法，并能达到"授人以渔"的教学效果，在整个教学过程中应注意及时调整自己的教学方法，并努力激发、调和师生的情感，浓烈课堂氛围，增强学生的体悟感，使学生在融洽、和谐的氛围中激发学习兴趣，提高学习热情，领悟并学会学习的方法。这样的课堂基础必须体现：①由教师权威转变为相互尊重、相互信任，放下架子，走下讲台，与学生做朋友；②少些严厉和刻板，多些关怀与微笑，激发学生的情感意识，让学生由"要我学"转变为"我要学"；③由单纯的说教转变为多向情感交流，密切师生情谊，产生情感动力；④由一味批评学生转变为让学生品尝成功，共同分享喜悦和快乐；⑤由害怕学生在课堂上出差错转变为允许学生出错，增强学生的自信心，鼓励学生大胆发表意见。

情感的力量是无穷的。在我们的周围常有这样的现象，有些教师的课上得"不怎么样"，但其所教学科的测评成绩却名列前茅，学生对其教学的评价也不错。究其原因主要是这些教师大多能较好利用情感的因素，把情感因素视作教与学的"调味剂"，其课堂轻松而活泼，愉悦而温馨，师生亲和力强，从而形成一种积极的、有效的情意干预，使学生的非智力因素得到充分发挥，自然就会以最大的兴趣、最大的热情自主地投入该学科的学习中去。

三、建构互动的课堂，使学生有效参与，让学生合作学习

课堂教学是教师的教与学生的学的统一，教学过程是师生交往、积极互

动、共同发展的过程。因此，必须承认教师与学生都是教学过程的主体，都是具有独立人格的人，师生之间应该是一种平等、理解、双向的人与人的关系；强调师生间、学生间的交流与互动，并在相互沟通、相互影响和相互补充的过程中，真正实现教学相长。师生互动是现代教育改革的主要措施，是教师与学生确立合作关系和课堂教学得以生动活泼、优质高效和顺利进行的关键所在。改革课堂教学方法就必须改变教师唱"独角戏"的局面，就应建立师生密切合作的"学习共同体"。没有师生的合作，没有学生的有效参与，什么样的教法创新都只能是流于形式，无法得到落实。这种合作、参与既是教学的手段，也是教学的目的，通过合作参与，能使学生养成善于接纳、理解的良好品质，又能充分发挥学生的主体性。因此，在课堂教学中，不能只有教师的活动，而更应强调学生积极、有效地参与，要让学生有充分动脑、动口、动手的时间和空间，使课堂成为既有个性又能体现合作学习的场所。要实施好教法与学法的顺利转化，学生在课堂上就必须有主体感，其课堂的基础应该是：①变"一言堂"为"群言堂"，要以学生的差异作为发展的起点，让学生有效地参与，积极地表现，在讨论中使学生真正地掌握学习的方法并得以自主地发展和提升；②变单一的教师的"问"为学生"质疑"，克服死背硬记的弊端，提倡以灵活多样的教学方法鼓励学生大胆质疑；③变知识的"灌输"为知识获取过程的情感"体验"，激励学生勤思、善问，勇于尝试、探索，努力建立新旧知识的联系，学会发散与联想，概括与归纳，并让其亲身感悟知识的形成过程。这是学会学习的根本保证；④变为自己的教学好教而设计为学生的学习好学而设计，变传统的知识传授为现代学生发展的促进者、引航者，使师生共同学习与进步。

因此，教师不应主宰课堂的全部，应明确自己的"教"是为学生的"学"服务的思想，课堂上应留出时间，让学生有效地参与整个教学活动，在讨论、交流与合作中学习，这样的学习可以超越学生自己的认识，更加全面深刻地理解事物，看到那些与自己不同的理解，检验与自己相左的观念，并在不断反思的过程中学到新东西，这样才能真正做到各种资源的共享；同时，应提供机会让学生说，如说课程的内容，说学习的思路与方法，说碰到的困难、心得和感悟等，只有这样，师生才能在互动中沟通，在沟通中合作，在合作中发展。

四、树开放多变课堂，使学生有灵活感，让学生创新学习

课堂教学是在教师的预设前提下进行的，有相对的封闭性和一定的程序

性。传统的教学过分强调教案的设计，过分强调课堂教学的程序性，而对"学案"的设计往往考虑得少，教学的单向性，使得课堂教学变得机械、沉闷，缺乏生气和乐趣，缺乏对智慧的挑战和好奇心的刺激，使师生的生命力在课堂上得不到充分的发挥，学生思维的灵活性和学习的主动性受到严重的压制，创造性的学习思维也就难以发挥，更谈不上让学生创新学习了。因此，课堂上教师应把学生的个人知识、直接经验和生活世界看成重要的教学资源，在教学中要鼓励学生大胆质疑、勇于创新，要尊重学生已有的认知和独立的见解，营造开放的、多姿多彩的课堂。要让学生创新地学习就必须确立学生的主体地位，充分发挥学生在学习上的主观能动性，让学生带着自己的已有知识、经验、思考、灵感、兴致参与课堂教学活动，并在活动过程中通过问题的解决，亲身体验、感悟、内化，使其学习方式、方法得以优化。如在教学"卤族元素及其化合物"的内容时，笔者向学生提出这样的开放性问题：元素化学的知识繁多、零碎、复杂，难以记忆，但都有其知识根源、知识主线、知识联系等内在的规律性存在。请你用对称、和谐的网络图或恰当的比喻和联想，把知识进行串联、归纳，使之变得易学、易记又易懂。问题提出使学生学习的热情高涨了，之后，各种各样的、别出心裁的归纳表格、网络图相继出现了，其中竟然有一棵"知识之树"。笔者觉得新奇，请他释其意，这位学生便欣然地说起来："树根"代表卤族元素的本质，左边"根"代表该族元素的相似性，如最外层均有 7 个电子，都显 -1 价等；右边的"根"表示该族元素的递变性，如原子半径、非金属性、氢化物的稳定性等；"根"的中间表示该族的特殊性，如氟化物、碘的单质、液溴的存放等。"树干"则表示卤族的五种元素氟、氯、溴、碘、砹。"树枝""树叶""开花""结果"分别表示知识的"联系"、知识的"应用"、知识"难点""重点""考点"和"热点"等。俨然是一棵生命之树，令人觉得生机勃勃，生意盎然，活现知识学习的生命化。

　　虽然，学生的各种能力不同，但开放多样的课堂却能让他们通过相互讨论与交流，达到取长补短之效。因此，为使课堂学习具有多样性、灵活性，化学课堂教学必须打破教学内容、教学方式的封闭，不但要重教材，更要关注社会、生活、生产、环境和新科技，以及关注学生的已有的资源；灵活调整教学进度，把课堂教学的重点转移到学生的学上来；让学生在充满灵感的氛围中标新立异，独辟蹊径。

五、创问题情境课堂，使学生有求知欲，让学生发现学习

教师教法的改革的重点应从问题开始，学生学法的形成也应从问题着眼。没有问题的课堂，教与学也就失去了意义。问题能让学生心理产生茫然，认知产生冲突，是促使学生积极思考的催化剂。在解决问题中学习知识，易于遇到新的情况，产生新的问题，这就要求学生应及时调整学习的策略，寻找并发现新的学习途径，逐渐形成新的学习方法；因此，问题既是激发学生积极思维的支点，也是学生发现学习的起点；既是教师了解学生学习过程及思维障碍而确立教学方法的重要途径，也是教法的创新与学法指导相融洽的课堂基础。我们反对问题的单向性，倡导课堂问题的多向性与交互性。通过问题情境的创设，培养学生的问题意识，让课堂充满问题，以改变传统课堂中学生静坐聆听、专心笔记、学而无惑、不会质疑的状况，这是课堂改革的关键。教学中问题的选择应适度，太简单、太容易的问题无法激荡学生的大脑而引发他们去思考，太复杂、高难度的问题又难以激起学生思维的积极性，只有符合学生的最近发展区的问题，才能有效地激发学生的求知欲。教师可把教学的内容创设成问题情境，用问题组成知识与能力主线，让学生自主探究，发现学习，真正体验知识和能力的形成过程。比如，"原电池"的教学，可向学生提出这样的问题情境：在氧化还原反应中有电子的转移或得失，如锌和稀硫酸反应：$Zn + 2H^+ = Zn^{2+} + H_2\uparrow$；锌原子失去的电子直接被氢离子得到，电子并没有经历一个定向移动的过程，因此，没有电流的产生，那么，你能否设计一个装置使锌失去的电子流经导线之后，再传递给氢离子呢（定向移动产生电流）？倘若你能成功设计出来，那将是一件很有意义的事情（化学反应→产生电流）。然后向学生提供信息、引导学生收集资料，设计实验，通过实际操作实验，观察实验现象，发现问题，分析和解决问题，并在此基础上引导学生归纳出原电池形成的条件及化学原理。

在问题的分析和解决的过程中，教师可运用多种教学方法启迪学生思维，激励学生积极思考，问题要有阶梯性，分析时应层层递进，才能使学生的思维处于亢奋状态，同时还应不失时机地引导他们去发现问题和探索问题，培养他们解决问题的方法与途径，并学会透过现象看本质的科学思维方法。在引导学生的过程中，可用多种课堂教学模式，如讨论导思、递进导思、想象导思等，引发学生思维的碰撞，使课堂教学进入高潮状态，让学生真切体验到自己是问题解决中的主体，真切感受到自己在问题解决过程中思维方式和

学习方法的革新。

六、给动手实践课堂，使学生有创造感，让学生探究学习

实践是化学学科的奠基石，是学生学好化学的基础。创造机会让学生在原有经验的基础上参与实践，是课堂教学改革赋予我们每位教师的职责。实践是获取知识、发展知识的重要源泉，在实践活动中应用知识、积累经验，丰富感性认识，使原有的经验和方法也得以提升。陶行知说："行动生困难；困难生疑问；疑问生假设；假设生试验；试验生断语；断语生行动；如此演进于无穷。"苏联教育学家霍姆林斯基说：学习与劳动的结合，就在于边劳动边思考和边思考边劳动，这样便把学习者变成聪明的思考者，他们在探究和发现真理，而不是单纯地"消费"现成的知识。通过学生自己动手实践所获得的经验和方法，对学生的现在和将来的发展都是十分重要的。

化学是一门以实验为基础的科学，与社会、生活、生产、科技、环境等密切相关，实践性强，素材多，教师应创造机会尽可能让学生动手实践。以课本知识作为研究课题，将课本知识由灌输式改为探究式，让学生模仿科学家通过"科学研究"来获取课本知识，是培养学生探究学习的有效途径。例如在"苯的分子结构"的教学中，教师可以先让学生根据苯的分子组成为C_6H_6猜想推测其结构，学生可得多种结构，如烯炔式：$CH \equiv C - CH = CH - CH = CH_2$，还有环烯式、环炔式、三棱柱式等。接着让学生做一做往苯中加入酸性 $KMnO_4$ 溶液的实验，发现 $KMnO_4$ 溶液不褪色，由此证明苯分子中不含不饱和键；教师再告诉学生苯的邻二氯代物只有一种，在一定条件下可与氢发生加成反应，引导学生进行大胆探究，最后得出苯的分子结构。像上述这样对课本知识进行"活化"处理之后，课本知识不再单纯是一些现成的结论，而是成了培养学生探究学习的一种载体。教材中的演示实验、问题讨论，还有现实生活中的化学问题，都可以设计为探究性实验，让学生动手操作，探究学习。事实证明，这类专题研究不仅可以调动学生学习化学的积极性，提高灵活运用知识的能力和实验操作能力，还有利于发展学生的分析问题、解决问题的能力，培养他们严谨的科学态度、求精务实的工作作风。

课堂是基础教育的核心，是教学的主阵地。教师教法的改革与学生学法的创新，都必须依赖于课堂，如何提高课堂的教学效益，使教的得法、学的有法，我们课题组经过多方面的改革和尝试，实验教师的课堂教学观念虽然有了更新，学生的学习方式也有了转变，课堂教学质量也在逐步提高，但我

们仍然存在着许多困难，仍然有许多亟待解决的问题，我们还需要不断"充电"，还需要不断探索和实践。我们相信，一个有效地促进教法创新与学法指导相结合的新型课堂教学模式将会日臻完善。

参考文献

［1］李建平．聚焦新课程［M］．北京：首都师范大学出版社，2002.

［2］马宏佳．化学教学论［M］．南京：南京师范大学出版社，2000.

本文发表于《创新学习研究与实验》（科学技术文献出版社，2004 年 9 月）

浅析化学课堂教学中创新思维的评价

一、关于化学课堂教学创新思维的概念及内涵的评价

化学课堂教学创新思维的内涵是什么，这是从事化学教育的工作者必须探讨的问题。近几年来，在这方面的研究有了明显的突破，本文认为主要包括以下几个方面。

1. 从化学课堂中化学教学的性质来看

化学教学的本质是化学思维活动的教学。有人引入"化学活动"一词来概括化学教学，认为化学课堂教学是一次化学活动，化学活动是化学的灵魂，是创新型化学课堂教学的关键所在。化学活动不仅仅是指解题，更不仅是指常规问题的巩固练习。其外延是非常广泛的。化学实验、观察现象、提出问题、理解对象、构造模型、解决问题、回顾反思、开展探究，以及做家庭实验等都是化学活动。化学活动是一种广泛的、立体的、动态的智力活动，化学活动的方式不仅有归纳、猜测、验证，也包括交流、修正；化学活动的类型不仅包括外在的动手操作活动，也包括内在的心智操作活动。

2. 从化学课堂教学的目标来分析

关于化学课堂教学的目标问题，近年来基本上形成统一的认识。创新型化学课堂教学要达到的目标包括两个方面。一方面，从教师角度来讲，教师应该以开发学生潜在智力、培养学生创造能力、激发学生思维活力为价值取向，在课堂教学中应重视对学生好奇心、探索精神的培养，强调知识的活性，追求学生化学认知、化学思维、化学能力，以及化学情感四者的和谐发展。"问题"是化学的心脏，"问题解决"的能力是化学能力的集中体现。教学中应强化"问题意识"，充分对学生展现问题加工处理的过程和解决方案的制定过程，这样既磨炼了学生的意志品质，又培养了学生解决问题的能力。即创新型化学课堂教学应引导学生以通过化学问题解决的学习方式构建化学知识，

发展高层次的化学思维水平，激发学生创新意识，提高创新能力和激化创新精神。教学中应紧紧围绕教学内容与教学过程进行开放性设计，努力为学生创设问题情境，引导学生主动地提出问题与积极地分析问题，启发、引导学生学会化学反思。另一方面，从学生角度来讲，学生不应被动地接受老师的讲课，应从已有的知识结构出发，在老师的引导下，实现知识的创造性迁移和转化。正是从这一认识出发，我平时讲课时特别注意挖掘教材中具有某种创新价值的问题，引导学生创新思维的发展。

3. 从化学课堂教学中师生的地位和角色来分析

在化学课堂中，师生扮演什么样的角色是非常重要的理论课题。近几年，在提倡素质教育和创新教育的大潮下，师生的地位和角色重新定位。实际上，在创新型化学课堂教学活动中，师生双方扮演着不同的角色，各自从事着具有相互联系、相互制约的创新型化学活动。创造型化学课堂教学活动主张学生是"主体"，教师是"主导"。教师的活动起主导作用，是指教师不能把学生当成单纯的客体来认识，要善于从学生自身的化学结构出发，引导、影响，甚至"改造"他们；化学教师对创新型化学课堂教学的主导作用主要体现在他必须淡化教师的"自我权威中心"意识，实现由"师道尊严"向"师生民主、平等"转变，善于倾听不同的言论，鼓励、培养学生的好奇心、探索性，在教与学中提倡师生相互合作，老师引导、学生思索；使学生成为学习的主体，积极主动地参与化学学习活动的全过程，变被动学为主动学，变厌学为乐学，变模仿学为创新学，也即是他必须激发学生的主体性，培养他们的创新精神和创造能力。学生是化学活动中的"主体"，教学过程中学生的主体地位是指学生应是教学活动的中心，他们必须通过自主活动来认识化学对象，掌握化学知识，领悟化学思想，使自己的身心获得发展。因此，创新性化学课堂对新时期的化学教师提出了更高的要求，化学教师必须从传统的授课模式下跳出来，首先实现自我创新，不仅在教学理论方面，也在教学模式方面。化学教师是创新型化学教学过程的认识者、组织者，他们对化学教学过程所涉及的各种因素（例如，教什么？怎么教？教给谁？）进行认识，这是一个科学探索的过程，是体现化学教师创造性的过程。因此，在创新型化学教学中，化学教师"不只是为学生成长所做的付出，不只是别人交付任务的完成，它同时也是自己生命价值和自身发展的体现"。

二、关于化学课堂创新思维的理论依据和来源问题的评价

化学课堂创新思维的理论来源，主要有两个方面，一是借鉴国外著名的

化学家的理论和经验；二是对国内广大化学理论工作者和一线化学教师的经验的总结。本文就关于国外的理论，归纳起来主要有以下几个方面。

1. 乔治·波利亚（G. Polya）的"启发法"思想和"主动学习"原则

波利亚长期奉行的教育宗旨是"教青年人学会思考"。对化学概念、命题、原理的学习，应让学生亲历知识发现过程，"重蹈人类思维发展中那些关键性步子"。这就要求教师在传授知识的同时，应把培养能力、启发思维置于更加突出的地位。波利亚认为，学习任何东西的最好途径是自己去发现。为了有效地学习，学生应当在给定的条件下，尽量多地自己去发现要学习的材料。乔治·波利亚的思想对我国化学教育的影响是非常深远的，它要求更新教育观念，使学生由"学会"向"会学"转变，并革新化学课程体系，展现化学思维过程倡导探索性思维，使学生形成良好认知风格，同时对教师队伍提出更高的要求，提高化学教师素质，最终实现教师学生教与学的创新。

2. 皮亚杰（J. Piaget）的"建构主义"理论

建构主义认为化学学习活动有"同化"，也有"顺应"，但主要是"顺应"的过程。因此，化学学习不应被看成是学生对于教师所授予的知识的被动接受，而是一个以学生已有的化学知识和经验为基础的、社会的建构过程。所以，化学教师主要的工作就是从学生的实际出发，通过适当的问题或实例促进学生的反思，包括引起必要的概念冲突，从而通过学生的主动建构建立起新的认知结构。因此化学学习并非一个被动的接受过程，而是一个主动的建构过程，或者说化学学习并非一个对教师所授予知识的被动的接受过程，而是一个以学习者已有知识和经验为基础的主动的建构过程。建构主义者认为，教师是建构活动的设计者、组织者和促进者，教师应通过创设良好的学习环境，充分发挥学生的主观能动性和创造性，引导学生积极探索、主动发现，从而达到对所学知识进行意义建构的目的。

3. 弗赖登塔尔的"再创造教学"理论

荷兰著名数学家弗赖登塔尔所提倡的"再创造"的化学教育思想，首先肯定化学是一种创造性的活动，同时又明确指出并非是机械地重复历史，而是学生在老师引导下的一种主动的"建构过程"。除此之外，弗赖登塔尔的教育思想还有"化学的反思""化学的严谨性"，化学教学的"思想实验法"等等。他的思想对我国化学教育的影响很大，中学新教材以学生的"化学活动"为主线，注重情境的创设，密切注意数学与现实生活的联系，重新整合知识内容，体现化学学习之间，以及与社会生活的联系，注重引导学生动手实践、自主探索和合作交流、鼓励解决问题策略的多样化等。

4. 布鲁姆的"掌握学习"策略

美国著名教育家和心理学家布鲁姆的"掌握学习"策略认为，在适当的条件下，95%的学生能够高水平地掌握所学的内容。例如，正态曲线并不是什么神圣的东西，它不过是最适用于偶然与随机活动的分布而已。教育是一种有目的的活动，我们力图使学生学会我们必须教授的事物。如果我们的教学是有成效的话，成绩的分布应当与正态曲线很不相同。事实上我们甚至可以断言：成绩的分布接近正态分布时，说明我们的教育努力是不成功的。许多学生之所以未能取得最优良的成绩，问题不在于学生的智力方面，而在于他们没有得到适合各自特点所需的教学帮助和学习时间。化学教育的一个重要任务就是要寻求使学生掌握化学学习的手段，即寻求一种有效的教学方法，给学生以帮助，使其树立信心，明确学习目标，掌握学习方法，增强学习兴趣，从而使每个学生都能得到最充分的发展。

三、关于化学课堂创新思维教学模式的评价

十多年来，一线化学老师在化学课堂中运用创新思维的理论，培养学生的创新思维，可以说取得了丰硕的成果。但是在具体的操作中，运用什么样的方法才能达到最好的效果，因人而异。本文考察在贯彻创新思维教学目标的过程中，主要有以下两大类模式。

第一类，"层""步"双向结合模式。"层"不仅指学生由于能力和知识结构的不同，在学习过程中体现出不同程度的层次性，而且指老师在教学内容和过程在设计过程中，应体现出循序渐进的层次性。"步"是指整个教学过程的流程设计，体现出明显的步骤性。"层""步"双向结合法是当前最具有合理性的化学课堂模式，主要有两种表现形式。

首先，"主体分层探索创新"的教学模式。"主体分层探索创新"教育教学理论起源于山东省济阳县的"五步一体"教育实验，并在实验的过程中陆续吸收其他教育教学理论和教育教学研究成果，尤其是罗杰斯的"以学生为中心"理论、"非指导性教学"理论，波利亚的"问题解决"教学理论，"全息教学"理论和近年来风靡我国教育教学界的创新教育理论而逐步完善的一套崭新的教育教学理论体系，它融教学思想、教学原则、教学方法、教学模式、教学管理、教学评价、能力培养、课程设置和教材构建于一体。这里的"主体"是指在教学过程中要充分体现并强化学生的主体地位。教师要始终把

学生的学放在教学的中心位置，学生要充分意识到并自觉地发挥自己的主体作用。这里的"分层"是指在教学过程中要充分考虑到学生的智力差异、思维差异和学习差异，对学生进行分别要求，分层指导。在教学时，通过学习小组，既可以教师教学生，又可以学生教学生，在师生的共同努力下，最终达到分层递进、全面提高的教学效果。"主体分层探索创新"教育教学理论体系的上述思想内涵充分体现在其课堂教学模式中。就中学化学教学而言，其课堂教学模式结构大致如下：

第一步，分层生疑。这是课堂教学的第一个环节，它包括两个部分：①阅读课本；②提出问题。

第二步，合作质疑。本环节分为三部分：①小组讨论；②小组归纳；③精练概括。

第三步，点拨激思。本环节一般分为三步进行：①交代背景；②分析课文；③重读反思。

第四步，探索解疑。本环节分两步进行：①深化讨论；②学习小结。

第五步，分层递进。本环节分四步进行：①验收反馈；②小组批改；③主体重组；④布置作业。

第六步，反思创新。本环节由以下三部分构成：①完成作业；②互批互改；③反思创新。

上述六个环节，环环紧扣，构成了"主体分层探索创新"教育教学理论的课堂教学模式。

其次，主张教师既应当激励和尊重学生的自主思考、学习，又应根据学生的不同层次给予有针对性的指导，并把这种指导与化学活动本身的不同层次特性结合起来的分层模式。

例如，就常规问题的解决而言至少应看到如下四个层次：

（1）评价原有的解题方法，提出更合理简洁的解题方法。

（2）通过类比或推广的手段，将熟悉的性质、规律等拓展到新的领域。

（3）找出已知与未知的联系，重新组织已有的规则，形成新（更高级）的规则。

（4）在新的情景中，发挥求异思维和发散思维，发现新的结论。

就化学知识的应用而言，应看到如下四个层次：

（1）化学知识和方法的直接应用。

（2）运用熟悉的化学模型对应用问题作定量的分析。

（3）根据实际问题所提供的信息，建立较简单的化学模型，并解决实际问题。

（4）对具有较复杂背景的实际问题所提供的信息进行分析和加工，建立较复杂的化学模型，从而使问题得到解决。

对思维方式、思维水平层次比较高的学生，应引导他们尝试探究非常规问题的解决，但这也不是"一刀切"式的引导，相反应当看到非常规问题的探究本身包含多个层次：

（1）根据所提供的信息，寻找问题的规律、图形的位置关系或数量关系。

（2）给出条件，探究相应的结论（包括结论不确定的开放性问题，探索一个或几个正确的结论），或给出结论，探究结论成立的条件。

（3）探索结论是否成立或符合条件的数学对象是否存在。

第二类，"分步双向互动"模式。这种模式强调课堂的师生互动，发挥学生的自主创新精神，也是较合理的模式，以王文清"自主学习与创新意识培养"化学课堂教学模式为代表。其设计的教学流程如下：

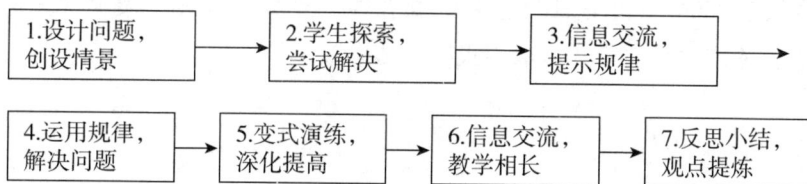

```
┌──────────┐    ┌──────────┐    ┌──────────┐
│1.设计问题，│───▶│2.学生探索，│───▶│3.信息交流，│───▶
│创设情景  │    │尝试解决  │    │提示规律  │
└──────────┘    └──────────┘    └──────────┘

┌──────────┐    ┌──────────┐    ┌──────────┐    ┌──────────┐
│4.运用规律，│───▶│5.变式演练，│───▶│6.信息交流，│───▶│7.反思小结，│
│解决问题  │    │深化提高  │    │教学相长  │    │观点提炼  │
└──────────┘    └──────────┘    └──────────┘    └──────────┘
```

教学流程

由专家提出课堂创新必须遵守的原则：①主体性原则，学生是主体；②换位思考原则，教师应与学生同步，应站在学生的角度去授课。③留出"空白"原则，老师不能一味追求讲深、讲透、讲细、讲全，把学生的思路完全束缚在教师设置的框框里，不留一点空白。④开放性原则，一方面是指课堂教学形式上的开放性，变"一言堂"为"群言堂"；另一方面是指课堂教学中设计的问题要具有开放性。⑤反思原则。⑥应用性原则。

四、化学课堂创新思维教学中存在的问题

以上我们可以看到在化学课堂教学创新中，在理论和实践各方面都取得可喜的成果，但是同时也存在一些问题。

（1）当前中学化学教学费时多，学生负担过重，质量普遍不高，中学化学课堂教学"重结论，轻过程"，学生只见树木，不见森林，导致学生懒于思

考，疏于创造。

（2）教学要以教师为主导、学生为主体，但在实际中却有相当多的教师很难从传统的教学模式下转变过来，几乎整节课都是自己讲、学生听，"满堂灌"的现象还是非常普遍。老师习惯把学生当成"观众"而不是"演员"，老师既是裁判员又是运动员，学生在课堂上动脑、动口、动手的学习活动还是较少。

（3）在班级教学的组织体系中，群体教学与个别指导历来是一个较难处理的关系，由于课堂的进度教学与学生的学习程度存在着较大的矛盾，累积的结果是学生之间的程度差越来越大，越来越多的学生跟不上教学进度的要求，而教师的因材施教则越来越难实施，层次教学实现在很大程度上还须进一步设计。

总之，目前关于化学课堂教学的创新思维的评价还没有一个完善的体系，本文的讨论还存在很多的不足之处，希望各位同人批评指正。

本文于 2004 年获全国教育科学教育部"十五"规划课题成果一等奖，2006 年广东省中学化学优秀教学成果评选中获一等奖

学生思维方式与化学课堂教学的研究

　　思维方式是指在表象、概念的基础上进行分析、综合、判断、推理等认识活动的过程中所具有的气度。中学生化学学习思维风格就是指他们在学习化学过程中所形成的思维品质在表象上表现的一种学风。我们通过近两年来的中考试卷分析得知，现在的中学生化学思维风格存在以下几方面的缺陷：①基础知识不扎实，对概念似懂非懂；②化学用语不规范（化学式与名称混淆；该掌握的方程式未能掌握或书写不规范）；③文字表达能力差（简答题文字不准确、不精练）；④发散思维能力差（思维狭隘、大部分学生对能举出多个例子的只能举出 1~2 个）；⑤化学实验技能差（对必须掌握的基本操作不会）；⑥获取信息和处理信息能力差（近两年中考考生普遍认为化学难在图表题）。这些缺陷中尤其突出的当然也是最重要的是思维发散性品质差，它导致了学生创新能力不能很好地发挥，创造性思维品质不能良好地形成。那么，造成这种不良思维方式的主要因素是什么呢？又该如何去帮助中学生形成良好的思维风格呢？

一、不良思维方式形成的主要因素

1. 实验教学问题

　　我县曾经做过关于农村中学化学素质教育的调查，发现在我县有 43% 的学生从来未进过实验室，老师对演示实验基本上不做，还有 20% 的高三学生不会写实验报告。大家都知道，实验教学是化学教学最基本的特征，离开了实验去学和教这对学生思维品质的形成无疑是一个缺陷。究其原因主要是重视教育、升学压力，忽视了对学生实践与应用动手能力的培养。

2. 教学方法问题

　　调查发现：①我们目前的化学教学仍然重讲授忽视学生活动，这样就压抑了学生主观能动性的发挥，对良好思维品质的形成是最大的障碍。②没有重视发散思维能力的培养。大家知道发散思维是创造性思维的核心，具有流畅性、变通性和独特性的特点。它通常是指沿着各种不同的方面去思考，重组现有的和记忆中的信息，产生新信息的过程。在中学化学教学中，开拓学生积极的求异思维、敏锐的洞察力、活跃的灵感，注重培养学生的发散思维能力，对造就创造型人才至关重要。由于缺乏这方面的培养，致使我们的学生化学思维处于一种不良的状态。

3. 联系实际教学不够

化学与生活实际密切相关，它渗透到生活的每一个领域，它为农业、工业、能源、医药等部门的发展做出了巨大的贡献。化学贴近生活，化学是人类进步的关键，这是化学的价值之所在。在教学中不能联系实际生活，使理论与实践相脱离，只能学习化学一些僵死的知识，致使学生学习化学思维风格不能很好地形成。

以上三点是造成不良的化学思维风格的主要因素，其次还有学生本身的智力、非智力因素，以及学校条件等方面，也影响学生良好思维风格的形成。

二、如何帮助中学生形成良好的思维方式

所谓良好的思维风格不外乎包括集中思维、发散思维和创造思维，尤其是创造思维，它是高级的思维过程，它是集中思维和发散思维的有机结合。

1. 正确引导，培养意识

结合化学史，打造神秘感。结合化学史教学，激发学生的学习动机和好奇心，培养学生的求知欲，调动学生学习的积极性和主动性，是帮助学生形成与发展创造思维能力的重要条件。化学的历史，实际上是一部化学方法和化学智慧的历史。如学习燃烧的概念时，我们结合人们对燃烧实质探索的历史，从舍勒和普里斯里的"燃素"学说，拉瓦锡的"物质与氧气燃烧"到现在的广义燃烧定义的发展，使学生认识到科学的概念，也会随着实践的发展而得到补充或修正，就是今天公认的概念，也可能被进一步完善和发展。在讲纯碱碳酸钠时，先讲一下比利时人索尔维制碱法，然后再讲一下我国著名化工专家侯德榜先生冲破索尔维法的技术封锁，并加以改进，发明了举世闻名的侯氏制碱法，使盐的利用率高达98%以上，把纯碱工业推向一个崭新的发展阶段。这样学生就会主动地、大胆地进行创造思维，甚至会使学生立志终身为之探索。

2. 创造思维是发散思维和集中思维的综合

创造思维是扩散思维和集中思维的综合，先扩散，后集中，产生最佳的思维效果。

目前常见的教学方法较多地注意集中思维的训练，在引导概念或通过演示实验、设问等手段后，启发学生得出结论，没有注意到组织学生从尽可能多的角度和可能性来分析、判断、引申、推导，达到对问题准确地发现和深入理解。积极引导他们把发散产生的东西进行比较，比较这些多解、多问、多变、多条，这样既可使学生对学过的东西进行复习整理，又可发展他们的创造思维能力，使之灵活善思，提高他们学习化学的能力。

例：根据所给的一对物质 $S - SO_2$ 的关系，从以下五对物质中选出一对，使这对物质的关系符合给定的关系（　　　）。

A. $P - PO_2$　　　　B. $C - CO_2$　　　　C. $H_2 - H_2O$

D. $N_2 - N_2O$　　　　E. $C - CO$

分析：（1）S 是单质，SO_2 是 S 的氧化物，那么五个答案都对。

（2）S 是非金属固体，SO_2 是 S 的氧化物，那么 A、B、E 答案都对。

（3）如从物质的状态分析则答案是 B、E。

（4）如从 S 是非金属固体，SO_2 是低价氧化物具有还原性，那么答案就是 E。

三、创造思维是直觉思维和逻辑思维的结合

创造思维就其方法来说，是直觉思维和逻辑思维两者紧密结合的思维，先直觉、后逻辑，从而产生最佳思维。在课堂教学中，根据学生的知识水平，接触问题时，允许学生凭已有的知识水平迅速、敏捷地进行判断，产生设想或结论，然后按问题的要求顺序分析、推论，确定凭直觉出现的设想是否正确。

1. 指导学法，培养习惯

在化学教学中，教给学生知识的同时，也要教给学生思维方法。要指导学生改进学习方法，提高学习能力，养成良好的学习习惯，创造性地学习。

2. 培养创造记忆

记忆是创造的基础和前提。一种新的发现或发明，总是以前人的成果和自己以往的研究为前提的。有良好的记忆效果才有较高的工作效率。在教学中我们应注意理解记忆的培养。如酸通性是因为酸电离时生成的阳离子全部

是 H^+ 而具有的，碱的通性是因碱电离时生成的阴离子全部是 OH^- 而具有的。引导学生从电离和结构的角度去分析理解，克服了死记硬背现象。这样学生就比较容易理解 $NaHSO_4$ 不是酸而是盐，虽然其溶于水显酸性，电离出来的阳离子有 H^+，但由于阳离子不全部是 H^+，所以是盐。从科学性和实践性方面看，理解记忆是一种优化的记忆方法，在教学中应特别注意理解记忆的培养。

3. 改进学法，形成创造思维习惯

从初三学生开始学习化学时，就要指导他们根据化学学科的特点和教学内容改进学习方法，着眼点放在使学生能创造性进行学习。如在教学生观察实验的同时，教会他们对现象、事实进行分析、综合，抽象、概括并得出结论的学习方法。尽可能地把客观现象、事实与原子、分子、离子等微观粒子的组成、变化联系起来，改变那种只记现象、事实与结论，而不学习和掌握得出结论的方法。在教学中还可以通过各种具体物质的性质得出同一周期、同一主族的相似性和差异性，根据通性推断某些具体物质的性质。这种归纳、推理和演绎是科学研究中常用的基本方法，也是基本的学习方法，要鼓励学生在学习方法上创新。

4. 改进教法，利于培养创造思维

一些心理学家在研究创造思维的培养问题时指出，学生的学习动机和求知欲，学习的积极性、主动性不会自然涌现，它取决于教师所创造的教学情境。自古以来，教师所创造的教学环境，不外乎两种：注入式和启发式。前者是使学生所进行的学习完全依赖于教师的讲解，被动学习，根本谈不到创造思维的启发；后者是创设问题的情境，调动学生思维活动的积极性和自觉性，使学生的学习过程成为一个积极主动的探索新事物的过程，所以教师的方法应该与培养学生的能力相一致，对传统的教学方法进行改革。现行的好的教学方法有程序教学法、假设实验作业法、问题教学法、局部探索法和引导发现法，读读、议议、讲讲、练练教学法、单元结构教学法、研究型教学法等。教学有法，但无定法，贵在优选。我们在教学方法的改进时，不能只顾培养学生的能力，还必须与教学内容、学生实际情况、学校教学设备，以及与教育者自身业务水平、教学风格相适应。所以教师应根据实际情况对教学方法实行优化组合、灵活运用，以适应学生能力的培养。

四、开展实践，培养创造思维方法

现代教学形式，从偏重课堂教学已转化为以课堂教学为主、课外活动为

辅的课堂教学与课外活动相结合的形式。

1. 结合教学，创设创造时机

创造思维是开发创造性智力的核心，在教学中要重视"软""硬"思维的协调作用，发展学生的创造思维能力，注意引导学生进行独特的思维活动。例如：中学化学教材中酯的定义是酸跟醇起反应生成的一类化合物叫酯。例如：氢卤酸在一定条件下与醇反应：$C_2H_5OH + HX \longrightarrow C_2H_5X + H_2O$ 生成的是卤代烃，而不是酯，我们可以引导学生对酯的定义做这样的理解：有机酸或无机含氧酸跟醇起反应，生成的一类化合物叫作酯。

2. 开放实验，提供创造条件

化学是一门以实验为基础的科学，首先应该有计划地完成教学内容所需做的化学实验，同时开放实验室，有组织地让学生自己设计实验，亲自动手操作。实验成功了，要求总结成功之点；失败了，让他们自己寻找失败的原因，直到成功为止。并指导学生进行一些小论文写作和模型制作，可以培养学生对知识原理的分析能力、动手操作和独创能力。在化学教学中，教师对有关知识的设疑应联系社会，广泛联系实际，注重问题的现实性，这不仅会引起学生学习动机，提高学习化学的兴趣，增加求知欲，而且这些知识和技能在工农业生产、科学技术和日常生活中的应用，也有利于培养学生创造思维的发展。在学习硫酸的工业制法时，参观了当地硫酸工厂，使学生对生产实际有一个整体认识。在讲油酯时，重点讲了工业上利用皂化反应制造肥皂，以及合成洗涤剂的工业制法，可以使学生把理论与实际结合起来，引导学生不断地把所学知识应用于实践，渴求得到更多的知识，激发创造思维的积极性和持久性。

本文于 2009 年 10 月在揭阳市高中化学教学研讨会上交流，2010 年获广东省教育学会化学专业委员会论文评比一等奖

有效提高化学课堂教学质量的研究与实践

目前，在化学教学中普遍存在着授课学时偏少、学生需要掌握的内容偏多、辅导课和习题课时间偏少等现象。针对这一现状，近年来，本人在如何提高化学教学效果与培养学生自学能力方面进行了探索与实践，并取得了一定的效果。

一、影响化学教学效果的诸因素

一门课程的教学效果如何，与其教材的选择、采取的教学手段和教学方法均有密切关系。其中教材和教学手段属于客观条件，而教学方法是主观因素，它与教学过程中教师的教法和学生的学法有关。由于教学过程是教师与学生的双边活动过程，所以在教学过程中，教师如何教与学生如何学，直接影响着教学效果。教学手段和方法的采用是为了使学生更好地掌握教学内容服务的，它是使学生由"学会"变为"会学"的关键所在。在现代科学技术和社会经济高速发展的情况下，要想获得良好的教学效果，就必须充分发挥教师的主导作用和学生的主观能动性。

（一）教师的主导作用

教师在教学过程中是否发挥了主导作用，不仅与采取的教学方式有关，而且还与是否设法为学生创造条件、充分调动学生学习的主动性和积极性、是否指导学生掌握科学的学习方法、让学生自我探求知识有关。此外，教师的专业知识更新和教育理论的充实，以及对教材理解的深度和广度，都会影响教学效果。备好课不仅是上好课的先决条件，也是直接影响着教学效果的重要因素。俗话说："要给学生一碗水，教师需要准备一桶水。"这句话相当朴素地表达了教师的教学水平是保证教学效果的重要前提。备好课不仅要求教师备好教材和教学方案，也要备好学生。只有教师的教学水平提高到一定的高度，才能将传授知识与培养能力相统一，才能将面向全体与因材施教有机接合起来。

（二）学生的自学能力

良好的自学能力可以缩短掌握知识的时间，从而提高学习效率。长期以来，应试教育造成了学生习惯于教师的"满堂灌"，这种被动式学习难以调动学生的学习积极性，并使学习效率低下。

在知识更新日益加速的今天，学生现有的知识是有限的，而未来的知识是无限的。人在一生中会遇到无数的新课题，仅靠在校获得的知识是远远不能满足需要的，必须要有独立获取新知识的能力，必须不断补充和更新原有的知识体系，才能适应社会发展的需要。21世纪是信息飞速发展和快速传递的时代，故培养学生自学能力也是时代发展的要求。

学生在学业中要获得成功，光靠勤奋是不够的，还必须要有科学的学习方法。爱因斯坦曾经说过"成功 = 刻苦努力 + 正确的方法 + 不说空话"，这是通向成功的捷径之路。正确的学习方法是增强学生自学能力的关键，它必须与教师的知识传授结合起来。教师在传授知识过程中，要让学生掌握科学的学习方法，使其由"依赖性学习"变为"独立性学习"，从而提高自学能力。古人云："授人以鱼，不如授人以渔。"只有这样，才能使学生终身受益。所以培养学生自学能力是亟待解决的首要问题。

二、如何培养学生的自学能力

培养学生的自学能力是当前教育界极为关注的话题。学生自学能力的培养是在学校各级教学行政机构的领导管理下、在各科教师的组织下、在各级学生组织，以及各类学术社团的协同配合下，充分发挥学校的效能和潜力，结合教学工作同时进行的。因此，课内和课外是培养学生自学能力必经的两条途径。

（一）课堂教学

课堂教学中培养学生的自学能力，是教师通过教学过程中每个教学环节逐一完成来实现的。教师要改革旧的传统的授课方法，把教师以"讲解"为主改变为以"引导"为主，把学生以"视听"为主改变为以"思考"为主，学生由被动接受传授变为主动地获取科学知识，从而使学生的智能和知识质量获得明显的提高和发展。

（二）几种科学的学习方法

1. 合理使用教材

在课堂内外，教师如何指导学生合理使用教材是教学方法上的重要问题。教师课堂讲授是对教材的重点剖析，以点穿线带面地进行。既不简单重复教材，也不完全脱离教材。要教育学生将认真学习教材、听教师讲授和记笔记、阅读其他参考书这几个方面统一起来。课程的性质不同，阅读教材的方法也不同。如化学理论课，在课前要指导学生认真预习学习内容，在课本中作出简明的标记或提要，明确难点；课上听讲时核对自己预习的正误，着重理解难点，抓住重点记笔记；在教师指导下阅读教材和参考书，以求深入理解教材中的定律定义。课后及时复习，独立完成作业，认真订正教师批改作业指出的错误。再如化学实验课，在课前要指导学生认真预习实验目的、实验原理、实验操作和仪器、药品的使用及其注意事项等，写出切实可行的预习报告等。教师要指导学生学会分析教材的重点和难点，掌握知识的系统性，学会结合课堂讲授从教材引申、提出问题和解决问题，从而形成以课堂讲授为主要线索，以教材为主，阅读材料为辅，其他有关参考书配合的一整套的读书方法。

2. 科学的阅读方法

教师要指导学生掌握科学的阅读方法，指导学生养成良好的读书习惯。读书时注意力要高度集中，排除外在和内在的干扰；提高分析、综合、比较概括的能力；学会使用工具书（如辞典、手册、索引等）；学会利用计算机网络等手段进行查阅相关信息。

3. 科学的记忆方法

由于化学学科中要记忆的内容较多，因此，必须指导学生掌握一些科学记忆的方法。科学记忆的方法有多种，这里仅结合化学知识的实例介绍一些记忆的技巧与方法。

（1）理解要点记忆。化学中的一些重要的基本概念仅靠死记硬背比较难记，如果在理解之后就可以自然而然记住了。

（2）找出规律记忆。从典型的事例中找出规律，然后举一反三推广到一般进行记忆。如元素性质部分的知识较繁杂且难记忆，由于任何元素及其化合物的性质都与其结构有关，而元素的结构又与元素在周期表中所处的位置有联系，所以，我们只要根据结构决定性质的规律，由元素在周期表中的位置不同，就可以推断出其可能的结构，也就能总体了解其物质的性质与反应的规律。

（3）实验现象记忆。化学实验具有形象直观的特点，根据记录的实验现象和数据，可以很快地联想起实验情景，也能够帮助记忆一些抽象的理论知识。

以上几种科学的学习方法需在教师的指导下，由学生在教学过程中根据所学知识体系和具体内容逐步掌握和灵活运用。

三、教学上的几点尝试

为培养学生的自学能力，提高教学效果，我们做了如下尝试。

（一）改进教学方法和手段

教学方法决定教学思路和教学过程，合适的教学方法可让教与学处于一种亢奋的向上的状态，有利于教与学的交往，是教学成功的保证。而教学手段的合理运用，能使教学锦上添花。对此，我们倡导：

（1）教师要在研究教材基础上，选择合适的教学方法，摒弃"一言堂""满堂灌"的做法，课堂教学应注重以学为主体的理念，力争让学生多学、多思、多练，让学生发现问题、提出问题。要求教师要以学生问题为导向，以学生问题为中心，注重解决问题的过程性，从而提高学生解决问题的能力水平。

（2）教学手段是服务教学的，合适的教学手段可促进教学质量的提高。因此，课堂教学上，教师务必要懂用、慎用。要求教师选择不同教学手段时，一定要做到有的放矢，切莫因信息技术而满堂"电灌"，也不能因为课件而满堂放映课件。

（二）注重启发式教学

教师的教学不应重在"教"，而应重在"导"。在教学中教师要结合教学内容注意引导学生思考问题。同时，教师对教学内容中有争议的问题也应作适当的介绍和评析，以有助于学生的思考和借鉴。在教学中可以采用的启发方式是多种多样的，在引导学生思考问题方面，我们采用的方式如下。

（1）教师结合教学内容提出问题并启发学生分析、解答。

（2）鼓励学生提出问题，由其他学生来分析、解答，然后由老师补充、归纳和总结。通过指导学生解决问题，使学生掌握一些正确的解决问题的途径和方法。

（三）采用电教手段教学

我们在化学课程的教学中，根据教学内容的需要和实际情况，选择使用了合适的电教媒体设施进行辅助教学。例如：实物投影、多媒体和计算机等。为了配合化学课程的理论与实验的教学，我们自制并使用了一些投影胶片和CAI课件，播放实验录像，使课堂教学的信息量大大增加，学生的视野不断被拓宽。

（四）引导学生自学为主

对于自学的内容，教师需提出明确的学习要求，布置适当的思考题及习题，并给予必要的指导、讲评，逐渐将由教师检查自学效果过渡到由学生自我检查效果。检查方式可因人而异，如自己命题考自己、同学之间互相出题考等。把学生的自学引向深入，帮助学生达到学习的要求，不断提高学生的自学能力。

总之，在教学中为了提高教学效果，我们尽量采用一切可能的手段和调动一切可能的因素来开拓学生的视野，培养学生获取新知识的能力。

（五）加强学法指导

在上第一节化学课时，须先向学生交代清楚为什么要学本课程，本课程要学什么，怎么学，以及达到什么目的要求等。

（1）为什么要学本课程：需要结合专业的性质不同，分别进行介绍所学课程与所在专业的关系和课程内的知识在专业上的应用、发展前景等，让学生明白学习本课程的目的，利于激发学生的学习热情。

（2）学什么：就是大纲要求学生掌握的内容有哪些。针对教材不同章节，在目录中给学生划出重点、难点和自学内容。

（3）怎么学：就是根据所学课程的性质及特点，向学生介绍一些行之有效的学习方法和学习时须注意点，以及有关参考书目。

（六）加强实验指导

1. 教师必须认真做好预备实验

通过预备实验，一方面可以使教师熟悉实验过程，有利于指导学生实验；另一方面可以检验某些易变质的试剂是否有效，以保证实验教学的顺利进行。此外还可以通过预备实验对某些现象变化不明显的实验进行改进，以达到更好的效果。

2. 实验前对学生提出预习要求

学生根据要求认真预习实验内容、目的、原理、方法及手段和操作中注意事项，然后推断出实验结果，作出实验预习报告。

3. 实验开始时检查学生预习情况

利用实验课开始时的十几分钟抽查学生预习报告，并向学生提出有代表性和关键性的问题，借此启发学生解决疑难问题并防止操作中出现错误。

4. 实验时学生必须独立操作

通过实验，学生可以验证自己的推论是否与实验现象相吻合，若有异常现象则要在实验报告中进行讨论。指导教师要严格要求学生规范操作和如实报告，若有操作马虎、实验结果错误者，应令其重新做实验；报告不符合要求者须重写至符合要求为止。

5. 创造条件开展设计性实验

设计性实验是培养学生创造能力和创新精神的有效途径。创造条件让学生运用已学过的知识，设计一些基本实验。为少数学生将来做科学研究打下必要的基础。开展设计性实验时，教师首先必须对实验设计方案提出具体要求。如实验目的、实验原理、实验用品、实验内容及操作步骤简示、拟定数据记录表格、列出参考文献等；再出一些与设计性实验相关且重要的思考题让学生思考，并提供可参考的书目，便于学生查找。教师将设计的方案审阅后再指导学生修改完善。在实验室现有的条件下，只要实验方案程序合理、操作方便、现象明显、安全可靠的都能进行实验操作。这样做，教师在课前需加以辅导，课上要认真发现问题，洞察学生能力，还要补充、归纳、总结等。尽管教师的工作量增大了，但是增强了学生学习的积极性和主动性，促进了学生积极思维，锻炼了学生的自学能力和科学素质。

（七）加强复习指导

通过复习可以帮助学生掌握知识间的联系，并使之系统和深化。为了使学生牢固掌握所学知识，我们采用经常性复习的方法。具体做法是：每次上课开始，对前次课内容的要点进行小结性复习。每次课后对所学的内容进行及时地总结；每章内容讲完后进行总结性复习。每学期结束时再指导学生以教材、笔记、作业和做过的实验为基本依据，抓住重点进行系统性复习。另外，对每章练习和每次实验的情况进行及时讲评。这样反复地复习，便于学生巩固所学知识。

（八）开展教学评估

教学的效果如何，可以通过一些评估方法进行确定。评估的目的是不断改进教学方法、进一步提高教学水平和教学效果。我们采用的评估方法如下：

（1）通过组织教师相互听课，对教学效果评估，促进课堂教学的改进。一般每学期每位教师相互听课 2～3 次。

（2）通过组织学生对教师的教学进行评估，征求学生的意见，根据具体情况调整或改进教学方法。一般每学期至少进行两次。

（3）通过统计学生的考查、考试成绩进行评估教学效果。成绩评定方法：教师应结合学生某课程的卷面成绩（占总评成绩的 70%）和平时成绩（占总评成绩的 30%），综合评定出总评成绩。

四、结语

本人多年的探索与实践，在教学中已初步取得了一定的效果，学生的自学能力和独立操作能力普遍提高，实验操作也较为规范和迅速，学生的平均成绩也有很大的提升。本人这些初浅的尝试仅供同人们参考，希望各位不吝指正。

本文于 2009 年 10 月在揭阳市高中化学教学研讨会上分享交流

问题探究创新教学模式的研究与实践

世纪之交，面对知识经济带来的机遇和挑战，江泽民同志指出："一个没有创新能力的民族，难以屹立于世界民族之林。"知识经济的竞争。在于人才的竞争，而人才的竞争在于教育。教育将是知识经济的中心，而学习将成为个人或组织发展的有效工具。可见教会学生学习、学会创新、学会做人是时代的召唤，社会发展的需要，是未来赋予人民教师的神圣使命。

素质教育的核心是培养学生的创新精神和创新能力，如何培养学生的创新精神和创新能力？课堂教学是主渠道。在中学化学教学中，传统的教学模式已无法胜任时代的要求，那么，什么样的课堂教学模式与当前的素质教育合拍共振呢？笔者通过近几年的研究和实践总结得出，在化学课堂教学中问题探究创新教学模式能较好地解决这个问题。

一、问题探究创新模式的理论依据

苏联著名心理学家鲁宾斯的"问题思维理论"指出，思维的核心是创新，而思维起始于问题，是由问题情境产生的，而且是以解决问题情景为目的。苏联教学论专家马赫穆托夫创立的问题教学论认为，问题教学是一种发展性教学，在这种教学中学生从事系统的、独立的探索活动是与其掌握现成的科学结论配合进行的，其方法体系是建立在问题情境下的创设和问题的提出与问题的解决的基础上。在问题教学中，学生不仅要掌握科学结论，还需要掌握这些结论的途径和过程，其目的在于形成思维的独立性和发展创造能力。

萨奇曼探究模式是：科学家用来解决问题，探究未知的理性智略可以传授给学生。学生积极参与科学探索过程中，教师试图模拟科学家解决问题的过程，使学生体会科学家如何面对疑难情境，学会收集和加工需要的新材料，最终达到问题解决的探究过程，从而获得在真实生活情境中发现问题、解决问题的能力。学习以研究创造性思维而闻名的美国心理学家吉尔福特，提出了智力结构解决问题的模式。解决问题可主要地分为两个过程：一是外部刺激（问题）、感觉登记、记忆，过滤吸收有效的外来信息；二是信息加工，使问题解决；其间，发散和转换与创造性思维关系最为密切，使问题解决和创造性有机地联系在一起。

创新学习，指的是学生在学习过程中，不拘泥课本，不迷信权威，不依循于常规，而是以已有的知识为基础，结合当前的实践，独立思考，大胆探索，标新立异、别出心裁，积极提出自己的新思想、新观点、新思路、新设计、新意图、新途径、新方法、新点子等的学习活动。这里的"新"，不仅指新发现，也指新发展。因为不可能每个人都能揭示新的原理，发现新的方法，只要把他人已揭示原理和发现的方法应用于不同的问题上，就是一种创新学习。

二、问题探究创新教学模式

根据问题教学理论、探究性学习原理、创新学习原理，提出问题探究创新教学模式是指依据教学内容和要求，由教师创设情境，以问题的发现、探究和解决来激发学生的求知欲、创造欲和主体意识，培养学生学会学习，学会创新，发展智力和创新思维能力的一种模式。

在教学过程中，教学创设问题情境是实现问题探究创新的中心环节，在问题的诱导下，学生通过自学、收集资料和深思酝酿，提出假设、讨论、交流、合作、进行批判性思考和实验验证，反馈归纳，最后达到小结应用。通过应用又创新新问题，使问题逐步深化。

三、问题探究创新教学模式在化学教学中的操作要点

笔者通过近几年的跟踪研究得出，中学化学知识大部分内容可由学生在内情境和教师诱导启发下，通过自学、讨论、交流、合作、思考、探究活动来完成，在课堂教学中根据该模式教学理论，按照创设问题→探索研究→反馈归纳→深化创新……阶段间环环相扣，螺旋上升，问题是中心，探究是手段，创新学习是目的。

1. 创设问题情境

问题情境的设置要达到促使学生原有的知识与必须掌握的新知识激烈冲突，使学生意识中的矛盾激化，从而产生问题情境。这种以矛盾冲突为基础的问题情境的产生和解决，就成为教学过程与学生发展的动力，创设的问题

情境应生动直观，富有启发性、具有探究性。要善于运用直观演示、实验探索、多媒体技术、趣味实验等手段把问题具体化，深奥的道理形象化，枯燥的知识趣味化，从而激发学生发现问题的欲望和探究问题的热情。化学教学中问题情境创设的方法很多，下面介绍几种常见的方法：①用有"趣"的语言创设问题情境。②通过实验创设问题情境。③通过日常现象和科学观念矛盾创设问题情境。④让学生面临要加以理解的现象和事实创设问题情境。⑤由旧知识的拓展引出新问题，创设问题情境。

2. 探究解决问题

这一阶段是指在教师的引导下，指导学生运用科学的学习方法或逻辑思维方法对化学现象、事实、材料、信息进行加工处理，探求解决问题的方法。促使学生将感性认识上升到理论认识。学生是主体，教师是主导，特别是当学生的思路陷入困境或对某问题发生争执而无法深入的时候，教师应准确地分析形势，把握时机，传授思维方法，点拨学生思路，盘活学生思维，这时教师担当"导演"和"裁判"的角色。除了要求学会运用分析、归纳、演绎、比较等一般解答问题的方法之外，还可有意识地教给学生一些特殊的科学思维方法。如化学模型法、联想类比法、等效法、假设验证法、守恒法、整体思维法、模糊思维法、极限思维法、平均值法、数学思维法、转换法、逆推法等，使学生产生联想，获得顿悟与突破性成功。以实验为手段，挖掘教材隐藏的探究因素，以知识为载体，在探究过程中培养学生的自主能力和思维能力；以学生为主体，在探究过程中掌握科学研究方法和培养科学态度；在探究过程中注重情感教育。

3. 反馈归纳

学生在自学、讨论、交流过程中反馈出来的问题，教师要根据教材内容要求和教材的重点、难点及时进行点拨、解惑和归纳。学生的疑难，教师要充分了解其性质、类别，同时要考虑是当堂解决还是课后解决，是个别辅导还是集体解答，是让学生解决还是教师解决，以及解决的思路。教师根据实际应采用各种教学手段调动已学知识，启发学生举一反三；把问题分解，由表及里，由浅入深解难，或启迪学生转换思维角度去解疑。这一步是调动师生积极性，将旧知识串联、重新组合，揭示主题的过程。教师的水平得以充分展示，学生思维训练、知识迁移和组合，也得到了培养和训练。

4. 深化创新应用

在解决了学生疑难之后，教师或学生要对课堂教学内容进行深化小结，这也是课堂教学的重要环节，是创新学习的点睛之处。而创新学习课堂教学的小结是由学生将所学知识系统化、条理化、网络化的过程，或者学生提出未解决的问题，或者学生有新的思路……教师在此基础上高度概括，使之纲领分明，重点突出，帮助学生记忆、理解、综合和掌握。教师在总结中要特别注意深化知识，留给学生思考创新的条件。

总结内容可分步进行，也可整体囊括；形式上可板书、笔记、重述等。教师可放手让学生进行归纳总结，使学生在总结过程中感悟乐趣、感悟成功；激发热情，发挥想象。学习知识的目的在于应用，学生也只有在应用知识解决实际问题时，才能把知识学活，才能提出新问题，才能对知识有所发展和创新。在化学课堂教学中，有多种创新手法：

（1）兴趣创新。要求教师在教学中除创设新颖有趣的问题情境外，还要千方百计激发学生的内部创新动机，激发其内在的创新欲望。例如：教师可以利用现象生动逼真的化学实验、曲折多变的问题情境来刺激学生，使学生身临其境地去探讨和解决问题，在问题的创造性解决过程中体验创新喜悦和快乐。

（2）思维创所。创新思维具有求异性、灵活性、独创性和灵感性等。其主要体现在灵活性，一是思维方向灵活，善于从不同角度和方面思考；二是思维过程灵活，从分析到综合，从综合到分析，全面灵活地进行综合分析；三是迁移能力强，能举一反三，多解求异，进行发散性思维。在教学中要进行一题多解的训练，学会从不同方向不同角度去思考，冲破"定势"思维的束缚。

（3）实验创新。化学实验以其生动的魅力和丰富的内涵，对培养学生的创新意识方面发挥着独特的功能和作用，包括实验的探索性和创造性。在化学教学中：①运用相关知识，进行"一物多用"的创新；②利用实验原理，进行"一物多变"的创新；③利用化学反应原理和实验原理进行"一套多思"的创新。

（4）综合创新。教师精选各种综合问题对学生思维进行科学的训练，即要重视发散，也要重视复合，使学生能举一反三，触类旁通，收放自如。在高三复习课中，教师通过问题探究创新教法，抓住知识不全面、不完整和不系统、无规律进行创新学习，就知识的某一点、某一方面或某一角度提出问题，让学生因"知"而"不知"，从而引导学生不断自我补充知识，不断自我完善知识，形成网络化、系统化和深层化的知识体系，具体做法是：①注重个性知识的共性因素，创新有效的知识群体；②注重知识内在实质的升华，创新思维模式；③注重思维角度的转化，创新思维能力；④注重思维形式的转化，创新学生认识问题和应用解题的能力。

爱因斯坦说："提出一个问题，比解决一个问题更重要。"学生也只有在解决问题时不断提出问题，知识的总量才能不断增加，学生的创新能力也是从应用的实践中诞生，实践是创新能力的源泉，学生获得新的概念和规律后，教师及时提出不同层次的问题，引导学生在解释某种现象、预测某种变化、制作某种东西、设计某个实验的过程中强化所获知识，让学生在学中用、在用中学，使学生的创新能力在学习和应用科学知识解决实际问题中得到发展。

本文于 2006 年获揭阳市创新论文评比一等奖

构建师生互动化学课堂教学的研究

《新课程标准》中明确指出课堂教学改革是课程改革的重头戏，因此强调师生交往，构建互动的师生关系、教学关系是教学改革的首要任务，教师与学生应该是教学过程的平等参与者，又同为受益者。所以，教学过程是师生交往，共同发展的互动过程，为此，师生应该注意在建立良好的学习关系之前，首先要建立新型的人际关系，应考虑自己还要向学生学习什么，应该怎样来调动，才能让学生敢于张扬个性，表达心声，阐述观点，让师生平等地交往共事，不被过多的条框束缚自己的个性发展，真正实现学生主动地、富有个性地学习，实现师生互动，相互沟通，相互影响，相互补充，师生互教互学，彼此形成学习的共同体。为使课堂中师生的交往成为具有独立的人与人之间的交往，形成民主和谐的师生关系，我们对中学化学课堂教学的师生互动的方法进行了研究。

一、提供学生课堂主动学习的条件

首先是时间。要求教师给每个学生在课堂上至少有 1/3 主动活动的时间，最好有 2/3 的时间让每个学生主动学习，包括思考、操作、练习、讨论等各种形式。

其次是空间。要想增加学生在课堂上主动学习的时间，教学组织形式势必要发生变化。课堂上，主要可增加学生个别学习、讨论学习、小组学习、大组讨论、学生执教或情景表演等形式，加上原先的师生一问一答和教师讲述，构成六种基本教学组织形式。教学组织形式的多样化扩大了单位时间内学生主动活动的空间，而且释放了每个学生的精神活力，使他们在讨论、小组和大组中有机会大胆表达自己的感受、意见和结论，语言上会出现不同的声音，发生争论，引发进一步思考，甚至出现意想不到的"高潮"，给师生关系注入活力。

提供学生课堂主动学习的条件，是构建中学化学课堂教学的师生互动模式的前提。

二、帮助学生掌握主动学习的工具

实践中，我们帮助学生掌握教学内容的结构和学习方法的结构，并注意在教学中教会学生掌握结构。具体地说，我们把教学内容调整呈结构状态，改变过去主要是按知识点组织每堂课教学内容的状态。在教学时不仅教知识，还教知识结构，同时还教学习这类知识的方法程序结构。一个个"结构"设计的连接，构成了学科的知识结构链和学习方法结构链，新的教学内容组织方式的结构系统也在学生头脑中逐渐形成和清晰化。学生掌握了知识结构，学会了方法结构，是构建中学化学课堂教学的师生互动模式的基础。

三、培养学生质疑能力和要求教师学会倾听

当学生对已有结论产生怀疑，或是与旧知识发生矛盾时，便会质疑。我们把学生质疑能力培养看作一个过程。首先是让学生想质疑，教学中，我们不断激发学生"质疑"的兴趣，有了兴趣，才会步入学习和探究过程。其次让学生敢质疑，可以用提问的方式，如用提醒别人注意、考考别人等，鼓励学生提问，鼓励每个孩子敢问。最后是会质疑，我们组织学生讨论哪些"疑"提得好，以便发现高质量的"疑"。学生的质疑实质是发现问题，讨论问题，解决问题。教师在课堂上要善于倾听，捕捉课堂教学的敏感信息，捕捉新的资源，并及时处理和利用，作出判断，进行归纳。学生质疑能力的提高和教师倾听水平的加强是构建新型课堂师生关系的关键。

四、营造富有人文气息的课堂氛围

课堂氛围是师生互动的产物。我们这里所说的人文气息，包括教师课堂上表现出来的对每个学生的尊重和真诚的关爱，对每个学生进步的鼓励和改正缺点的帮助，对每个学生战胜困难和创造性行为的支持，对每个学生个性的宽容和苦恼的理解，还包括同学们团结合作、坦诚交往、相互帮助和欢乐共处。

五、创设和谐民主的氛围，促进师生互动、共同发展

实现师生互动的前提，应是和学生形成一种新型的人际关系，这需要师

生长期培养感情，教师应思考：自己是否真正高于学生，如果不是，就应该不耻下问。因为教师作为个体，在庞大的学生群体面前，只是一分子。因此，老师具有"教"与"学"的双重关系，要让学生认识到自己可以成为"小先生"，并能主动地、大胆地、积极地去读书、学习。教学中，师生才会实现互相尊重、互相学习的良性循环。

师生互动主要体现在：

首先，教师应启发学生努力开发课程资源，配合教学。只要教师给予学生简单而且明了的指导，学生就会有所感悟，教师应教给学生寻找和开发运用课外材料的方法来辅助课堂学习，让学生明白，这样，有利于扩大自己其他领域的知识。这样辅导了一阵，学生们逐步养成了恰当寻找课外学习材料的能力，他们巩固并创新了很多好的方法。同时教师要经常学习、充电，不但把握好与教学有关的专业知识，还注重向电视学、报纸杂志学，丰富自己在各个方面知识，提高自己的素质。

其次，教师要相信学生具有洞察、组织教学的能力，师生呼应，共同推动课程环节的开展。在以前的化学课堂上，老师只是起到调动学生全面参与指导学生根据书后问题进行学习的指导作用。在学习和实践中，我对学生参与教学又提出一系列问题，如学生在学习中会发现什么问题？怎样去解决问题？该怎样选择有价值的问题共同研究探讨？这些内容应是课堂上师生密切配合，恰当处理的问题。由此，教师应给每一个学生以最宽松的空间，鼓励学生，只要是经过认真学习，领会了内容，可以大胆地提出所有价值的，以及搞不懂的问题，老师也并不着急去表态或解答，而是留给学生思考余地，师生共同商量着解决。长此下去，学生就真正意识到师生一起学习，不是靠老师的权威性，不能有依赖思想，而应该是师生一块参与，师生都是学习者，在实践中学生会认识到，自己可以参与把握和控制课堂教学，使学生敢于说，善于学，这样利于师生相互了解，彼此沟通。作为教师也要正确理解自己的作用，教师应该做恰当的鼓励和点播，如："你说得真不错，你真爱动脑！""你的思路和我想的一样！""老师真佩服你，要向你学习！"在我的课堂，学生有时可能会成为我的老师，而我也可能成为课堂上的学生，课堂已真正成为学生个性发展、表达自己的心声、倾诉内心的情感的天地。多年来，我在摸索与实践中，逐步形成了师生平等、互相补充、和谐互动、共同发展的教学模式。

再次，教师应信任学生具有独立发现问题、解决问题、自我完善的能力，一般情况教师总是苦苦地想办法，去帮他们解决问题，但效果往往事与愿违。这就要求师生共同商讨，共同解决问题。但是师生的互动绝不会自然产生，有赖于建立在师生间平等、尊重、理解的基础上，要实现师生的交往互动，教师首先应该给学生以心理安全感，尊重每一个学生，特别是那些很有个性的学生。

最后，教师重视学生对自己的评价，构建师生互学互评的整合评价模式。

六、把好课堂教学关，师生互动，探究学习

摒弃教师"一言堂"，单纯传授知识的做法，注重层次性，面向全体，全面发展，转变教师教学观念和教学角色，改变学生学习方式，重情趣、重参与、重感悟、重合作、重实践、重创新，把时间留给学生，把空间留给学生，把权力交给学生。学生的主体地位增强了，参与的机会增多了，主动探索的兴趣浓郁了，师生关系融洽了，学生成了学习的主人，创新精神和实践能力得到了锻炼与提高。工作中，我们要求教师既重视课堂教学的创新与改革，又要求教师写好课后回顾、实验日记、教学随笔，把教学经验或感悟积累起来，整理出来，形成理性的东西，进而指导下一步工作。理论来自实践，又指导实践，收到良好效果。

通过研究，师生关系不是西方某些教育学派推崇的学生中心式，也不是传统教育中普遍存在的教师中心式，而是可变动的，师生多向的，多中心的互动关系。这种关系的本质，是师生人格上的平等和在探究式的教学过程中的交往。总之，师生互动是让老师和学生充分参与课堂教学的重要宗旨，而只有师生充分动起来，才会让学生在一节课中获得最大的收效，而同时教师也是真正的受益者，既提高了课堂教学质量，又从学生身上学到了好的做法。应坚持以师生互动为重点课题加以研究，付诸实践，才会培养出主动参与自主学习的学生，同时提高教师的文化素质和教学水平，实现教学中的个性化。

本文于 2007 年获广东省教育教学论文评比一等奖

基于多元智能理论的化学教学评价观

一、问题的提出

现代教育评价的一个重要理念是，评价不是为了证明，而是为了改进。综观当今世界各国课程评价改革的现状和发展趋势，评价越来越向着人文关怀的方向发展。我国新一轮课程改革的评价理念和这种发展潮流的方向一致。教育部《基础教育课程改革纲要（试行）》明确要求："改变课程评价过分强调甄别与选拔的功能，发挥评价促进学生发展、教师提高和改进教学实践的功能。建立促进学生全面发展的评价体系。评价不仅要关注学生的学业成绩，而且要发现和发展学生多方面的潜能，了解学生发展中的需求，帮助学生认识自我，建立自信。发挥评价的教育功能，促进学生在原有水平上的发展。"

二、多元智能理论的基本要素

加德纳认为，智力是复杂而多维的。人类思维和认识世界的方式是多元化的。他把智力定义为："使个体能够解决问题或产生符合特定文化背景要求的成果的一个或一组能力。"他指出人类至少存在七种以上不同的相互独立的认知能力与他们的智力相联系，不同的人具有不同的认知能力和认知方式。人的智力不应该是一元的，而应是多元化的，其表现形式也是多种多样的，从而在其著作《智能的结构》中指出了颇具特色的多元智能理论。这七种智能是：①语言智能；②数学逻辑智能；③视觉—空间智能；④音乐智能；⑤身体运动智能；⑥人际交往智能；⑦自我反省智能。加德纳后来又增加了两种智能：自然博物智能（热爱和认识大自然的智能）和存在主义智能（思考终极存在的智能）。

加德纳的智能观非常强调智能的社会文化性、实践性、可见性、可发展性，以及对于创造能力的重视，认为我们的智能是多元的，每个人都拥有上述九种基本智能，只是存在程度上的差异，这些智能之间的不同组合表现出个体间智能的差异。

三、对传统教育评价的审思

"建立促进学生素质全面发展的评价体系""建立促进教师不断提高的评价体系""建立促进课程不断发展的评价体系"是构建素质教育课程评价体系的三项核心任务。

长期以来，人们只注重测验和考试，而测验和考试往往严重地偏向两种智能：语言文字智能和数学逻辑智能。对于其他智能，纸笔测验基本上无能为力。因此，纸笔测验设计得好，最多也只能促进一小部分智能的发展，或促进在这些方面有优势的学生的发展。对其他方面的智能和其他方面有优势的学生，纸笔测验不能反映出他们的水平并促进他们的发展。

从时间维度来看，新课程改革注重评价的过程性，保持教学与评价的动态平衡发展。从功能维度来看，要把评价作为促进教学的手段，而不是教学的目的，要从过去的"为评价而教学"转变为现在的"为教学而评价"。从价值取向的维度来看，新课程改革更加偏向于主体取向的评价。评价的最终目的不是单纯地作出某个结论，而是要让被评价者认同评价，从评价的过程和结果中获得有利于自身发展的信息，不仅要对评价对象作出评价结论，还应更加关注评价对象对评价过程的反映，以及对评价结论的认同。在评价的过程中，不论评价者还是被评价者，不论作为评价主体的教师，还是作为学习主体的学生，都是平等的主体，都是有意义建构过程中不可或缺的组成部分。显然，多元智能观突破了传统智力理论多将智力视为人的抽象思维的局限。

四、建立多元化的化学教学评价观

"多元智能"的创始人加德纳有一句名言，每个孩子都是一个潜在的天才儿童，只是经常表现为不同的形式。学生的智能无高低之分，只有智能倾向的不同和结构的差别，不存在"差生"。因此，建立与多元智能理论相适应的多元化的化学教学评价是至关重要的。

1. 评价方式的多元化

智力测试和学科考试作为教学评价的方式，曾经占据了重要的地位，也发挥了不可忽视的作用。但是仅仅以此为依据的后果就是单一的"应试教育"，片面地追求升学率，忽视学生的全面发展，不同的人可能擅长于各人特定的智力，如有的学生擅长于化学推理，有的学生对化学现象观察敏锐，有的学生实际动手操作能力强，有的学生具有化学课题的研究能力。在多元智能理论的指导下，我们应该采取多种互补的复合评价方式。

（1）多维度智能展示评价。对于化学课堂来讲，只要我们的化学教师具有多元智能意识，精心课堂教学设计，做一个有心人，那么对学生进行多维度智能评价是很容易的事。简单地举例来讲：通过学生对化学概念、化学思想、化学史料、化学故事等的叙述可以考查其语言文字智能；通过学生进行独立化学实验操作（包括学生实验、家庭实验、探索实验的操作）和化学模型的制作与演示等，可以考查其身体运动智能；通过建立有机同分异构体的球棍模型、制作典型的离子晶体结构模型、数形结合思想的运用等，可以考查学生的视觉空间智能；通过运用化学知识解决实际问题、化学社会实践、化学课外活动及研究性学习、合作学习等，可以考查学生的人际关系智能、自我认知智能等。

（2）活动表现评价。活动表现评价是在学生完成一系列任务（如实验、辩论、调查、设计等）的过程中进行的。它通过观察、记录和分析学生在各项学习活动中的表现，对学生的参与意识、合作精神、实验操作技能、探究能力、分析能力的思路、知识的理解和应用水平，以及表达交流技能等进行评价。

活动表现评价积极主张学生在评价过程中参与评价，成为评价的主体，让学生意识到评价是发现问题、自我提高的方式。活动表现评价的本质在于学生的创造。它不仅将综合思考和问题解决联系起来，而且还让学生在合作中解决真实性或与现实生活相类似的问题，使教学具有现实意义。活动表现评价要求学生自己找出问题的解决办法，或以自己的行为表现来证明自己的学习过程和结果。它通过学生完成各种任务时的表现，考查多元智能中一些不直观的智能。以一个化学实验为例，既要关注实验的成功，以及成功的充分证据，还要关注学生设计实验、使用仪器和实验技巧等方面。

学生在化学实验室表现评价表

评价内容	评价指标	评价技术
设计实验的技能	计划并设计要执行的实验	关注结果的表现评价（核查表）
实施实验的技能	选择仪器、安装仪器、进行实验	关注过程的表现评价（等级量表）
观察和记录技能	描述所使用的程序、正确地进行测量、组织并记录结果	表现评价（分项评分与报告）
解释结果的技能	发现有意义的关系、确定数据中的缺陷、得出有效的结论	表现评价和口头提问
工作习惯	有效操作仪器、迅速完成工作、清扫实验现象	关注过程的表现评价（核查表）

（3）学习档案袋评价

学习档案袋评价作为质性评价的一种重要评价方式，备受关注。学习档案袋作为评价的工具，由学生和教师有系统地收集相关材料，以检查学生的努力、进步、过程和成就，并对很多正式测验的结果作出相应的解释。根据评价目的，档案袋可以分为两类：形成性个人作品档案和综合性个人作品档案。形成性个人作品档案的目的是帮助学生评价自己的学习，了解自己各项智能的发展，以形成性和诊断性评价为目的，学生在学习档案中可收录自己参加学习的重要资料，如实验设计方案、探究活动的过程记录、单元知识总结、疑难问题及其解答、有关的学习信息和资料、学习方法和策略的总结、自我评价和他人评价的结果等。综合性的个人作品档案能帮助学生讨论他们的学习问题，一般是对一定学习阶段进行总结，为教师、家长和学生三方座谈提供材料。此类档案包括经过选择的学生学习过程中的作品，以及完成学习后的作品，通常每件作品都有教师的评语。教师应鼓励学生根据学习档案进行反省和自我评价，将学习档案评价与教学活动整合起来。

档案袋评价有利于学生评价功能的多元化。档案袋评价通过档案袋制作过程和最终结果的分析，对学生的发展状况进行分析，这种评价注重通过有目的收集学生作品，展现学生的努力、进步与成就，使学生体验到自身的进步和成功的愉悦。因而它除具有传统学生评价的甄别功能外，还具有激励功能。在这一过程中，学生的自我认识能力、自我判断能力、自我调控能力都获得显著提高，起到促进学生自我教育的功能。

2. 评价内容的多元化

普通高中《化学课程标准（实验）》开篇就指明了高中教育阶段的化学

课程的基本理念是：立足于学生适应现代生活和未来发展的需要，着眼于提高 21 世纪公民的科学素养，构建"知识与技能""过程与方法""情感态度与价值观"作了详细的说明，需要建立与之相应的评价内容，以知识与技能为例，对于知识与技能，要以各学段的知识与技能目标为标准，恰当评价学生的基础知识和基本技能。评价内容主要包括：评价学生在化学学习中已经知道什么，对学生可发展的方向提出建议；评判学生在化学学习中所取得的进展，对学生的进一步发展提出指导性意见；诊断学生在化学学习过程中遇到的障碍性问题，提出克服障碍的措施；及时评判学生在化学学习中相对于预期学习目标的达成度，引导学生向预期目标或新的目标奋发进取。另外，对于基本的化学概念和原理、有关化学实验的基础知识和基本技能来说，具体内容不同，评价的侧重点也有所不同。例如，对有关化学实验的基础知识和基本技能的评价，重点应放在考查学生能否体验科学探究的过程，学习运用以实验为基础的实证研究方法的知识与技能，是否具有初步认识实验方案设计、实验条件控制、数据处理等方法在化学学习和科学研究中的应用，并从实验设计、实验过程、实验操作、实验报告、交流讨论、合作意识，以及实验态度等方面予以考查。

3. 评价主体的多元化

传统的评价，教师处于唯一权威的评价主体地位，对学生的评价完全由教师决定，但由于师生交往的限制，教师往往不能全方位地去评价每一个学生。如果学生自己、其他同学，以及学生家长等与学生有密切联系的人都参与评价，成为评价的主体，使得评价主体多元化，评价便会更真实有效。

化学专题作业、应用化学知识解决实际问题的化学社会实践将学校活动与校外活动、日常生活及社区活动联系在一起，这就需要有更广泛的人群参与评价。同学之间相处最多，相互之间的评价也比较客观现实，也更易于为学生接受。教师可以根据学生的性格、家庭背景、性格爱好的相近性等把学生交替划分成同质和异质的小组，组内成员相互评价，小组之间相互评价。

五、多元智能评价中现代教育技术的利用

现代教育技术是指运用现代教育理论和现代信息技术，通过对教与学过程和资源的设计、开发、应用、管理和评价，以实现教学优化的理论与实践。多元智能评价多采用真实性评价，观察学生在真实情景中的问题解决行为，用学习档案等记录学生的学习过程。但如果单纯依靠教师的人工观察、整理，

这种评价是相当耗费精力的，现代教育技术可以为多元智能评价提供多种工具以提高评价效率和效果。如电子学档 ELP、LMS，以及电子绩效评估系统 EPSS 等，可以忠实记录学生的学习过程、学习时间、学习方式和学习结果，帮助学生反思、总结学习经验，调控学习进程或学习策略。

六、结束语

在这种评价过程中，学生可以实现"在反思中学习"，技术成了"智能伙伴"，让技术帮助学生阐释和表述所学知识，帮助学生反思所学内容和学习过程，帮助学生进行内省和意义生成，支持学生建构个性化的学习作品，以及支持学生展开深层次思考等。

评价与教学是相互影响的，多元评价重评价过程，重学生对知识的自我建构，重评价与真实生活的联系，重问题解决与创造能力培养等理念，对于转变改革过程中教师的传统教学观念具有重要意义。这种重学生个体差异和能力的评价观念，将对课程与教学改革产生深远的影响。

本文于 2012 年 3 月 22 日在广东省化学教学会上交流

课堂教学执行力与中学化学
教师专业发展研究成果报告

一、问题的提出

新课程改革以来，课堂发生了很大变化，中学化学教师专业化建设也取得了不小的成绩，但在我们落后的粤东地区，仍然存在较多的问题。具体表现为：第一是教师的专业意识低。我们就教师专业化问题做问卷调查，结果表明，把教师工作当作一项职业的占50%，把教师工作当作一项事业的占47%，把教师工作当作一项专业的占3%。调查结果显示许多教师都缺少专业感，缺乏专业态度和专业意识。第二是教师的知识和能力水平普遍未能达到新课程要求。如知识结构陈旧、不完善，不太知晓化学学科前沿知识，且对应用性化学知识及与其他学科知识了解颇少；许多教师教育教学技能不太成熟，实验能力有限，很难熟练运用多种媒体进行有效的教学设计；第三是教师的教科研能力不强。长期以来只执着于教科书，对教学研究、教材改进、课堂优化等，意识淡薄。第四是教师重教学预设，轻过程性教学。特别是课堂的问题性、互动性、生成性十分缺失，教学预设往往没能真正达到预期效果，课堂效率低等。第五是教师对课堂观察、课堂调控、课堂应变等能力不足。就事论事，满堂灌，照本宣科现象突出。通过调查、研究、分析，我们认为上述存在问题与教师的课堂教学执行力高低存在密切相关。

在调查过程中，我们发现：很多教师都有"自知之明"，深知自己要成为"骨干""学科带头人""名师"是一种"痴心妄想"，放弃向上的动力。其实，他们并不是不想成长、不想发展。主要原因是：一方面是他们缺乏专业引领；另一方面是找不到自我成长和发展的支点。通过调查分析，我们发现：任何教师都可能成为"骨干""名师"，教师成长的根源主要在于课堂。对于在专业成长道路上取得一定成绩的教师们来说，他们的心里其实都藏有专业成长的一些"锦囊妙计"，只是缺乏一种自我监督、自我约束、自我激励、自我发展的"力"，即"自我执行力"。它是一种有效的行动，有较高能级执行力的人，能出色完成各种任务。一个人的成功与否，可以说是三分策略，七分执行。"自我执行力"关乎教师的"专业发展计划"是否能得到落实，"发展目标"是否能够达到，它是教师专业发展和能力提高的关键。

　　教师"自我执行力"的重要体现是"课堂教学执行力"。我们都知道，同一优秀的教学设计，不同的教师讲授，其效果却不尽同，这就是教师"课堂教学执行力"的一种能级表现。我们知道，许多优秀的教学设计实施之后成效并不显著，这是执行力方面出了问题。大部分教师过于强调所谓的教学预设，太注重于知识性、理论性的探讨，而忽略了课堂教学现实，忽视实际的执行层面。不少教师花了很多时间来学习或借鉴着最先进的教学策略、教学技巧，但是，如果对执行不了解，也不身体力行，那么，他所学习或借鉴的那一套便毫无价值可言。对优质课堂的考查，不难看到，教学执教者具备的教学执行力都表现出良好的执行力能级：紧扣主题、思路独特的备课设计能力，流畅清晰、能言善辩的表达能力，巧妙机智、引人入胜的设问能力，激发思考、节奏适度的教学调控能力，善于启发、真情融洽的沟通能力，生动形象、有效帮助学生理解知识的教育技术操作能力等。优秀的执教者不一定是全能的，但各具特色，具有较高教学智慧的教师都具备较高的"课堂教学执行力"能级。

　　基础教育课程改革，《课程标准》是各学科教育思想的体现，它对新课程的教学方式、教学方式、课程内容、教材建设、教学评价等各方面都作了具体规定，对教师专业发展也提出了较高的要求和期望。课改的核心问题是"课程"与"课堂"，而教师是其中最积极、最活跃的因素。新课程改革呼唤教师的"课堂教学执行力"，它将是左右一个课程改革成败的重要因素。如何提高教师的"课堂教学执行力"，如何才能使教师的专业发展得以不断提高，始终让教师的教学行为跟上教育、课程改革的步伐。已经成为当前研究的热点问题。地处粤东落后地区的教师，他们大都存在教学观念、专业水平、课堂教学力不足等问题。这是制约着课堂教学质量提高的主要因素。

　　基于此，我们提出了"课堂教学执行力与中学化学教师专业发展研究"这一课题，并以普宁市第二中学 42 位化学教师的专业发展为研究重点，以他们在教育教学实践和成长过程中碰到的现实问题为主要研究主体，以他们的课堂教学实际为研究支点，通过调查、分析、归因等，对他们的专业成长与发展进行个案研究，以此探寻出课堂教学执行力与中学化学教师专业发展的有效途径。对此，我们提出了提升教师课堂教学执行力的基本程式见图1：

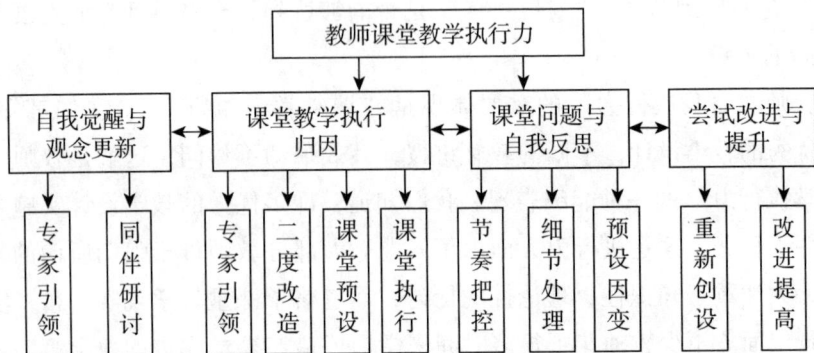

图1　提升教师课堂教学执行力的基本程式

我们进行为期6年的实践研究，并将取得的成果在我市和其他市县（区）进行推广应用，同时，我们还努力把研究获得的成果向其他学科教师专业发展进行推广，现已经取得良好的社会效应。

二、解决问题的过程与方法

1. 解决的主要问题

（1）课堂教学执行力的内涵、外延及其表现形式。

（2）中学化学教师专业发展与课堂教学执行力内在关系。

（3）影响教师课堂教学执行力能级高低的归因。

（4）课堂教学执行力对教学效性及其对教学质量的影响研究。

（5）提高教师课堂教学执行力能级的方法和途径。

（6）课堂教学执行力对促进教师专业发展的可操作性范式，并提供有效的借鉴和策略。

具体解决问题：①课堂教学执行力中的主要因素与有效促进教师专业发展。②课堂教学执行中，课堂预设、课堂细节、教学机智等对教师专业发展的影响。③课堂教学执行中，教学策略、技能、方法等对教师专业发展的影响。④课堂教学执行中，创造性使用教学资源（教材二次开发、改造等）对教师专业发展的影响。⑤课堂教学执行中，如何用实事求是的态度尊重课堂实际，并运用教学机制处理教学问题，并以此研究教师处理教学问题的能力与专业能力的关系。⑥个人微型课题研究（教学过程中问题研究）对教师专业发展的作用。⑦课堂教学执行中，校本教研及校本资源的开发对教师专业发展的影响。⑧课堂教学执行中，课堂教学的价值体现的评价对教师专业发展的影响。

2. 解决问题的过程

本课题的研究与实践用 6 年多时间完成，根据实验方案的规划和实验过程的具体情况，实验过程按制定方案实施、实施细则、人员分工、利用台账等，着实做好每一个细节，课题组的成员各施其责，同心协力，实验工作积极、有序进行。

①确立课题，制订方案。②成立机构，明确分工。③问卷调查，分析报告。④申报立项，开题报告。⑤加强管理，建立档案。⑥加强学习，提升素质。⑦实践研究，积极探索；引导教师教材研读、二度改造，集体磨课、形成课堂预设（课堂设计），再随堂听课、公开课、示范课、微格课、同课异构、同案异上、课堂实录、说课等方式，了解教师的教学过程处理问题能力和课堂教学执行力，并从中提出改进教学的方法，完善课堂，提高教学质量的方法与策略。⑧扩大队伍，优化研究；本研究初始以普宁第二中学化学科组 42 名教师为实验对象，与此同时，本人主持广东省名师工作室之后，工作室教师和省骨干教师共 45 人也参加到本研究中，课题研究进入第二年时，我市有普宁一中、普宁华侨中学、普宁城东中学等 8 所中学申请为本课题研究实验学校，研究队伍的壮大为课题拓展了更广阔空间。⑨专家报告，有效指导。⑩研讨交流，过程监控；举行研讨活动，定期总结交流经验，并根据实验的信息反馈，对实验策略作相应的调整和改进，加强研究过程的监控，学校根据实验研究的进程。⑪参加研讨，开拓视野；组织课题组教师参加各级各类教科研活动共 12 场次。⑫中期报告，省厅检查。⑬课题中期研究报告于 2014 年 10 月申报广东省教育厅中期检查。同年本研究报告在南海市进行的广东省教育科研课题中期检查会议上交流。⑭开展评选，总结交流；2015 年 1 月举行了课题研究成果、先进个人和积极分子评选活动。通过开展各项比赛活动，推动了课题研究的深入开展，总结交流了课题研究的成果，在全市起到了很好的推广作用。⑮参加评比，推广成果；组织课题组参加省级各项评比活动，积极推广研究成果。参加广东省中学政治学科优秀教学论文、设计

评比活动。⑯总结提升、完成结题；主要的工作有：第一，收集相关资料、数据，并结合课题研究和有关文献、理论等，融众家之长，分析、整理，完成结题报告。第二，请专家对课题成果进行评估和验收。第三，切实完善课题资源，收集有关资料集结成册。第四，举行专题报告和经验交流、展示课题研究成果，并做好实验推广工作。⑰课题成果的推广。自2015年开始，课题研究取得了初步成果，并于我市8所中学化学科教师中进行实践，取得了更广泛的素材，使研究成果更具普适性。至今，课题研究结题成果先后在我市各中学教师专业培训上进行推广应用，同时，成果在汕尾市陆丰市，梅州市丰顺县，揭阳市空港区、榕城区等地区的化学教师专业发展培训会上得到推介，获得好评。

3. 解决问题的方法

本课题以课堂教学发生的事实为依据，以教师课堂教学执行过程中教师的能级水平存在的"问题"和"问题解决"过程为研究主线，着重研究教学预设与教学执行中的问题，教学执行中教师教学力与专业素养的关系，努力从多维度、多层次探索影响教师课堂教学质量的主要因素，并以此研究出一套有效提升教师专业发展的操作程式。基于此，我们做了如下工作：第一，开展理论研究，通过对文献的查阅、整理和分析，理清课堂教学执行力与教师专业发展的关系，构建教师专业发展及其影响因素的关系的基本框架。第二，进行实证研究，通过问卷调查、质性访谈、教育观察、档案分析等实证研究工具，探寻课堂教学执行中，学校文化、校本资源、教师的专业程度、教学预设、教学方法、教学策略等因素对教师专业发展的影响。第三，采用行动研究法，个人反思与集体研讨相结合，集成员之智慧，丰富并积累经验，形成观念。同时，在教学改革中坚持在行动中研究、在研究中实践，边学习、边实践、边研究、边提高、边总结的原则，努力寻求通过课堂教学执行力来促进教师专业发展的有效途径和方法。第四，进行实验研究法，从不同层次学校、不同类型教师的课堂教学执行力的差异与教师的专业发展水平进行对比实验，为教师的课堂教学执行力的限度和能级水平提供实际的参考。第五，个案研究法，通过深入细致的个案分析，并从中获取共性的实证材料，以寻求从个别到一般、从特殊到普遍的研究，为教师专业发展的关键要素提供实证支持。第六，微格研究法，利用现代的录音、录像等设备，提高教师课堂教学的技能、技巧、机智的教学方法，以找寻以课堂教学执行力为突破口，磨砺教师课堂教学，促进课堂教学执行力的提升。

三、创新表现

（一）形成有效促进教师发展基本范式

通过长期实践研究，形成促进教师专业化发展的基本范式："自我觉醒—专家（名师）引领—同伴互助—团队研磨—问题研究—自我改进—反思提升"，基本方法："文本解读（教材理解）—教材改造—教学预设（同课异构）—教学执行（同案异构）—课堂反馈—问题提取—研讨评价—反思改进"。以此作为培养教师专业发展的基本途径和方法，有效地提高教师教学力与专业成长。如通过"教材解读、二度改造、教学预设、课堂教学执行、师生问课、同伴察课、集体磨课、问题发现与解决等"途径，促进教师专业提升，见图2。

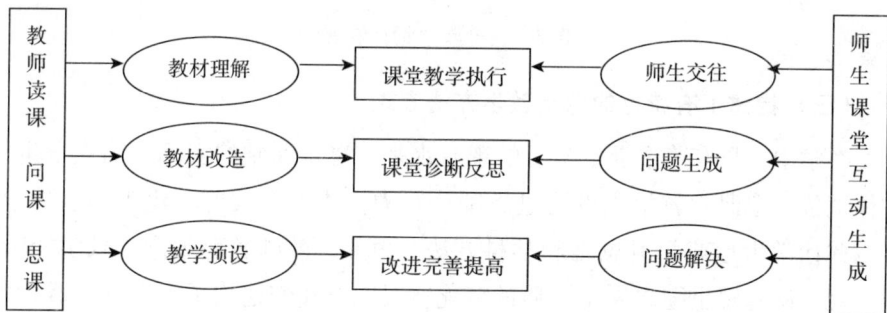

图2 促进教师专业提升

在实践探索中，教师认识到只有尊重学生学习的现有水平、尊重课堂的实际，确立学生的主体地位，把课堂教学预设通过教师执行力，有效地转化为学生的学，让学生形成学科思维和学科方法，由此，教师教育观念、教学能级、学生观、课堂观也随之发生了质的变化。

（二）形成课前、课中、课后研磨议评改的专业发展范式

通过"问课、悟课、备课（同课异构、同案异构）、行课、思课、评课、完善、精进"途径，这一途径是以课堂教学为中心，以问题为导向，通过同课异构、同案异构、集体磨课、问课、思课、评课、改进等方式，让教师在实践探索中，改进自己教学，提升教学执行能级，见图3。

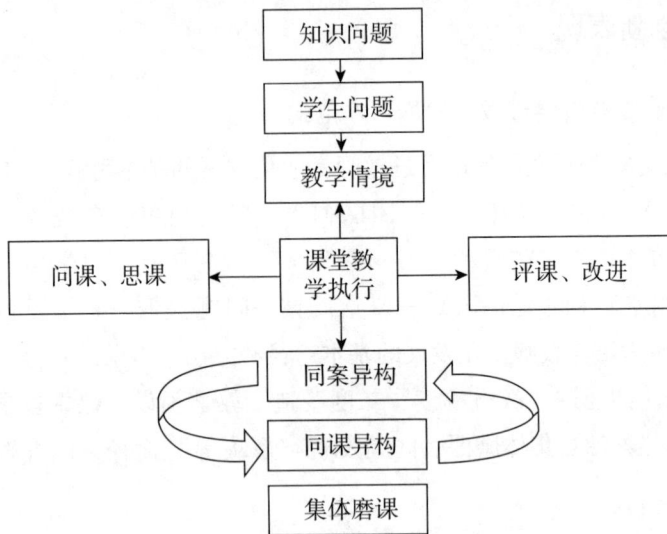

图3　提升教学执行能级

（三）构建了有特色的课堂教学方法方式

教学中，只有尊重学生学习的现有水平、尊重课堂的实际，确立学生的主体地位，把课堂教学预设通过教师执行力，才能有效地转化为学生的学，并以此让学生形成学科思维和学科方法，由此，教师教育观念、教学能级、学生观、课堂观也随之发生了质的变化。对此，我们建构了符合课堂教学实际的教学，构建了师生共同发展的新课堂教学范式，见图4。

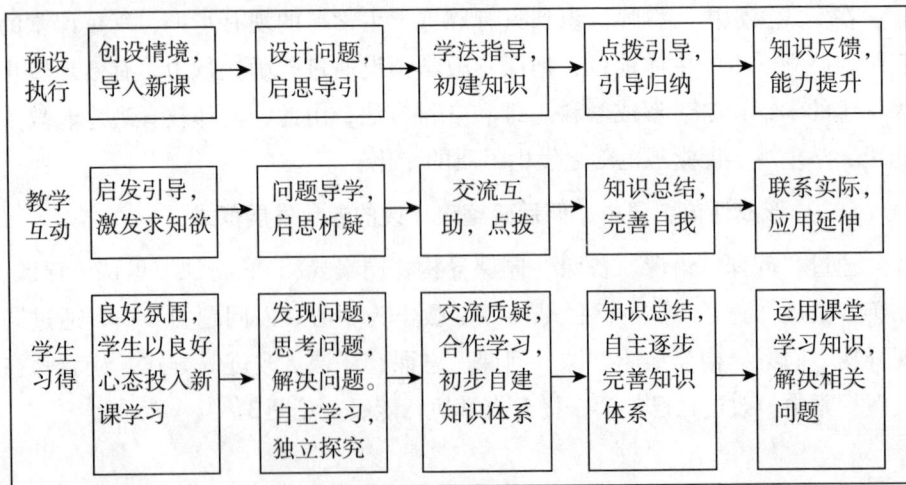

图4　师生共同发展的新课堂教学范式

这一范式在教学中得到广泛的应用：如高中化学新授课教学，以"盐类水解"这一节课为例：

（1）设置问题情境导入新课。"展示氯化铵溶液作为金属表面清洗剂的图片，展示饱和碳酸钠溶液去油污的图片"，再抛出问题，这是利用了盐的什么性质，为什么有这样的性质（与生活联系，激发兴趣），让学自然进入盐类水解探索历程。

（2）设计问题启思导引。所有的盐溶液都显中性吗？CH_3COONa 溶液为什么显碱性？盐类水解有何特点？怎样的盐才会发生水解反应？盐溶液酸碱性如何判断？盐类水解有何规律？一系列问题的提出，步步启发学生思维，推进引导学生向水解知识深层次发展。

（3）实验问题分析，学会知识梳理。结合上述问题引导学生动手实验，并要求细致观察、分析和思考，初步生成知识链，并学会建立自己的知识结构。

（4）释疑解惑，学会自主建构。当学生获得一定知识经验之后，教师再进行阶梯式提问，并适时引导，让学生始终处在问题梯进式的引领下，从实验观察到理论探究，初步建立盐类水解的知识体系和基本原理。

（5）解剖典型问题，形成知识规律。本节教学中，学生对水解的归纳总结往往存在着困难，如何帮助学生捋清思路？典型问题的创设是关键，如，强碱弱酸盐的水解，可用醋酸钠水解为例进行解剖，并由例及类，引导学生归纳、总结出同类盐水解规律，并从中分析不同类盐水解的共性，从而总结出盐类水解规律。

（6）关键知识应用迁移，提升能力水平。把知识问题和知识规律应用于生活、生产实际中，不仅能帮助学生巩固知识，而且有助于学生在运用知识及规律中，提升其能力水平。本节设置了若干组问题，一方面锻炼学生的知识建构能力、知识应用能力、思维能力、迁移拓展能力，一方面还要发展学生学以致用的能力，从而促进学生学习、动手、分析等方面能力的提升。

同时，课题组认真研究综合探究课课堂教学，对综合探究课堂教学模式（教学结构，教学程序，教学目标）进行理论探讨，实践试验、分析，效果检测，经过不断试验、筛选，最后总结形成了几种有推广应用价值的化学综合探究课课堂教学模式：①"生成课"课堂教学模式；②"研究式"课堂教学模式；③"问题导学式"课堂教学模式；④发散、创新思维联动"合作式"导学模式；⑤"情景式互动"课堂教学模式；等等。

通过课堂教学"预设→执行→互动→生成"和"研课→互评→反思→改进"的策略，以课堂教学为根本，寻求教师专业发展的有效途径。

（四）形成了教师成长与发展的基本途径

通过实践研究，我们发现：教师的专业成长和发展，是一个自我醒悟自我更新的过程，但外界的驱动往往起着十分重要的作用，基于此，我们建构了以课堂教学执行为支点的教师成长和发展范式，见图5。

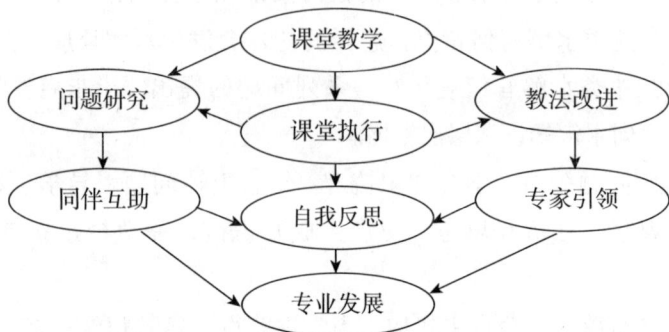

图5 以课堂教学执行为支点的教师成长和发展范式

（五）形成有特色的校本课程资源与信息交流平台

课题组积极开发校本教材，逐步形成有特色的校本课程。如普宁二中教研组开发的《生活中的化学》《生产中的化学》《趣味化学》等；普宁华侨中开发的《有机化学学习技巧》《选择题答题方法》《饭堂中的化学物质》等，普宁一中开发的《化学部分疑难问题的解答》《关于化工题目的分析》等校本课程资源。

自课题组成立以来，我们要求每位实验教师都进入"执行力"QQ群，在QQ群中文件共享共546个，建立链接1210条，大大丰富了成员的信息资源；课题组还要求每位实验教师应建立个人教育博客，并与柳文龙教师工作室实施链接。目前，柳文龙教师工作室浏览量已过53万人次，关注人数达1300多人，博客的建立，有利于实验老师更好地获取各种资源；建立教育微平台，成员通过平台可发表自己的心得体会，把好的资料实施共享。

（六）形成一系列的研究成果，并得到推广应用

课题立项以来，课题组研究硕果累累。总课题组和子课题组形成一系列的问卷调查报告、中期研究报告、结题研究报告等；形成一系列的教学论文、教学课例、教学设计、课件、教学反思等成果。根据统计，问卷调查报告有5

篇，中期研究报告有 15 篇，结题研究报告有 15 篇，教学论文有 56 篇，教学课例和教学设计有 152 篇，课件有 20 个，教学反思有 150 篇。

1. 成果在各级刊物上发表或获奖

主持人柳文龙成果文章《如何上好高中化学综合探究课》在《揭阳教育》2016 年第 7 期上发表；《谈化学教学的几种新型的教学模式》《教师教学能力的提升在于执行力的提高》分别在《粤东基础教育研究》2014 年第 12 期、2015 年 14 期上发表。主持人柳文龙成果《改革课堂教学 构建高效生态课堂》在《揭阳教育》2014 年第 4 期（总第 16 期）上发表；《高中化学课堂教学教学执行力与教学效果探索》在国家级学术期刊《考试·教研版》2013 年第 6 期上发表；《综合探究课培养学生探究能力初探》在国家级刊物、全国中文类核心期刊、全国中等教育类编校质量优秀期刊、全国首批编辑出版规范化合格期刊《中学化学教学参考》2015 年第 4 期上发表。《基于实验模型认知的"氯气制备实验"教学设计》于 2020 年 6 月发表于《中学化学教学参考》（2020 年第 6 期），《基于实验过程中问题生成与思考的模型建构》于 2020 年 7 月发表于《师道（教研）》（2020 年第 6 期），《基于学生最近发展区的化学深度学习探析》于 2020 年 7 月发表于《中学化学教学参考》（2020 年第 8 期）。其他课题组成员在各级刊物发表的论文共有 63 篇。

2. 研究成果参加各级评选，获得奖励

研究成果参加各项评比竞赛活动，获得了优异成绩。2011 年至 2016 年，课题组教师参加由省厅教研室及省教育学会中学化学专委会、组织的现场优质课和录像课评选，获一等奖 4 项，三等奖 12 项。参加广东省优秀教学论文评选，获一等奖 28 项，二等奖 77 项，三等奖 102 项。参加广东省优秀教学设计评选，获一等奖 36 项，二等奖 85 项，三等奖 125 项。

（七）学生学习态度发生质的改变，学业成绩获得了明显的提高

通过 6 年来的实验，实验学校的课堂教学发生了很大的变化，学生的学习养成了良好的习惯。从被动地学变为主动地学，从只依附教师到学会同伴互学，从只从书本学到学会从问题中学。

1. 学生成绩得到提升

经过几年的实践探索，课题组研究了化学课堂教学方法、方式、策略，提高了课堂教学的质量，增强了课堂教学的针对性、实效性。课题实验学校取得了优异的成绩，如普宁华美学校 2014 年高考获全省理科成绩第一名和第五名，2015 年高考获粤东地区理科第一名，进入全省第 7 名；近 5 年来，普

宁二中理综平均分均超全市平均分 65 分以上，在粤东地区均列前三名；普宁华侨中学、普宁一中、普宁兴文中学等 12 所学校，连年来高考均取得历史性突破。

2. 学生参加各种竞赛成绩喜人

近五年来，实验学校普宁二中学生在参加全省化学竞赛中共有 25 人获一等奖，获二、三等奖的共有 125 人，华美实验学校获一等奖的共有 21 人，获二、三等奖共有 91 人，勤建学校获一等奖 10 人，获二、三等奖 35 人，其他实验学校学生参加省市化学竞赛，获奖人数比以往都大幅提升。

3. 实验能力得到提高

学生在参加市发明创造活动中获得优异成绩，如普宁二中学生在参加我市 2016 年化学能力大赛中获得第一、第二和第五名，在 2018 年市化学实验能力比赛中获第一、第二和第四名，华美实验学校、普宁一中、普宁华侨中学等也取得了前所未有的好成绩。

4. 学生创新能力有了新的突破

如实验学校普宁市兴文中学积极参加广东省青少年科技创新大赛，取得优异成绩，2015 年第 30 届比赛中获得了二、三等奖，2016 年参加广东省第 31 届现场比赛，获得了二、三等奖。2017 年参加广东省第 32 届比赛荣获得了二等奖。2016 年、2017 年、2018 年我市中学生参加广东省科技实践活动，分获广东省科技实践活动二、三等奖共 29 项。其中，普宁市兴文中学被评为广东省青少年科学教育特色学校。

5. 学生社会实践活动能力得到加强

各实验校积极参加市社会活动成果评选活动，活动了优异的成绩。如我市选送了优秀成果参加 2015 年、2016 年、2017 年、2018 年广东省中学生社会活动成果交流展示活动。共有 42 项获奖，其中，普宁二中学选送的"流沙河环境破坏与化学制品使用的调查报告"获省二等奖。

四、效果与反思

（一）促进课堂教学质量提高

1. 由教师教学为中心的课堂，变学生的学为主体的课堂

教师从自身经验出发，以"教"为基础来设计课堂教学，主要通过分析教材的重点难点，研究如何使学生理解和掌握教学内容，并按照教材的逻辑

顺序设计出条理清晰、层次分明的教学过程。教学设计的各项工作都是为了方便教师去"教"，而忽视了从学生"学"的角度出发考虑问题。在教学实施过程中，师—生之间、生—生之间的交流被简化为从教师到学生的单向信息传递，学生的思路受到教师的严格控制，处于消极被动地位，难以在学习过程中进行积极主动的意义建构。

倡导学生主动参与、乐于探究、勤于动手，强调培养学生收集和处理信息的能力，分析和解决问题的能力，获取新知识的能力，以及交流与合作的能力，使学生在自主的意义建构过程中习得知识。教师由知识传播者转变为学习活动的引导者、帮助者、协调者，发挥教学主导作用；学生由教学信息的被动接收者转变为主动的知识探究者，处于学习主体地位。因此，教师的任务在于创设问题情境，提供必要的材料，然后引导学生自己去发现、总结和归纳，建构起自己的认知结构。教师通过组织和促进学习活动，帮助学生达到学习目标。这一思维的转变，有利于教师课堂教学力的提升。

2. 由课堂认知目标为本位，变体现教学目标的拓展与升华

传统课堂教学的实施过程就是教案执行的过程，教学的最佳状态在于教师能够按照设计好的问题一步步引导学生得出预期的答案。教案成为教学活动的唯一参照，限制了课堂教学的动态发展，忽视了学生内部的认知过程。当教师机械地遵循教案流程开展教学活动时，其实是在把自己对教学内容的认知和理解强加于学生的认知活动。因此，学生只能以被动适应的方式接受来自教师的信息，即使提出不同的意见或想法，也得不到教师的关注。可见，教案成为课堂教学的"导演"，遏制了学生学习中的能动性和创造性的发挥。总之，传统的课堂教学设计与实施使课堂教学活动变成一个简单的教学信息"传播—接收"过程，甚至把它畸变为一种注入式、灌输式的机械化和程式化的活动，全然忽视学生主体性、能动性发挥和全面发展，不利于学生的和谐成长。

课堂上，让学生在掌握知识的基础上形成积极的世界观、人生观和价值观，培养动手能力与操作能力，实现学以致用。同时，现代课堂教学目标被进一步升华为更高层次的素质目标，即把教学内容的学习和具体教学目标的达成作为提高学生素质的桥梁，以学生对知识、情感、技能的内化促进素质目标的实现。

3. 由以教案实施为依据课堂，变"预设"与"生成"统一的课堂

传统课堂教学往往是教师按照设计好的问题一步步引导学生得出预期的

答案。这样的教学难以顾及学生的认知心理，忽视了学生学习的主动性和能动性。教师按自己的预设按部就班开展教学，其实质是一厢情愿的，这样的教学会严重抑制学生思维的发展。可见，教学的预设如果在课堂上不懂得变通，教师的教学将成为背"教案"，学生只能成为"听者"。这种教学方式忽视了学生主体性、能动性发挥，不利于学生的成长。

现代课堂教学依然始于教学设计，包括教师"教"的计划和学生"学"的计划两大部分，涉及教学目标制定、教学重点难点分析、教学与学习方法选择和教学流程安排等。现代课堂教学设计作为教学的"预设"，结合学生的自主、合作、探究学习方式，考虑如何把培养目标落实到各环节中去。课堂教学实施以教学设计为指导，但不拘泥于其中"预设"的流程与策略，而是根据特定的课堂状态（如学生反馈、教学条件变化等）对教学活动作出适当调整，动态"生成"新的教学策略，实现教学系统的最优化发展。这就使教师和学生的主动性与创造性得到充分发挥。

4. 由教师的定势教学课堂，变顺应学生的需要而生成教学的课堂

在传统课堂教学中，许多教师有一种定势，认为自己主要的教学任务便是将书本上的知识原原本本地传授给学生。于是很多情况下，善良的教师恨不得将所有知识制成芯片，嵌入学生的大脑之中。殊不知，学生未来发展所需要的不仅仅是现成的知识，他更需要掌握解决问题的方法，感受探索新知的过程，培养与人合作的技巧，获得自我发展的能力。围棋上有句名言："棋从断处生。"一盘棋因住对手的断处获胜更显得精彩、激烈。同样，优秀教师的课堂往往是波澜起伏，高潮迭起，其中的重要原因就是他们上课时刻关注学生的需要，并能根据学生的需要动态地生成教学活动。

顺应学生的需要而生成教学过程是对教学设计的必要补充。教师在设计课堂教学时不一定能预见学生在学习态度、内容、方式上的所有需求，因而可能出现教学"预设"与教学实施难以融合的状况。这就需要教师发挥创新与创造能力，根据学生需要及时调整教学策略和手段，动态生成能有效促进学生学习的教学过程。这样的课堂教学就显得鲜活而生动，不仅使学生获得了知识与技能，而且体现了以学生素质发展为本的理念。

5. 由"满堂灌""一言堂"，变全面参与和互动合作的课堂

全面参与和互动合作是师生在课堂教学中实现共同发展的重要途径。在现代课堂教学中，师生发展的必要前提是广泛参与——让每位学生都积极参与到教学活动的各个环节中去。在广泛参与的过程中，学生有机会通过亲身实践与感知进行学习，从而引发创新思维的火花，促进学生素质发展。师生发展的重要方式是互动合作：师—生之间、生—生之间就知识探究、问题解决等活动开展互动交流与积极合作。只有通过互动合作，"教"与"学"才会生动活泼，实现教学相长。

教师在课堂教学中组织全体学生积极参与教学活动，通过师生互动、生生互动、师生合作、生生合作等学习方式完成教学任务。在此教学过程中，学生不仅增长了知识与能力，而且形成了积极的态度、高尚的情感和正确的人生观、价值观，从而提高整体素质，培养健全的人格。与此同时，教师也在"教"与"学"双边活动中得到发展，成为具有教学"生成"能力的创新型教师。新课程改革中，我们应推动教学方式和学生学习方式的根本改变，通过师生全面参与和互动合作式教学，解决师生同步发展的问题，创造"以教师发展带动学生发展，以学生发展促进教师发展"的新局面。

6. **由关注个别重难点问题的解决的课堂，变及时关注学生的学习过程的课堂**

课堂上学生对同一个问题或学习任务的反应是多种多样的，有的甚至大大超出教师的预料，使教师"措手不及"。学生出乎意料的反应有时是基于独特的创造性见解，有时则是一种错误理解。面对这类情况，教师首先要承认学生思路的合理性，并创造机会使这些思路展示出来，而不能流露出不耐烦的情绪，并简单处理。其实，学生错误或模糊的思路正反映了他们当前的认识冲突或障碍所在。教师完全可以将其作为洞察、开发学生发展潜能的有效手段，找出某些错误的"合理性"，及时沟通、点拨、激发学生的思维，使学生在由认知冲突走向和谐的过程中获得质的飞跃。

教学从本质上说是一种"沟通"与"合作"的活动，其实施过程很难完全按计划进行。面对意料之外的学生反应，教师不能用各种预设的答案加以应付，而要用动态的、生成的眼光去看待这些情况，努力把"没想到"的课堂状态当作一种资源来开发。虽然这样做有可能会使教学处于一个"无序"状态，但教师的灵活处理可以使教学重新达到"有序"的境界。根据实际需要动态生成的教学活动在形式上将显得丰富多彩，在效果上将优于预设的课堂教学。而这种变化需要教师磨砺自己的课堂应变能力。

7. **有效促进教师专业水平的提升**

目前，参加课题组的 8 位教师中经过近六年的实践研究，共有 25 项成果获得市级以上一等奖，其中有 5 项获省级以上一等奖，他们的专业水平都得到了提高，黄金祥、杨锐钦、方少锋已成为普宁市学科中心组骨干教师，陈壮强被聘为粤东基础教育学科组专家，赵果求老师被选为揭阳市学科带头人，杨舜鹏、余锐古于 2018 年被评为特级教师。同时，本项目研究老师的教育教学论文共有 12 篇发表在省级刊物上，成员被各地、各校邀请讲座共 32 场次。其中，柳文龙老师还被广东省第二师范学院、韩山师范学院、韶关学院等特聘为兼职教授，并被聘为粤东基础教育首席专家。

参加本实验的 10 所首批学校教师的专业能力也都得到了质的发展。教育教学成果丰硕，近年来，教师在参加各级各类比赛中共有 625 位教师获奖，教学设计入选全国组织的"一师一优课、一课一名师"共 285 项，微课入选粤东基础教育资源平台共 520 项，获市级以上教学论文一、二等奖共 756 项，教师参加省、市青年教师能力大赛获一、二等奖共 95 人次。目前，教师的专业能力和课堂教学力都得到了不同程度的提升。

（二）良好的社会效应

1. 课题成果在全市得到宣传推广

《普宁教育》《揭阳教育》《揭阳日报·教育周刊》《粤东基础教育研究》都对课题相关研究进行了宣传报道，普宁电视台、普宁教育微平台等也作相关报道，揭阳市、普宁市教育局领导对课题研究工作给予较高的评价。主持人柳文龙研究成果《青年教师的专业发展自于课堂》被收编入《普宁市教育大事记》，课题所取得的成果在粤东地区得到推广和应用。

2. 课题成果在全省得到宣传推广

课题研究得到广东省教育研究院王益群老师的指导，得到广东省第二师范学院张秀莲教授、韩山师范学院林曼彬教授等的指导。课题研究得到各位专家的高度评价。

主持人柳文龙成果《着眼课堂执行力 提高教师专业能力》于 2018 年 11 月 15 日在广东省中小学课堂教学教育交流会议上交流并得到推广。2017 年 3 月课题中期报告《教师施教之功在磨课，发展之路在于思课》在南海市进行的广东省教育科研会议上交流，并且被收编入《广东省中小学教学研究报告汇编》，成果在全省得到交流推广。2016 年 5 月 31 日课题研究情况在惠州市举行的全省教研员会议上做介绍。2018 年 12 月 6 日课题研究成果项目在广东韩山师范学院粤东教育论坛上交流，部分成果还被列为韩山师范学院教师专业发展培训教材。

目前，本项目推广应用正在进行着，现已由我市逐步辐射到周边市县

（区）的 18 所学校，项目在推广过程中正在得到不断的完善和充实。据实验校反映的情况分析，他们教师都认可这一实验，并乐于实践研究，部分学校已经取得了初步成效。

3. 课题成果在全国得到宣传推广

2017 年 10 月 17 日成果《如何构建化学课堂生态教学革——谈教师课堂执行力》在北京召开的全国化学会第 28 届年会上交流。《问题导学，自主建构——课堂实践与研究》，被广东省教育厅收编入广东省教育蓝皮书《广东教育改革发展研究报告》，成果在全国得到推广。

（三）课堂执行力的效果再认识

课堂教学的执行力是什么？是在有限时间内把目标变成结果的能力。教师如何能提高课堂教学的执行力，我们认为最起码要解决观念层面、技术层面和评价层面这三个层面的问题。如果把执行力喻为一棵树的话，那么执行力的根在观念，茎在技术，果在评价。

1. 课堂教学执行力的根在观念

观念这个东西就像种子一样，有什么样的种子就开什么样的花，就结什么样的果。借用梭罗的一句诗"相信种子，相信岁月"，我们也相信给执行力一个观念的"根"，才能有力量的源泉。这个观念指什么？就是高效课堂的"三本观"，即"人为本，生为本，学为本"。

观念决定思维方式和行为方式。强化课堂教学的执行力，实际上是教与学两个方面，既有教的执行力，又有学的执行力。教学执行力问题，就是通常说落实不彻底。为什么落实不彻底？实际上是思维方式的问题。是立足于结果导向思考解决问题还是立足于过程导向思考问题。

2. 课堂教学执行力的茎在技术

技术要解决的是如何达成所要的结果，是途径、措施、方式、方法的问题。

（1）问题即导向，问题即结果。在具体的问题设计时往往有偏离，在过程落实时也有偏差。教师头脑里必须清楚一堂课要解决的是什么？最要紧的是要立足于学，而不是立足于教。教师要解决好三个最基本问题：学什么？怎么学？学得怎么样？首先要解决的是确立合理的学习目标并围绕此目标选择学习材料。

（2）学字当头，用心研究。在教学中有哪些常见的低效或者无效的技术行为？应该如何解决才能达到高效？下面是我们在看课、师生交流中调查的常见问题，并附以解决建议，以表格形式列出。

（3）课堂执行力的果在评价。课堂教学的新理念要求我们对课堂教学评价进行重新思考和定位。我们认为，课堂教学执行力的评价应以"促进学生发展"为根本标准，"提高教师教学水平"为目标，不仅要评价学生的认知水平，还要评价学生在情感、意志、人格和潜能等方面的发展。评价的方法和手段要多元化，将教师评价与学生评价相结合，使学生成为评价主体之一。

（四）问题与反思

课堂教学是多变的，随着环境、学生水平、教师能力发展阶段、教学手段的变革等的不同，课堂教学也随之变化。教师的应变能力往往决定着课堂的走向，而教师的应变力和课堂过程中的执行力，是需要一段时间的磨合才能获得的，教师专业发展具有系统性、长期性、复杂性的特点，教师专业发展工作，需要投入大量的精力、人力、物力、财力。同时，提高教师的自我发展意识也是十分必要的。目前，一些教师没有明确的奋斗目标，缺乏钻劲，有得过且过的思想，认为研究是专家的事，与自己无关，没有意识到教学研究是他们自己专业发展的一部分，有的不是积极主动地参与到研究活动中来。加强教师的职业道德教育，增强教师的责任感和使命感，因此，激发教师主动走专业发展之路的欲望和热情，需要从政策、制度、评价等方面去加以激励。让教师更明确只有走专业发展之路，才能对得起教师这份职业，以实现从"被发展"到"想发展"的跨越。

本课题的研究主要围绕着课堂进行深入分析、探索和研究，以寻求促进教师专业发展的根源，并提供了有益的经验和借鉴。但一位教师的发展有诸多条件，所没触及之处还很多，对本课题中的一些专项，我们的研究还须进一步深入思考和研究。

本文获广东省教育研究院"十三五"规划重点课题研究成果一等奖

第五章

谈教论考

5

由例及类，巧妙突破

——谈"平衡图像"备考复习

一、"平衡图像"的高考现状

自 2010 年起，广东省实施"3 + 理综/文综"考试方案，该方案的实施，试题难度下降了，但综合性却更强了，既保证了考试的公平性，又考查了学生的综合素养和综合能力。就"平衡图像"这个知识点来说，纵观近三年全国各地高考化学试题尤其是广东省高考理科综合化学试题，我们发现化学平衡图像题占的比重不小，而且年年都考（见表 1）。奇怪的是虽然难度不大，得分率却不算高，这点不得不引起高三老师备考的重视。究其失分原因：一是平时的训练不够扎实，面铺得太大，要点不突出，导致学生读图能力不够强，答题不扣得分点；其二是教师不重视思维的拓展，导致考生灵活性不够，应对"意外"的能力不强。高考命题素有稳中求新的特点，2010 年、2011 年、2012 年连续考了三年的读图（基本稳定在 31 题或 32 题），2012 年高考突然增加与化工流程题的结合而且考查的是画图，反应方程式也突然从可逆反应转向不可逆反应。出题何其巧妙，难怪不少缺乏灵活性的考生在此丢分。

表 1　近三年广东高考平衡图像题的考查情况统计

年限	题号	分值
2010 年高考	31.（2）读图填空	4 分
2011 年高考	31.（1）读图填空	4 分
2012 年高考	31.（3）画图　32.（4）读图填空	4 分 + 4 分

二、"平衡图像"的重要性

为什么高考喜欢考平衡图像？因为图像体现了数形结合，它对知识进行了高度的概况，同时平衡图像题灵活可变（符合高考命题稳中求新），它能更好地考查一个考生的综合素质和科学素养，自然而然成了高考命题的宠儿。所以高考新课标考试说明中明确要求学生具备对图形和图表等的观察和分析能力，全面地考查学生分析、比较、概况、归纳问题的能力，是高考考查学生综合能力的一种重要方式。

三、由例及类，巧妙破解"平衡图像"

针对学生在平衡图像考题中的丢分情况，我觉得这是完全可以避免的。平衡图像的 4 分乃至 8 分我们普通中学考生不仅要拿，而且要力争全拿。在今年的高三一轮复习中，我通过引导学生研读高考提高学生的高考关注度，通过由例及类、各个击破强化学生的读图能力，通过变式训练和巧妙留白拓展学生的思维和应对"意外"的能力，仅用 2.5 课时就巧妙破解了难点"平衡图像"的专题复习。

1. 引导学生研读高考

决心越大，行动的结果越明显。既然平衡图像年年都考，高考就是最有说服力的证据，因此平衡图像的重要性老师根本无须多费口舌，把考纲和近三年的高考平衡图像题一汇总呈现，学生自然被震撼到，学好平衡图像的决心瞬间膨胀。另外，老师和学生共同研读高考，有助于帮助学生树立信心和更好地形成备考合力。

2. 简化分类、各个击破、强化读图

平衡图像是一个庞杂的体系，各种各样的图形不计其数，翻阅各种教辅资料、期刊，都无一例外地在平衡图像的复习中力求详细稳妥，至少要分出个八九十类，每一类都苦口婆心地讲呀练呀，看得学生眼花缭乱，老师也讲解得疲惫不堪，结果是吃力不讨好，一考试不少学生就乱了，答题难中要害。根据大脑的记忆规律，越简洁的东西越有力度。所以面对纷繁的"平衡图像"专题复习，提取同类项，简化分类，强力攻破就显得尤为重要。我将各种典型图像约 30 种汇总在一张试卷纸上，要求学生以小组为单位对各种平衡图像重新进行分类，要求类别不能超过 5 种。经过热烈的讨论和不断的修正，最后我和学生统一认识，只概况为四类图像：①定量—时间图像（囊括了 $C-T$ 图像、A% $-T$ 图像、转化率 $-t$ 图像等所有定量关心和时间的图像，为高考最常考图像，尤其喜欢考温度或催化剂为变量）；②多变量图像（至少有两个自变量）；③帽盖图像（外形像一顶正放或反放的帽子的图像）；④平衡线参

照图像（提供一条平衡线，对比分析各点的图像）。分类简化了，学生的思路清晰了，强力攻破也就不在话下了。这里的强力包括教师的精心设计、学生的手脑投入、学生的小组合作，使学生在更多的参与中内化吸收。整个流程包括：分类—突破技巧（学生讨论归纳得出）—典例解析—强化练习—高考体验，强化学生的读图能力和答题能力。

第一类　定量—时间图像

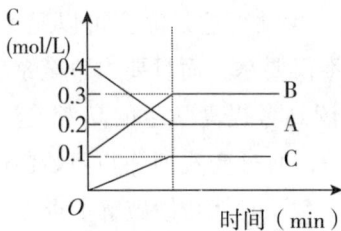

图1

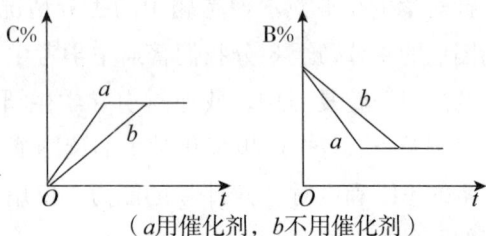

（a用催化剂，b不用催化剂）

图2

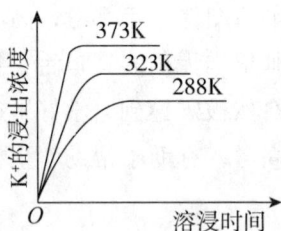

图3

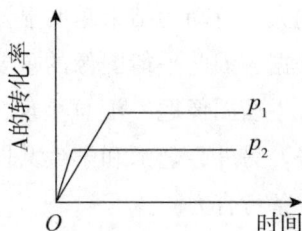

图4

【破解技巧】①看准坐标意义，牢记平衡移动原理；②拐点代表平衡出现；③先拐先平，速率大（有催化剂、温度升高或压强增大）。

[典例解析1]　可逆反应 mA（s）＋nB（g）$\rightleftharpoons$ pC（g）＋qD（g）。反应中，当其他条件不变时，C 的质量分数与温度（T）和压强（p）的关系如上图，根据图中曲线分析，判断下列叙述中正确的是（　　　）

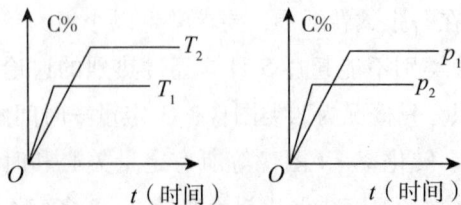

图5

（A）达到平衡后，若使用催化剂，C 的质量分数增大

（B）平衡后，若升高温度，则平衡向逆反应方向移动

（C）平衡后，增大 A 的量，有利于平衡正向移动

（D）化学方程式中一定有 $n > p + q$

解析：根据先拐先平，速率大推出 $T_2 > T_1$，$p_2 > p_1$，再看纵坐标比大小，温度越高，C% 越大，故升温平衡正向移动，B 错。压强越大，C% 越大，故增压正向移动，正向为气体计量系数小的方向，D 正确。催化剂同等程度影响速率，不影响平衡移动，故 A 错。增大固体的量浓度不变，不影响平衡，故 C 错。

小试牛刀　强化练习

练习 1　某逆反应为：A（g）＋B（g）$\rightleftharpoons$ 3C（g），图 6 中的甲、乙、丙分别表示在不同条件下，生成物 C 在反应混合物中的体积分数 C% 与反应时间 t 的关系。

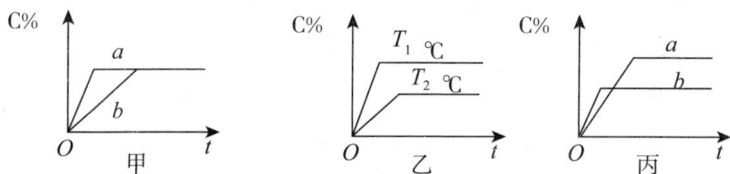

图 6

（1）图 6 甲中的 a、b 两条曲线分别表示有催化剂和无催化剂的情况，则曲线_____表示的是无催化剂时的情况（催化剂一般是指正催化剂）。

（2）若图 6 乙中的两条曲线分别表示在 100℃ 和 200℃ 时的情况，则可逆反应的正反应是_____（填"吸热"或"放热"）反应。T_1_____T_2（填"大于"或"小于"）。

（3）若图 6 丙中的 a、b 两条曲线分别表示在不同压强时的情况，则曲线_____表示的是压强较大时的情况。

体验高考　强化答题规范

练习 2　（2010 年广东 31）硼酸（H_3BO_3）在食品、医药领域应用广泛。在其他条件相同时，反应：$H_3BO_3 + 3CH_3OH \rightleftharpoons B(OCH_3)_3 + 3H_2O$ 中，H_3BO_3 的转化率（α）在不同温度下随反应时间（t）的变化见图 7，由图 7 可得出：

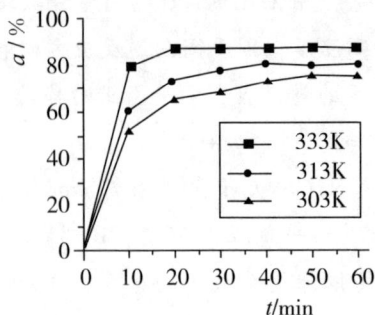

图 7

1. 温度对该反应的反应速率和平衡移动的影响是＿＿＿＿＿＿＿＿＿＿＿＿。

2. 该反应的 ΔH ＿＿＿＿＿＿0（填"<""="或">"）。

练习3　（2011 年广东 31）利用光能和光催化剂，可将 CO_2 和 H_2O（g）转化为 CH_4 和 O_2。紫外光照射时，在不同催化剂（Ⅰ，Ⅱ，Ⅲ）作用下，CH_4 产量随光照时间的变化如图 8 所示。

（1）在 0～30 小时内，CH_4 的平均生成速率Ⅵ、Ⅶ和Ⅷ从大到小的顺序为＿＿＿＿＿＿＿＿；反应开始后的 12 小时内，在第＿＿＿＿＿＿种催化剂的作用下，收集的 CH_4 最多。

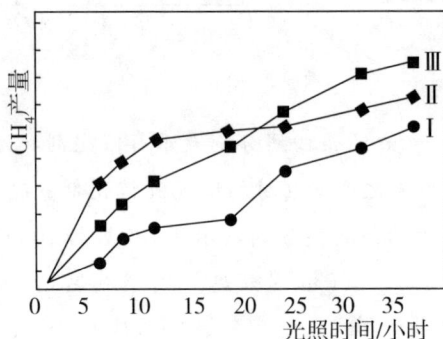

图 8

第二类　多变量图像（至少有两个自变量）

【破解技巧】定一议二

［典例解析 2］　转化率（百分含量）—时间—温度（或压强）图：● 对于反应 mA（g）$+nB$（g）$\rightleftharpoons pC$（g）$+qD$（g）

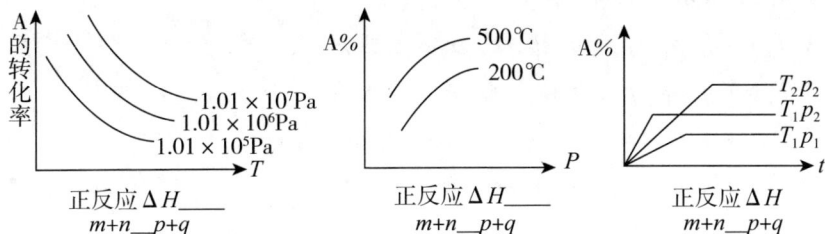

图 9

强化练习

练习 4 图 10 表示外界条件（温度、压强）的变化对下列反应的影响 A（s）+ B（g）$\rightleftharpoons$ 2C（g），在图中，Y 轴是指（　　）。

A. 平衡混合气体中 C 的体积分数

B. 平衡混合气体中 B 的体积分数

C. B 的转化率

D. A 的转化率

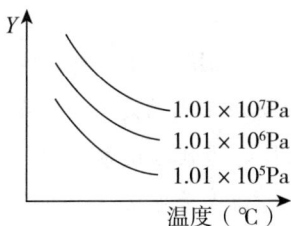

图 10

练习 5 已知某可逆反应：aA（g）+ bB（g）$\rightleftharpoons$ cC（g）。

在密闭容器中进行，在不同温度（T_1 和 T_2）及压强（p_1 和 p_2）下，混合气体中 B 的体积分数（B%）与反应时间（t）的关系。

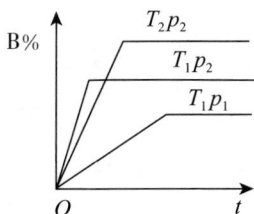

图 11

如图 11 所示，下列判断正确的是（　　）。

A．$T_1 < T_2$，$p_1 < p_2$，$a + b > c$，正反应吸热

B．$T_1 > T_2$，$p_1 < p_2$，$a + b < c$，正反应吸热

C．$T_1 < T_2$，$p_1 < p_2$，$a + b < c$，正反应放热

D．$T_1 > T_2$，$p_1 < p_2$，$a + b > c$，正反应放热

第三类　帽盖图像（外形像一顶正放或反放的帽子的图像）

对于反应 $mA（g）+ nB（g）\rightleftharpoons pC（g）+ qD（g）$。

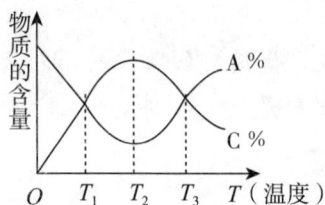
图 12

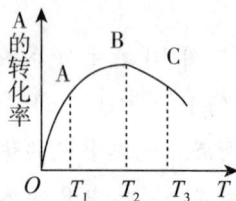
图 13

【破解技巧】顶点（最高或最低）为平衡点，分析平衡移动选顶点和顶点的后一点。

练习 6　已知可逆反应 $aA + bB \rightleftharpoons cC$ 中，物质的含量 A% 和 C% 随温度的变化曲线如图所示，下列说法正确的是（　　）。

A. 该反应在 T_1、T_3 温度时达到过化学平衡

B. 该反应在 T_2 温度时达到化学平衡

C. 该反应的递反应是放热反应过程

D. 升高温度，平衡会向正反应方向移动

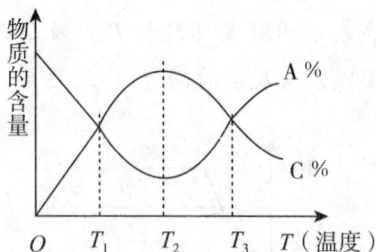
图 14

体验高考

练习 7　（2009 广东化学 15）取五等份 NO_2 分别加入温度不同、容积相同的恒容密闭容器中，发生反应：$2NO_2$（g）$\rightleftharpoons$ N_2O_4（g），$\Delta H < 0$ 反应相同时间后，分别测定体系中 NO_2 的百分量（$NO_2\%$），并作出其随反应温度（T）变化的关系图。下列示意图中，可能与实验结果相符的是（　　　）。

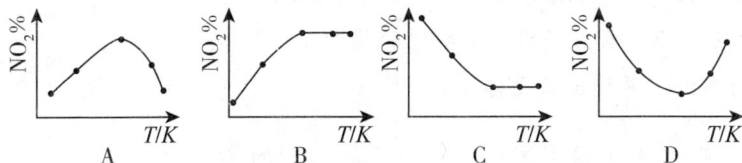

图 15

第四类　平衡线参照图像

【破解技巧】分析 A 点或 C 点。

用同温或同压下的对应的平衡点比较，比较 A、B、C 各点速率则由温度或压强决定。

练习 8　mM（s）+ nN（g）$\rightleftharpoons$ pQ（g）的可逆反应在定温时 N% 与压强的关系如图 16，下列有关叙述正确的是（　　　）。

A. A 点时，$v_{正} > v_{逆}$

B. A 点比 B 点的反应速率快

C. $n > p$

D. $m + n > p$

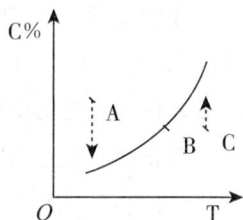

图 16

3. 直通高考，不留"意外"。

高考要出新意，就得有变化。用心研究高考的老师们都发现高考爱考"意外"，出其不意，放倒不少考生。其实这恰恰考的就是学生的灵活处理问题的能力。如何避免意外？就看老师平时备考是否注重学生多种能力的培养以及思维的拓展。读图是平衡图像的高考常规考法，但不是唯一考法，就像 2012 年高考新增的不可逆反应画图，所以光突破读图还不够，为了高考不意外，我们平时应该多给学生一些意外。

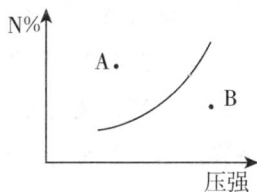

图 17

比如：①增加学生的画图能力训练，而且强调细节、得分点。②适当增补，对平衡图像做变式。如：$c-t$ 图像、$v-t$ 图像中横坐标纵坐标的意义对调，让学生画出图像。（3）不光练可逆反应加练 1~2 题不可逆反应。

变式练习 1　今有 X（g）+Y（g）$\rightleftharpoons$2Z（g）$\Delta H<0$。从反应开始经过 t_1 后达到平衡状态，t_2 时由于升高温度，平衡受到破坏，在 t_3 时又达到平衡，请你在图中画出 $t_2 \rightarrow t_3$ 曲线变化并作出必要的标注。

变式练习 2　画出下列两个图像的横坐标、纵坐标对调的图像，并作出必要标注。

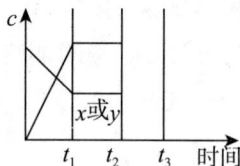

图 18

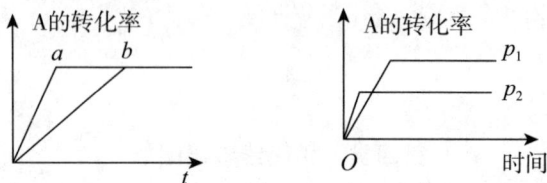

图 19

体验高考（2012 年广东 31）某小组探究反应条件对化学反应速率的影响。已知：$S_2O_8^{2-}+2I^-=2SO_4^{2-}+I_2$；已知某条件下，浓度 c（$S_2O_8^{2-}$）~反应时间 t 的变化曲线如图 20，若保持其他条件不变，请在答题卡坐标图中分别画出降低反应温度和加入催化剂时 c（$S_2O_8^{2-}$）~t 的变化曲线示意图（进行必要的标注）。

温馨提示：这道题的意义在于强调学生注意细节和得分点。

4. 巧妙留白，提升思维。

如果只是学生习惯地服从老师，一味循规蹈矩地做题，学生的头脑会慢慢僵化，久而久之学生的创造性就扼杀了，碰到新问题就无所适从，傻眼了，这正是 2012 年广东高考化学 31 题画图题暴露出来的问题。做老师的要警惕呀！别把学生的思维全塞满了，在平时的教学中多留一点空间给学生思考。平衡图像题中不妨巧妙留白，让学生看图来互相提问题，扮演高考考官，思维不是更开阔吗？

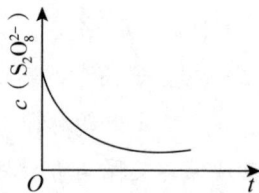

图 20

[拓展练习]　根据以下题干，请您扮演高考考官，提出问题：

氢气是合成氨的重要原料，合成氨反应的热化学方程式如下：

N_2（g） $+3H_2$（g） $\rightleftharpoons$ $2NH_3$（g） $\Delta H = -92.4kJ/mol$ 当合成氨反应达到平衡后，改变某一外界条件（不改变 N_2、H_2 和 NH_3 的量），反应速率与时间的关系如图 21 所示。

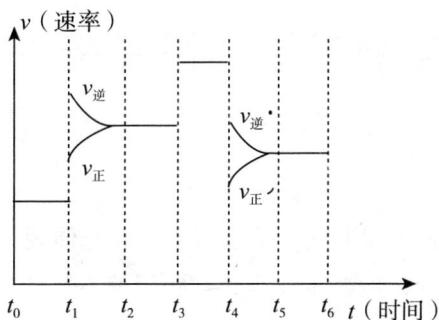

图 21

学生提出不少精彩的问题，摘选 4 个：

（1）图中 t_1、t_2 时刻引起平衡移动的条件可能是_____；

（2）其中 $t_0 \sim t_6$ 表示平衡混合物中 NH_3 的含量最高的一段时间是_____；

（3）若在 t_6 时降低温度请在图 21 中画出速率—时间变化图。

（4）t_1、t_2、t_3 时刻的平衡常数分别为 K_1、K_2、K_3 它们相互间是什么关系？

后期的反馈练习和考试成绩证明以上的设计是可以巧妙地有效突破"平衡图像"的复习的，正所谓"用心处处皆文章！"在高三复习过程中，只要老师设计得当，很多知识点我们都能有效突破。

本文于 2013 年在揭阳市化学高考学科会议上交流

研究考纲考题，提高备考质量

高考试题表面上看千变万化，但其实质却充分体现了考试说明的各项要求。并坚持"两个有利"的基本原则，试题不偏不怪，知识面覆盖广而重点突出，基础与能力的考查有机结合，体现了试题对考生的区分性与选拔功能。高考化学命题连年来保持了较好的稳定性和连续性，因此，认真研究分析考纲的各项要求和高考试题的特点，明确高考化学考什么，如何考，考多难，对搞好备考复习有着导向性作用。近年来高考化学试题的主要特点有：

一、覆盖双基，突出基本思想方法

对这几年的高考试题的研究分析可以看出，分值低的选择题、填空题主要是考查"三基"知识，即识记和理解层次的要求，分值高的实验题、无机、有机推断题，压轴题也是以"三基"为基础进行设计的，这些题虽然有考查学生综合推理能力的倾向，但只要双基扎实，便能迎刃而解。从考生答卷的情况看，造成大题失分的主要原因是"三基"不落实。试题中无论附分值低的基础题，还是附分值高的能力综合题，都充分体现对"三基"的考查，且覆盖率几乎达到80%以上。尽管年年试题年年新，但考查的"三基"内容却都按一定比例出现，基本保持稳定，只是试题的外观和知识点的设计及包装的形式不同而已，体现了"在变中考不变，万变不离其宗"的思想。考题对知识、技能和基本思想方法的考查比较符合考纲的要求，主要体现在对基础知识中的基本概念、基本理论、物质的性质等的考查，其含义比较容易确定，如常见的考点和热点问题几乎年年都考。对基本技能的考查其熟练程度几乎达到机械化的重复程序，如实验的操作技能、化学用语的使用技能等都占有相当比例。试题对化学基本思想方法如：物质结构—性质—制取—用途相结合的思想，原理—实验—现象—推论的思维方法，量变与质变及相似性与特殊性的辩证观点，理论联系实际的原则，还有在解决化学问题过程中的一些常用方法（差量法、守恒法、讨论法、终态法、极端假说法等）。考查的内容有逐年增加的趋势。可以说，学生如果没有扎实"三基"，想在高考中拿高分是不可能的。

二、创设新的化学情景，在变化与创新中侧重对能力的考查

由于高考是一种选拔考试，普通高等学校希望选拔基础知识扎实且能力较强的新生，而不是只会死记硬背的人，因此近几年来的试题量缩小了，对于记忆性知识的考查也减少了，虽减轻了学生在知识记忆上的负担，但学科的能力层次却有所提高，考题中有意识地按要求创设一定新的化学情景，或变换常见题型的设问角度和题的结构形式，巧妙而灵活，或以信息，如现代高科技、生活、生产、环保等为背景材料，起点高而落点低。目的在于加强对学生灵活和综合运用"三基"知识去分析解决化学问题的能力考查，这不只是分值高的题目中才有，在低分值题目中更为普遍。因此，在构建学科知识体系的同时，加强学科能力层次的培养尤为重要。

总之，高考化学试题是在不断变化中考不变的"三基"，又在不断的创新中考永恒的主题——学科能力。而对着几乎不变的考纲和多变的考题，该如何复习才能提高备考的质量呢？我认为要在有限的时间里提高备考的效率，过多的重复性训练、搞题海战术将无济于事，最多也只是事倍功半。要认真研究考纲考题，合理而精心地编制试题，精练精讲，从夯实基础入手去有计划地培养和提高学生各方面的能力层次。同时还必须注意下面几个环节。

1. 重温课本，夯实双基，使知识系统化

教材是高考命题的依据，在考前这段时间内，切忌一味搞高、难题目，应回归教材，查漏补缺，牢固掌握双基，并力求准确、迅速。这几年的高考题中都有一些题目直接来源于课本知识，或课本知识的迁移、拓宽、深化和推陈出新，但考生的通过率反而降低，因此指导学生按课本的章节顺序全面浏览，对一些重要的概念、定律和容易忽略、难以记忆，易混淆、易出错的内容，仔细阅读，并注意引导学生对知识网络化和系统化，以便于贮存和综合运用。教师还应认真研究近几年的高考试题并作横向的比较，根据考点、热点和要点编织知识体系和配套习题并使之形成专题，给予学生。千万别让学生坠入"题海"而浪费时间和精力，教师在讲课时应着重启发学生如何去归纳总结知识和运用知识去解决问题的技能及思维的方法，使知识的掌握和运用灵活地结合起来。

2. 狠抓基本技能和基本方法，注重学科能力的提高

高考化学试题并不完全是对过去学习内容掌握程度的测试，命题的重点在于能够迁移这些内容到广泛情境中去的能力，即侧重对学生潜在的学习能力倾向的考查，其途径是通过基本技能和学科基本思维方法为载体来进行的。考能力，并不一定题目难，其要求有不同的层次，以适应不同水平的考生。从1999—2005年高考化学试题中单涉及的化学使用技能，如化学式（结构式）和化学方程式书写的试题就约占了25分，由于现在高考试题容易了，评分标准却严格了，因书写不规范或文字表达含糊不清，不具体明确，化学术语不清晰，不切中要害，失分在5分以上的大有人在。要想在高考中夺取高分，化学用语的使用和文字表达的规范等基本技能非狠抓不可。学科的基本思想方法的形成，有利于学生尽快地建立学科的知识体系和能力体系，复习时应注意培养学生的学科思维方法，要将解题的方法提高到通性、通法的高度去分析比较，特别要注意同一知识内容或问题要引导学生从不同的角度进行思考，培养学生发散思维能力，并力求做到知例及类，切忌使用过深、过难、过偏的题目教学。这有悖于广东高考化学命题的方向，同时也容易使学生在应试时出现容易题"小地方、失大分"的后果。

3. 重视过程，力求灵活运用"三基"，提高应试水平

由于复习时间紧迫和急功近利思想的影响，总复习时极易犯两个错误：一是把"三基"训练孤立起来，只注重知识的结论，而不注意这些结论的形成和发展过程，不注意技能和方法的本质特征及应用的场合，结果造成知识与方法的僵化，生搬硬套或是应用不灵；二是在解题实践中只注意如何去解，而不注意如何去想、如何去探索，更不注意去体味与求解过程中所应领悟和掌握的学科思想和学科观念与方法，结果造成应变能力低下，"三基"知识不能灵活运用。因此，总复习时要注意知识的形成规律和发展过程的研究，让学生熟练地掌握学科知识体系、基本技能和基本方法，要重视解题的质量，特别要注意解题思路的探究过程中具有规律性的东西，注意解题后的总结、延伸、"玩味"，使学生学会触类旁通，提高解题能力。复习进入后期阶段，由于平时讲的、练的、考的，有的题目学生已做过多遍了，面对堆积如山的试题教师应精选和归类或创设一些综合性比较强的具有典型性的题目让学生有目的地演练，并注意不断地变换训练的层次，变换题目的形式，变换解题的方法，加强一题多解和一题多变的思维训练，激活学生探究化解难点的能力。为提高学生的应试水平，后期复习中还应力求让学生进行"实弹"演习，

全真模拟。每周最好有一套高考模拟综合试卷或往届高考试卷，力求在各环节上全真模拟，特别注意限在 2 小时内完成，对学生所做的每套试卷教师应及时批阅、分析和研究，并以此为依据进行重点讲评（而不是铺天盖地地讲评），要重点解决怎样审题、析题和谋题的策略、技巧，错解的原因及对策，还要讲应试的方法及应试心理、非智力因素的影响等，以提高学生的应试水平。

总之，高考复习应根据考纲要求和试题的特点，着眼于"三基"的积累，并在此基础上提高学生的各种能力素质，培养学生的学科基本技能和基本思维方法。应根据学生的特点，精心策划并落实备考的各项措施，采用灵活多变的教学方法，提高复习的效率，以适应高考的要求，才能立于不败之地。

发表于《揭阳教育》2003 年第 1 期

化学高考学生非智力失分原因分析与对策

从近几年广东化学高考评价信息中了解到，学生在化学高考答题过程中，审题、化学用语、文字表达、实验技能、思维品质等方面仍存在着较大的问题，是失分的一个重要因素。每年都有相当一部分考生出现"考场得意，考分失意"的怪现象，本人认为，这除了与高考评分细则要求过于苛刻有关外，最突出的问题主要有以下几个方面。

1. 符号书写不规范

在学生答卷中，常可以见到，元素符号、元素名称、周期数和族序数、阴离子和阳离子、电子式符号书写不规范；可逆反应中的"$\rightleftharpoons$"写错、化学式写错、漏写化学反应中的附加符号，如↑、↓、△等，有机物结构式中表示化学键的"—"指向不准；结构简式的书写没有突出官能团，氧化还原反应过程中电子转移方向和数目的标定混乱；有机物中的基团与离子符号相混淆，方程式书写欠配平或漏写，等等。殊不知这些符号是化学特有的语言，也是化学的学科基石和起点，在每年高考中约占 26 分，占着举足轻重的地位，据统计，平均每位考生在这一项的无谓失分不低于 5 分。这些常见错误看似简单、容易，也许基于这一点，没能引起重视，长期以来总是出错，造成失分过多，养成了不可避免的坏习惯。究其原因，主要是平常要求不严造成的。这里有教师的因素，也有学生的主观原因；有些教师平时在课堂教学过程中，如讲解例题、讲评作业或试卷时，随意性强，要求不规范，只注重答案结果，不注意解题过程中的各种能力的培养；布置作业也没有按一定格式严格要求，批改随意、马虎，只在学生作业中画"×"或"√"，不指出错在什么地方、为什么错，应该怎样书写才规范；学生接到作业本或试卷时，往往只是看有几个"√"，而忽视对这些错误进行研究和反思。长此以往，便养成了对自己要求不严的不良习惯，以致在考场上的不规范答题而失分。

2. 文字表达能力差

文字表达是化学学科的一项基本技能，在每年高考中约占 14 分，填空、简答、实验等都有文字表达题，从近几年高考评分标准及评分细则中可以看出，考生在这类题目的解答中失分最为严重。有的是一知半解，似是而非；有的是答非所问；有的写了一大堆，却没有说到"点"上；尤其是实验填空题。比如，2004年化学卷第19题，正确的操作步骤是：在A中加满水，盖紧瓶塞，若表达为"在A中加水，盖上瓶塞"，则被认为是叙述不严密而失分；第20题，由于表达欠妥或不完整而失分者更是普遍。这与学生平时表达欠规范、语言文字提炼能力差密切相关，如描述化学反应把有气体生成或有气体放出说成有气体冒出或跑出；不能准确表述在大试管中加热固体物质时大试管口要略向下倾斜的原因；氢气纯度的检验、浓硫酸与浓硝酸的混合方法叙述不好；对物质的分离、提纯说不清、次序颠倒等。所有这些，都反映出我们平时化学实验教学的质量不高。的确，有的学生进入实验室之前还理不清自己为什么要到实验室来，有的则怕这怕那，干脆坐着"袖手旁观"，有的根本不是带着问题来实验观察，而是想来看热闹的，还有相当一部分人是迫于无奈而来的。这种缺乏目的性和主动性的教学，必然影响了化学实验的基础教学。再加上长期以来教学参考书、复习资料、各种试题中把实验考查的内容大量地采用选择题、判断题的题型，这就使得学生文字表达能力的训练失去了常规的、大量的机会。虽然近几年化学教材中问答题的数量有所增多，但由于这类题目与选择题或计算题相比，答案内容多、叙述多、语句复杂，批改难度大，花费精力多、时间长，所以对这类题目往往采取了回避的态度，学生自然得不到应有的训练，所以不会用化学语言回答化学问题，这种有话但说不好而导致丢分的现象屡见不鲜。

3. 心情浮躁不在意

高考答题中，不是因为题目难度大不会做而失分，而是因为心情浮躁、粗心大意，本来会做的题、应该得满分的题反而失分，是最令人惋惜的。从平时教学中反馈的信息了解到，现在部分学生由于学习、生活各方面条件都比较好，不需要刻苦求生，没有也不需要经过艰苦磨炼，普遍存在着怕吃苦、心浮躁、不在意、求捷径、不刻苦的现象。平时做作业马虎了事的大有人在，解题时演算漫不经心的也不乏其人，甚至有的把答题搬到试题或答案卡上时，也常抄错；有的考生高考时，题目还没读完就着手做，边做边看，等到走不通的时候再回头重新看题目条件，反反复复，思路混乱；计算题计算结果，有的掉小数点，有的漏单位，有的则忘了有效数字，这都充分说明学生答题时的粗心大意。

4. 审题解答不仔细

高考时，不少学生由于平时心理素质差，考场上心理压力大，以及急躁情绪的影响，或阅读能力不佳，不注意审题，不按题目要求，答非所问；遇到题目，不注意题目中设置的"故意障碍"或"隐含条件"，不深入思考，常常是一看就会，一做就错。比如，题目要求学生推断元素写出元素或物质的名称，却写成元素符号或化学式；要求写结构简式或化学式，却写出结构式或者结构简式与结构式的混合式；要求写出离子方程式，却写成化学方程式；族序数ⅣA与ⅥA分辨不准；核外电子数与最外层电子数模糊不清；要求比较氧化性强弱顺序，却排出还原性的强弱；等等。由于审题不清而痛失分数的为数不少，比如，2004 年化学卷第 22 题的（3）小题要求写出推算过程，但有的考生只写为：$m_C = 24$，$m_H = 8$，$m_N = 28$，而得出化学式为$C_2H_8N_2$。这样被当作没有推算过程而扣 3 分。又如，第 25 题，不少考生没有注意到题目中所隐含的有效数字这一条件，而丢失 3 分以上的人不计其数；有的在书写方程式时没有利用题给的信息。如 2004 年化学卷第 23 题的（3）小题和第 24 题的（3）小题，不少考生忘记注明反应的具体条件，有的则是错别字多，如"石油汽""搅伴""媒油""已烷"等；这样的考生都被扣去了较多的分数，这些都凸显了学生的审题能力不强或基础知识掌握不牢固。

根据以上事实和分析，现就如何提高学生这几方面的能力，谈一点个人看法。

1. 养之有素，提高学生阅读审题能力

阅读能力是学会学习的前提和基础，也是培养和提升学生自学能力的前提和基础。不会阅读，就不会自学，也不可能具备很好的审题分析能力。根据调查了解，有 85% 以上的教师教学过程中不要求学生阅读教材，有的只是要求学生课前简单预习，敷衍了事地看一遍，普遍缺乏主动阅读教材的兴趣、热情和习惯，不深入思考问题，不能发现问题，也就提不出问题。

冰封三尺，非一日之寒。学会阅读，提高审题能力并非一朝一夕所能奏效。只靠高三一年的教学过程，想很快提高学生的阅读能力是不现实的，必须做大量细致的工作，必须融入长期的课堂教学过程之中，从基础抓起，从高一抓起。一是严格要求，让学生带着问题和疑惑，有目的、有计划地预习好每一节课，逐步培养学生获取信息的能力；二是课堂上留出阅读课文的时间，老师带着学生或指派几位学生从头到尾把这一节课讲的内容全部认真地通读一遍，并指出注意点，这样不仅可以让学生学会阅读，学会思维，还可

以弥补教师课堂教学中的遗漏和不足；三是理解记忆课本中的名篇佳句。比如，氧气化学性质实验中"防止溅落的熔化物炸裂瓶底"；用"冷而干燥的烧杯"检验氢气燃烧后的产物，用"壁内附有澄清石灰水的烧杯"检验一氧化碳燃烧后的产物；连通装置气密性的检验方法的叙述，喷泉实验发生原理的描述，实验室处理尾气连接一个"倒置漏斗"原因的解释，教材中演示实验步骤中的叙述，像取、加、放、滴、倒、产生、发生、放出、逸出等字词的规范应用，一些实验注意事项或采取某一措施原因的说明等，都有专门的术语，都应该要求学生理解、掌握、记忆，学会用化学语言去描述化学问题。

审题，首先是认真读好题。把一道试题中的各个设问全部读完，有时后面的设问对前面的问题有提示、点拨的意义，这样就能把握全题求解目的，就能厘清解题思路。其次是在阅读题干的基础上理解领会，要注意找出题干中关键的字词句，仔细分析、推敲题中的隐含条件。隐含条件往往具有反传统的思维模式，但它是分析问题和解决问题的突破口，一般隐藏在关键词句、方程式或图示中。比如，2003 年高考理科综合第 12 题的"在一容积可变的容器中"，通常给的条件都是"密闭容器中"；第 14 题"向 100g 澄清的饱和石灰水中加入 5.6g 生石灰"，通常这类题加入的固体可以形成结晶水合物使溶剂的量减少，但加入生石灰虽然不能形成结晶水合物，但它与水发生化合反应，照样可以使溶剂的量减少，析出更多的溶质。最后是有时还可以从试题的其他方面获取对解题有用的信息。比如，2003 年理综试题所给的 Li、Be 的相对原子质量的数据对解答第 31 题就有一定的启示。所以，仔细审题，并领会其中的关键隐含条件，解题就能突破，整体问题就能迎刃而解。

2. 严格要求，规范化学用语教学

化学用语是化学知识的基础，是学好化学的工具，也是培养学生化学科学素养的前提。像元素化合价的重要规律，元素符号的大、小写；元素符号的意义，原子或离子结构示意图，阴离子、阳离子及有机物基团、官能团的电子式；化学方程式的规范书写、过滤实验的操作过程的描述等，半时一定严格要求，准确掌握，狠抓一些细微处的规范训练。教师可以通过作业、课堂检测或学生在黑板上板演等途径，让学生尽量充分暴露容易出现和可能出现的错误，然后让学生集体订正，加深印象，以养成仔细、认真的良好习惯。

3. 注重实践，提高化学实验设计能力

实验教学是化学教学的基本形式之一，也是高考要求考生必须具备的一种重要能力。通过实验教学可以激发学生的学习兴趣，引导学生主动探究；

通过实验观察各种真实、生动的化学反应现象，可以让学生了解物质变化的事实或知识产生的根源和过程，加深对知识的理解和掌握；通过实验过程中的动手、动脑、动眼等训练，可以培养和提高学生自主探究、合作创新的思维能力及实事求是的科学态度。

在近几年的高考试题中，实验能力的要求有增加难度、加大力度的倾向。这正是素质教育所要求的，务必引起广大教师的注意。

2001 年第 28 题是实验室常见的制取氢气的装置，实际上是初中化学知识，重点是考查实验操作技巧和操作原理，但只不过设问方式稍有创新，题目并不难。2002 年第 29 题第 II 题的化学实验题，是关于氨气的两个喷泉实验装置图，一个是学习过的常规装置，要求学生填写操作步骤和原理；另一个是改装的不同装置，要求学生说明引发喷泉现象的方法；2003 年第 33 题是实验室两种制取 $Fe(OH)_2$ 的方法，一种是常规方法，要求学生说明操作理由，另一种是新设计的，要求学生根据装置图填写操作步骤，这些虽然都涉及化学实验的创新设计，但难度都不是很大，学生却失分较多。因此，建议教学中对一些复杂的化学实验，不仅要求学生掌握影响实验效果的不利因素，而且要引导学生研究分析采取哪些措施更有利于实验进行，使实验效果更好；如何改进实验装置，可以得到同样效果；在复习过程中，教师带领学生根据以上事实和变化趋势，开放实验室，帮助学生亲自动手改进一些重要实验或增加一些新的实验，提高学生实验设计能力。

4. 善始善终，加强学生责任心的教育

责任心是做好一切事情的基石和动力，没有或缺乏责任心的人，办事往往半途而废或不能持之以恒。平时教学中，加强学生理想教育，引导学生树立正确的人生观和价值观，树立远大成长目标，激发学生学习化学的兴趣，鼓励学生学习的主动性和自觉性，培养学生仔细认真的科学态度，帮助学生树立自信心和责任心。

比如，布置作业时，让学生认真仔细抄题，标点符号也不能抄错；规范解题步骤，要求学生写出答案；做错的题要求学生认真反思、分析原因，然后再重新做一遍，不能急于求成，最好让学生把自己做错题的错误思路单独收集整理起来，避免以后再出错；平时要求学生办事要认真仔细、科学严谨，要有始有终，善始善终，同学之间加强合作、相互尊重、相互监督。逐步培养学生热爱老师、热爱学习、热爱科学，一丝不苟、积极负责地对待学习，对待求知。

5. 科学评价试题，培养学生思维能力

试题的评价，尤其是科学地评价每年的高考试题，对指导教学、指导学生复习，厘清解题思路，掌握科学解题方法，培养学生能力，具有举足轻重的作用。试题评价的重点应是试题所涉及的题目类型、知识范围、能力种类、科学原理和规律，以及通过试题评价研究如何改进我们的教法和学法，以提高和发展学生掌握知识的能力。但有些教师对试题的分析说得太死，思维定式太狭窄，限制了学生思维的发展。

比如，有的教师在分析高考题时，强调试卷中题目的编排顺序一定是先易后难；选择题的每个大题一定包含多少个小题，分值一定是多少；最后一个大题一定是很难的计算题；全卷题量一定是多少个；等等。学生在这种固定思维影响下，考场上万一遇到题序、各类题型数量、分值等稍有变化，就会造成手忙脚乱、不知所措，影响情绪。高考试题量的多少，题序的编排、分值的多少，虽然每年《考试说明》中都提供样卷，但样卷毕竟是样卷，这些方面命题专家随时都可能改变，不一定固定那么死。比如，题目数量，一个大题可以分成几个小题，几个小题也可以合成一个大题，这都是可变的；这是超出人们的想象，学生感到试题排序"乱"，造成不少考生的不适应，影响了考试成绩。

所以建议同行们，在做试题分析时，不应在这些方面强调过多，重点是科学评价，抓好"三基"，强调能力，要求学生放开思维，真正做到举一反三、触类旁通，才能以不变应万变，力争超常发挥，考出理想成绩。

本文于 2008 年获广东省教学论文评比一等奖

筑牢双基 注重细节 提质增分

——化学考前动员讲话

备考已经进入后期冲刺阶段，这是备考提质增分的重要时段，老师应要求各位同学每做一套试卷、每做一道题、每复习一个单元（专题）都要特别注意：

（1）冷静审题，细心做题，已知未知，清清楚楚。

知道什么，需求什么，要用什么，明明白白。

（2）必须正确书写。化合物的电子式、有机物的结构简式、化学方程式、离子方程式、热化学方程式、电极反应式、符号和单位。

（3）强化重点热点：①注重基础和主干知识：a 氧化还原反应的应用 b 能量和热化学反应 c 期表的应用 d 原电池原理 e 电解原理 f 电极反应 g 电离平衡和盐类水解 h 化学反应速率和化学平衡 i 化学键和晶体结构。②注重分析和推理的能力：a 无机和有机化学框图题的分析和推理 b 同分异构体的分析和推理 c 新情景、新背景的信息获取和分析应用。

（4）熟悉：a 元素化合物知识 b 有机化合物官能团的转变及反应类型 c 化学计算：①十字交叉法；②差量法；③极值讨论法；④能量计算；⑤有机物燃烧的计算；⑥电化学计算；⑦纯度计算。

（5）搞清化学实验的目的、原理、装置和要求，评价和改进的思路要新颖，具有创新和开放性。

一、回顾错题 避蹈覆辙

"面壁十年图破壁"，中学生涯就只有几十天了，命运把莘莘学子送到了高考的前沿阵地，只等 6 月 7 日 "号角" 的吹响。在这最后仅余的几百小时的有效备考时间里，我们该如何做才更科学实效呢？

大量事实证明，学生考试失误的主要原因可归纳为 "八个不够"：一是心态不够"平常";二是审题不够仔细;三是思维不够灵活;四是双基不够扎实;五是能力不够"综合";六是"实验"不够重视;七是书写不够规范;八是表达不够清楚。如此多"不够",怎能会不失误?备考到了四五月份,若想再从头做起,以求系统知识、升华能力似乎是不可能的,正确有效的做法之一是"查错改错"——翻阅剖析平日练习中所积累的典型错误题,以及近三年高考题中自己易失误的题目和错误角度(原因),以求"析一堑,长一智",从而巩固战果,防止滑坡。

在查错中,要针对错误,限期整改,强化过关,哪怕是一些微不足道的小错误,也绝不能姑息迁就,自我原谅,更不可自认为"这个知识点不重要,那个知识点可能不考"就放松警惕,"纠错"应全面到位,一切为了"考试后不后悔"而努力。

1. 审题失误,是不少考生与大学失之交臂的重要原因

正确审题是正确解题的前提。近年高考试题中的迷惑性因素越来越多,"危机四伏""不识庐山真面目"往往置题于死地。审题一般遵循下列程序:粗审——→细审——→精审。粗审——从宏观上把握题目的命题意图,明晰题意,理顺关系,找出各题示条件、数据、信息等与设问间的线性关系,从而形成整体的解题思路;细审——仔细揣摩关键字词的含义,哪些是有效条件(信息),哪些是干扰条件(信息),有哪些隐含条件,有哪些潜在的易忽略因素,涉及哪些易混易错的概念,找准正确解题的最佳切入角度和突破口;精审——在题干和设问的细节上进行必要的"咬文嚼字",以避免"一字之差"的失误。

从考试情况来看,审题常见错误有:①阅读能力差,看不懂题意(读不出关键字词,找不出条件与设问及各有关数据间的内在联系)。②不能敏锐地察觉题示"信号",不能全面地挖掘"隐含"条件,不能有效地舍弃"多余"条件,题目理不出头绪。③不能具体问题具体分析。④不看全题,断章取义。部分同学喜欢看一段做一段,做到后半题时才发现前半题做错了,只得从头再来。须知,一道化学题包含完整的内容,是一个整体。有的句与句之间有着内在的联系,有的前后呼应,相互衬垫。所以必须总观全题,全面领会题意。⑤粗心大意,一掠而过。如许多考生把不可能看成可能;把由大到小看成由小到大;把化合物看成物质或单质;把不正确看成正确;把强弱顺序看成弱强顺序而答错;名称与符号、正确与错误、分子式与结构式、混合物与化合物、化学方程式与离子方程式等也是审题的易误点。⑥误解题意,答非

所问。⑦审题不透，一知半解。许多同学见到新情境题目，内心紧张，未能全面理解题意。

2. 双基不牢，无法作答，是影响考生成绩的根本原因

应知应会的基础知识和基本技能不到位，无法保证在考试时迅速从大脑中准确提取有关知识信息，似"无米之炊"，而只能望题兴叹。

从实践来看，纠错时要绝对强化对双基知识的记忆，每次看书改错，都要抱定"这是最后一次"的态度。如何才能有效地防止失误呢？这主要靠考生自己的努力，平日学习要努力挖掘自我总结知识的潜能，在不违背科学性的前提下，将所学知识按自己习惯的记忆方式，建立有序的、便于准确迅速提取的知识网络，并在运用中不断熟悉和完善。

3. 能力差是影响考生成绩的关键

概括起来讲，考生的能力差主要表现在：①观察（审题）能力差。②实验能力差。正确完成化学实验基本操作的能力差；根据题目要求，设计和评价简单实验方案的能力差；分析综合实验的能力差。③思维能力差。不会或者说不善于根据题目要求准确调出头脑中储存的知识块，并将它们分解、迁移、转换、重组，去解决化学问题；在思维的敏捷性、严密性、整体性和创造性方面都显得欠缺；在利用数学工具解决化学问题时，找不到化学反应的关系式和关系量；不会运用化学原理（或化学概念）进行推理，以免去繁杂的计算，不会讨论取值范围。④自学能力差。读不懂题目中的新知识（新信息）；得到新信息，不会联想旧知识，不会运用新旧知识去解决新问题；不会有选择地使用新信息，用于以解决具体问题。⑤表达能力差。语言表述缺乏逻辑性、准确性；不会利用化学用语解释化学问题；语言用词不规范，用方言土语，缺乏力度；步骤欠规范、欠条理，解题思路不顺畅；解答不彻底，语言不到位，语句含糊有歧义；个别边缘性题目的回答，不善于用"外交语言"，个别地方不会巧妙回避。

4. 审题的几点技巧

（1）去粗取精。

有些试题在题干中隐蔽迷惑因素，可谓"明修栈道，暗度陈仓"。考生解题时，切勿被表象所迷惑，要透过现象看到本质。

（2）避虚就实。

有些试题在概念的内涵和外延上搞"鱼目混珠"。有的学生因掉以轻心、概念模糊、麻痹大意、分析问题缺乏深广度，从而诱发错误的直觉，结果在

自我感觉良好中"大意失荆州"。审题时应避虚就实，切中要害。

（3）发散思维。

有些题目中设置多重条件、多种因素；或涉及物质间反应的层次性和递进性；或选择题正确选项有两个或多个，但这些选项从不同的思维角度考虑同一问题。因此，审题时应广开思路，全面考虑，切勿顾此失彼。特别是多项选择题的求解，更忌视角唯一，思维狭隘。

（4）克"新"制胜。

有些试题的题干设置了陌生的新情境（新科技、新反应、新材料、新知识、新物质、新领域等），"新"仅仅是一种表象，设问仍需用我们已学过的和题示的示例知识作答，故审题时应抓住新与旧的内在联系，由此及彼，由表及里，克新制胜。

（5）去伪存真。

不少试题在条件中陷阱密布，以考查学生灵活思维的能力。解这类题时要思维缜密，抓住问题的关键，提纲挈领，去伪存真。

另外，在审题时还要注意排除习惯干扰和思维定式，具体问题具体分析，同时还要克服对难题的生畏心理，做到知难而进，三思而行。

二、规范化解题急待加强

近年高考化学阅卷分析结果给我们的最大启示是规范答题，减少失分，势在必行！我们有不少同学平日测练都有这样的教训：①会而不对。主要表现在解题思路上，或考虑不全，或推理不严，或书写不准，最后答案是错的。②对而不全。主要表现在思路大致正确，最后的结论也出来了，但丢三落四，或遗漏某一答案，或讨论不够完备，或是以偏概全。③全而不精。虽面面俱到，但语言不到位，答不到点子上。多是由于答题时一系列的不规范所致。因此，我们平日练习、测试直至参加高考，在答题时必须自始至终地事事、处处规范，以求最大限度地减少非知识性失分。力争做到"你认为会的应该是对的，你认为对的应该是全对的"。

1. 审题、思维规范

一道题目的情境、立意、设问之间存在着必然的内在联系，而通过有效审题是形成正确解题思路的前提。因此，我们审题时应注重规范。

2. 书写、表达规范

每年的阅卷评分标准上都有这样一句话："化学专用名词中出现错别字、

元素符号有错误，都要参照评分标准扣分；化学方程式、离子方程式未配平的，都不给分；在做计算题时没有考虑有效数字的，按规定扣分；没注意量纲单位的，按规定处理……"但每年都有不少同学因书写错别字、生造字、潦草字或乱写错写化学符号、化学用语，书写不规范以及卷面乱写乱画等，而与大学无缘。常见的错误有绿（氯）气、熔（溶）解、退（褪）色、消（硝）化、黄（磺）化、油酯（脂）、脂（酯）化、氨（铵）盐、金钢（刚）石；元素符号错为 Ce（氯）、Mg（镁）、Ca（铜），分子式错为 Co（CO）、H_3P（PH_3）、$NaSO_3$（Na_2SO_3）；无机方程式错用"——"，有机方程式错用"＝＝＝"，↑、↓、$+Q$、$-Q$、电荷与价标、写电子式时"［ ］"的应用及电荷标示，物质的聚集状态、特殊的反应条件等。因此，我们在做题时要严格规范，认真书写，注重语言的逻辑性，做到言简意赅，同时还要注意化学用语的有效使用，切忌词不达意、言不由衷、语无伦次，更忌答非所问。所答内容的内涵要严格与设问的外延相吻合。

3. 格式、步骤规范

规范的格式和严密的步骤，能充分体现出应试者的"严谨治学""精益求精"的涵养，体现出应试者顺畅科学的应答思路和良好的做题习惯。以计算题为例："解""设"（直设和曲设）、"写"（化学方程式、关系式）、"列"（代数式、比例式）、"解"（解出答案）、"论"（必要时依据题意进行讨论）、"转"（将求解结果过渡转化成设问所求结果）、"答"（点明答案，给阅卷者提供视觉上的方便）。此外，解答过程中还要进行必要的语言衔接，"因为""所以""因此""解知""故""由题意"等词语更要适时适地运用，以体现规范性和严密性。

从升学角度讲，我们最终要做"人家"的题，让"人家"评卷，从而决定自己的命运，因此析题、答题要多"设身处地"。规范解题时心中要装着三个人：一是高素质的自我；二是精明的命题者；三是挑剔的阅卷者。内强素质是自我规范的前提，平日测练我们都要注意各环节的规范，久而久之，规范的"习惯"才会升华成"自然"的规范。一般说来，命题者总是会通过精心设计题干，在题目的知识载体中，借助于"情境、立意、设问"的巧妙角度等，嵌进一些并非显露的信息或题障，以充分体现题目良好的区分度和选拔功能，如果应试者不去认真研析命题意图，只是一味地"凭印象、凭经验、凭感觉"去思考问题，则一定会被一些表观而非本质的东西诱进陷阱。我们做出的高考题是让阅卷人看的，如果做题时只"唯我"而不设身处地地从评卷角度去考虑，那么一定会吃亏的。解答和书写时应时刻想到如下问题：①这样写阅卷时能否看清？②这是不是最佳角度？标准答案会从哪个角度设置？③这样的格式和布局是否有利于阅卷？④某些字符的书写是否会造成歧义或产生误会？⑤专业术语、专用符号（名词）的运用是否符合阅读或使用习惯？……

三、调整心态、适度模拟

任何成功都需要一定的条件，高考也不例外，许多人认为成绩好（智力好）就行，其实不然，我们周围有许多平时成绩好的同学考不过平时成绩平平的同学，究其原因，心理状态起到了决定性的作用。考试焦虑是每一位同学都会遇到的问题，由准备考试所引起的一定程度上的心理紧迫感，是正常的心理保护反应，对自己的身体、心理及学习活动，不仅没有害处，反而会有益处。当然，考试焦虑比较严重的，例如，一进教室、一听老师讲课、一拿起书就头痛、恶心的同学应离开学习场所休息一段时间，或者针对自己的一些心理症状，向心理老师咨询。我想，适度的心理定位和充分的自信，加上有规律的学习活动和体育运动，就能调整好自己的心理状态。在临近高考时，适度的模拟训练，也可以帮助自己尽早进入角色，在高考中取得好成绩。

根据个人水平，有选择地适度做一些新题或研究分析一些新题解法，目的在于体会集训试题的新视角、新思路、新方法，以及体现命题改革的新观念，切不宜多。一些联系环境、健康、能源、化学新成就、识别伪科学等体现化学价值的应用题，重视化学科学思想方法、化学实验方法的考查题，可以拓宽解题思路。

本文于2004年3月在普宁市化学科备考会议上交流。发表于《揭阳教育》（2004年4月）

月考试卷这样分析，
考试成绩才会越考越好

考试的功能有两种：检验和选拔。除了中考、高考、竞赛类考试以外，其余几乎都是检验学生对知识的掌握情况，从中发现问题，帮助学生查漏补缺、调整学习方法。所以，考后试卷分析其实是考试的一部分，或者说，与分数的获得相比，考后试卷分析才是真正收获的手段。

一、分析策略

所谓考后试卷分析，是指考试后订正试卷中出现的错误，分析考试的收获，以及考试暴露出的问题，然后归类，逐一进行对照并制订出自我提高的措施与方法。所以，试卷分析要讲究以下四个策略。

1. 从逐题分析到整体分析

从每一道错题入手，分析错误的知识原因、能力原因、解题习惯原因等。分析思路是：①这道题考查的知识点是什么？②知识点的内容是什么？③这道题是怎样运用这一知识点解决问题的？④这道题的解题过程是什么？⑤这道题还有其他的解法吗？在此基础上，学生就可以进行整体分析，拿出一个总体结论了。

通常情况下，学生考试丢分的原因大体有三种，知识不清、问题情景不清和表述不清。

所谓"知识不清"，就是在考试之前没有把知识学清楚，丢分发生在考试之前，与考试发挥没有关系。

所谓"问题情景不清"，就是审题不清，没有把问题看明白，或是不能把问题看明白。这是一个审题能力、审题习惯问题。

所谓"表述不清"，指的是虽然知识具备、审题清楚，问题能够解决，但表述凌乱、词不达意。上述问题逐步由低级发展到高级。研究这三者所造成的丢分比例，用数字说话，也就能够得到整体结论，找到整体方向了。

2. 从数字分析到性质分析

要点有三：

① 统计各科因各种原因的丢分数值。如计算失误失分、审题不清失分、考虑不周失分、公式记错失分、概念不清失分等。

② 找出最不该丢的 5～10 分。这些分数是最有希望获得的，找出来很有必要。在后续学习中，努力找回这些分数可望即可。如果真正做到这些，那么不同学科累计在一起，总分提高也就很可观了。

③ 任何一处失分，有可能是偶然性失分，也有可能是必然性失分，学生要学会透过现象看本质，找到失分的真正原因。

3. 从口头分析到书面分析

在学习过程中，反思十分必要。所谓反思，就是自己和自己对话。这样的对话可能是潜意识的，可能是口头表达，最好是书面表达。从潜意识的存在到口头表达是一次进步，从口头表达到书面表达又是一次进步。书面表达是考后试卷分析的最高级形式。所以，建议学生在考试后写出书面的试卷分析。这个分析是反观自己的一面镜子，是以后进步的重要阶梯。

4. 从归因分析到对策分析

以上分析，都属现象分析，在此基础上，学生就可以进行归因分析和对策分析。三种分析逐层递进：现象分析回答了"什么样"，归因分析回答"为什么"，对策分析回答"怎么办"。对此，学生要首先做到心中有数。

二、九字诀

1. 马上写

首先，学生把做错的题重新抄一遍，然后请教老师或同学，详细写出正确过程和答案，主观性试题还应根据老师讲解的解题思路补充齐全。

2. 及时析

及时写出对试卷的分析内容，包含以下两步：①综合评价，即哪些题目做得比较好，哪些题目存在失误？②在纠正错题的基础上，对错题进行归类，找准原因，对症下药。

错误原因一般有三种情况。

一是对教材中的观点、原理理解有误，或理解不广、不深、不透；

二是对某些题型的解题思路、技巧未能掌握，或不能灵活地加以运用；

三是表现在答题时的非智力因素方面，如遇到复杂些的论述题，便产生恐惧心理等，从而造成失误。

如果是第一种原因，学生应针对题目所涉及的有关知识要点及原理内容认真地加以复习巩固，真正弄懂弄通，如果是第二种原因，学生应要求自己务必掌握某一题型的答题要领。

无论哪一类题型，都有答题思路和方法，但关键是对某一特定试题具体作答的"个性"和"特殊性"，只有细心体会，才会有所感悟和提高。如果是第三种原因，学生应在平时训练中有意识地培养和锻炼自己的良好应试心理素质，努力克服不良心态，在答题时做到从容不迫、沉着冷静。

3. 经常翻

试卷自我分析写完后，和试卷粘贴在一起，要注意保存。积累多了，可以装订成册。千万不要束之高阁，要经常翻阅复习，以达到巩固知识，加强理解，培养能力，掌握规律的目的。

本文于 2014 年 12 月 12 日在揭阳市学科会议上交流

优化课堂备考，提高备考效率

高三进入备考阶段，复习课效率直接关系到备考质量，那么，如何优化课堂备考，提高备考效率呢？

一、避免这种课

（1）对着课本重刷一遍。记住："炒冷饭"是学生最讨厌的，也是复习最避忌的。

（2）对着教辅说重点、读考点、讲练习。记住：因"你有一套，我也有一套"，这会导致出现"你讲你的，我看我的"。

（3）对着课件读题、析表、说题。记住：只看、只听，没有操作与体验是难以形成思维和能力。

（4）只顾自己的感受，一厢情愿地不停讲。记住：你会了，学生不一定会，你讲的，也许学生都知道了，学生的问题与需要才是你教学的主旨。

（5）高密度与频度地讲。记住：高密度与频度和接纳度不是正相关关系，适当留白或放慢脚步，更有利于接纳与反刍。

（6）整节课不停地问，全班学生不停地答。记住：看似是互动热闹、氛围好，实则是一种应激或条件反射，只有有质量的问，才能促进有效的思。

二、思考这种课

（1）依"纲"不忘"本"。抛开课本的复习十分普遍，一方面是认为课本已经读过了；另一方面是觉得课本没什么可"挖"的东西了。

其实，很多考题在课本中都能找到相应痕迹，只是大多老师不去认真考究罢了。还有，一节课有时上了 1～2 课时，学生在课本画了又画，写了又写，当你回归课本"刷点"时，可能只用几分钟时间，便能勾起学生回忆，这种快速的温故知新，能大大地提高复习效率！

（2）用"辅"不忘"变"。切莫全盘依辅而教。教辅是人家早期选材编好的，课堂是随机变化的，计划是难以跟上变化的。

课堂中的学生思维是灵活多变的，只有捕捉学生问题，抓住关键知识，才能促进思维的形成，才能有效地把"死"知识"活"起来，而不是为"辅"而教辅，若此，一方面，会让学生失去活鲜感；另一方面，会把学生思维只囿于本本中。

况且，这种千人一辅的课堂，无法适合于每一个学生，因此，教师不应只是在备教辅、教教辅，而是要通过自己的吸收、整合、融会，使之适合于学生的学。

（3）用"电"不忘"思"。课件不是内容越多越好。课件只是教学的一种辅助手段，用于展示问题或情思创设。但，很多老师却把要讲的都做成课件，导致整节课都在放映课件，学生都在看课件。

这种令人应接不暇的、高频度的电灌，使学生只有观看的份，而失却了动手与思考时间。"举头望明月"，关键在于"低头'思'故乡"。希望"善水者别溺于水"。

（4）因"需"才有"讲"。教师主导课堂是不争的事实，但，我们究竟为什么教？为谁讲？当你走上讲台之前，就要先想着这些问题。

为什么而讲？就是因为学生需要，为学生疑问而讲，这才是有效的讲。若你之所讲不是学生迫切需求待解的，否则，课堂上师生将是分道扬镳。基于此，教师带着问题、带着思考，带着学生之期盼……你的课堂不会差到哪里去！

为谁讲？这本是明显不过的，但，现实却往往是老师的"独乐乐"而不是"与人乐乐"，这将导致"好教不好考"的弊端。

老师只有明白为谁而讲，才能定位好自己的讲；只有为你学生需要而讲，这样的讲才有针对性。

（5）因"问"才有"课"。没有问题就没有课堂，课堂价值取向是效果，而效果则是以问题为导向。

问，不只是老师的问，更重要的是学生会问，问的质量决定课堂效性。教师之问基点，就是让学生发现自己的思维缺陷、困惑问题，并引发学生的思考与探索，激发其求知欲。

因此，教师之问，不仅要有度，而且要讲究艺术。但目前，很多老师仍喜欢"班问"，而忽视"个问"，班问，班说，貌似热烈，实是"虚胖"；个问，更能显示学生的学与思是否完整，更能发展学生学习的深度和广度。但，因老师要赶进度或完成整课，怕"浪费"时间而少采用，或经常打断、抢白学生的表述，导致课堂之问难以达到应有效果。

要知道，一节课中，学生真正需要老师释疑解惑的问题并不多，老师提出有意义的、学生需要待解决的问题，启发引导，并留白让学生思考，以便培养和完善学生的学科思维链。

（6）因"密"而失"效"。有效的课堂是思考的课堂，但，我们很多老师却常常忘却这一点，错误地认为，讲得越多，学生接纳就越多，课堂密度越大、容量越大，学生学到的知识就越多。

于是，从"满堂灌"转变为"电灌""网灌"，恨不得在 40 分钟里，把所有的东西填塞得满满的。殊不知，这是一种"高密低产"行为。我们知道，每分钟最大限度能接住 30 个篮球的人，如果你每分钟传给他 100 个球，他会因心慌而手忙脚乱，最终，或许只能接上 10 个球……

效益定律告诉我们：$1 \times 100 > 100 \times 1$，即 1 个问题从不同角度思考 100 遍，比 100 个问题走马观花浏览一遍，效果要好得多！

因此，课堂容量应适合学生的思维度。切记，知识的堆砌与高频输出，往往会导致事与愿违！

三、尝试这种课

（1）创生课：课堂上教师要先收集学生问题，创设出问题情境，然后引导让学生说问题、说想法、说困惑，教师再与学生共同讨论，共同分析，共同解决，共同生成课课堂。

（2）思维导课：复习课需要将知识和问题以联想思维的方式实施教学，才能更好地达到温故知新，因此，教师要善于创设问题，并将问题以梯度形式呈现，让学生由易到难、由浅入深、由简及繁，通过课的思维链（或导图链），师生进行修补完善。这样的课，学生的思维能得到最大限度的发展。

（3）问题习题课：课堂上教师将教学和知识问题采用"习题串"形式施教，并有意识地把关键知识、考点热点、能力问题等贯穿于题目中，让学生在解题过程中巩固知识、应用知识、迁移知识，发展学科能力。

本文为 2015 年 9 月在普宁市高考备考会上的讲话

"卷模复习法"——高效提分复习法

备考进入二轮复习，学生与老师大都进入了知识和能力的瓶颈，备考效益难以得到有效的提高。下面介绍一种备考复习法——"卷模复习法"。这一方法或许能为大家在二轮复习时找到一条高效提分的蹊径。

一、特点

针对性强、实效性好、提分速度快，而且可操作性强。

二、适应性

这种方式适于高三、初三的第二轮备考复习。

三、依据

各科考试均保持相对稳定，或大稳定，小变化。考题覆盖知识范围与能力点基本稳定，每道考题对应的知识体系（知识点、知识链）、专项（专题、模块）基本稳定，综合题（综合几种知识、模块整合或渗透）等基本固定，常考点基出现场率高，对于个别变化较大的题目，复习时注意融入相关信息，或适当拓展迁移。

四、措施

（一）时间安排

初三：40～45天，初三（4月中旬至6月初）

高三：50～60天，高三（3月中旬至5月上旬）

（二）做法——按卷模结构顺序进行

下面将就卷模复习逐一说明：

1. 客观题

选择题考查的是学科的双基。有的考题跨度很大"如正误选择题",有的通过设置新情境问题去考查某专项知识或技能,有的是考查综合分析能力(如由信息、图、表构成的)……

如第 1 道选择题,若你的学生解答没大的问题,教师可汇编近五年国(中)考题加近三年各地模拟题(同题异构),8~12 题,让学生熟练,程度好的学生题量可少些,程度较差的学生题量适当增加(基础差的学生是靠低难度题得分),以便做到十拿九稳。学生训练完之后,教师不做讲评,以免浪费宝贵的教学时间。

如第 5 道选择题,你的学生答错率在 40% 左右,教师要从以往大考中提取学生对该题存在的问题认真分析,然后依托集体经验整合学生存在问题编出若干题目,并当堂训练,由学生陈述,以增强体验,获取真知。之后,教师再整编近年来全国各地考题 10~15 道进行定时强化。

如第 7 道选择题,你的学生答错率达到 60% 以上,说明学生存在问题多。教师务必对学生进行问诊,是审题马虎?概念含糊?隐陷不明?知识缺憾,方法技巧?等等,要做到心中有数,并捋清思路,对症下药。如若是知识缺失,教师应引导学生填漏补缺,以思维导图(知识树)形式,引导学生完善知识体系建构。对此,教师应集编典型题 3~5 道,在课堂上剖析,注重化繁为简,化难为易,启发引导,帮助学生厘清思路,并把"死结"放松后,让学生自主把"结"解开。通过演绎与探寻,让学生从再体验中习得,然后,集近年类题 20 道让学生训练,再用 1 节课进行点评,引导学生集错改错,并形成方法。

为避免回生,该项复习完之后,要求每周至少有一次定时仿真训练。

2. 填空题(简答)

这类题一般是考查学科的基础知识与基本技能,难度通常不太大,但学生往往得不到高分。

有的学科单独成项考查,有的科目则渗透于主观题中考查。题目考查的是某一块知识中最基础、最重要的,题的特点是不难、不偏、不怪、综合度不大,热点问题常考常新,教学时,应注意"题"的求同与求异引导。

如第 1 题,你的学生答错率若在 20% 以上。如果本题涉及的是基本常识类,或是某专项基本知识运用,教师可引导学生回归课本,对知识进行自我梳理,教师再提炼错点、混点,编制成 8~10 道题,让学生练笔。

如第 3 题，你的学生答错率在 30% 以上。对学生来说，需要教师认真分析学生所存在的问题，是审题粗心大意，还是表述不规范；是理解偏差，还是概念模糊；是知识欠缺，还是能力问题；等等。教师再分别针对存在问题，进行针对性的问题解答，并加以训练强化。

说明：不同学生层次要求不同。对于中下层生来说，上述两种情况，他们还是可以克服的，同时，这类题也是他们的拿分题，应尽量让他们做到十拿九稳。

如第 5 题，你的学生答错率在 55% 以上，是较高难度的题，这类题大多是知识重点的应用，或热点问题融入信息，或原理、定理、规律等的拓展迁移。灵活性强，有一定的思维广度和深度，教师可根据题目涉及的考点（专项、专题）引导学生回归，点拨知识重点，再突破问题难点，采用：温故——回归教材、教辅，补回重点知识。反思——做过同类错题再思考，强化错点知识。训练——教师根据存在问题以专题形式编制题目，限时对学生进行训练。

填空（简答）复习时应强化答题规范性、表述准确性，减少非智力失误。

与选择题复习做法一样，每周一套仿真定时训练。

3. 主观题

综合性较大，题目一般呈现由易到难的编制方式，每大题都会设置有阶梯性的几个小问题，中上层学生除压轴题外基本能完成 70%，对每道题的前面几道小题基本都能解决。

因主观题中的每一道题考查的是学科的一个或两个模块，复习时，教师可采用"以题带专题"的复习方法。

如主观题第 1 题，一般地，大多学生基本上能完成。

（1）若你的学生程度中等或较差，复习时应把它作为重点，让你的学生尽可能在这道题上多拿分数、拿满分。在做法上，教师将该题对应的学科专题再解读，可用知识树或思维导图引导学生进行知识归纳与知识关联，把握问题重点、难点与题点，采用知识问题化，重点知识考点化，难点知识题目化，集中学生存在的问题，分项分析，各个击破。然后，教师可重现学生以往做过的题再点评（这样做，效率会更高），再从近年考题中选择合适题目，由易到难，编制成 6 个专题，每个专题 5 道题左右，让学生自我训练，或周测，然后再讲评。

（2）若你的学生程度中上或较好，他们对本题不存在大的思维障碍，那么，教师可引导学生进行相关专项或专题知识的整理归纳，引导学生对自己做过的这类题目再思考，教师要注意收集学生问题，再重点强调，然后，再根据该专题编制若干典型题让学生练笔。同时，教师再精选题目，编制成三个专题，让学生自主练习。

如主观题的第 2 题，通常为中等难度。

（1）若你的学生程度中等或偏下，这类题是他们最佳得分点，学生的问题往往出现在最后一问上。复习时，可参照第 1 题复习法，但在解题技法上，应多加磨炼。特别是小问题之后的关联，题干中的隐含条件、有效信息的提取，表述的精准度等，教师要用较多时间与学生共同磨合，让学生学会化解疑难问题的思路和方法。然后，整集近年全国卷及各地模拟仿真题 5 套（由易到难编制），让学生递进式、限时训练，现收集学生问题，逐一点评。

（2）若你的学生程度较好，基本没什么大问题。做法可参照第 1 题复习法。

如主观题的第 3 题，一般是中上难度题。

（1）若你的学生程度中等或偏下，建议在帮助学生构建专题知识时，不要拓展太宽、太深，重点应落在本题的前面两个小题上，适当把最后的一问放一放。把时间和精力放在学生"跳一跳、可得到"的问题上。努力寻找学生思维与能力瓶颈，通过类题着力强化训练。强化训练时，教师应有针对性，注意好落点。

（2）若你的学生程度较好，复习时，应把时间放在解决最后一小题上，从问题的相关性与问题的疑难点着手，再由例及类，帮助学生快速打开解决问题的思路和方法。

这类题，程度好的学生可拿高分，程度中等或偏下的学生也能得分，复习时，建议采用思维导图法，引导学生进行知识和问题的回顾，并通过生成性的教学，引导学生自主建构知识体系和问题体系，查漏补缺，切忌由老师包办代替。对于学生的重难点知识或问题，教师可采用以"题寻知识问题"的方式复习。

然后，教师根据学生的层次，再编制 5 套由易到难的同类题，每套大约 6 道题，让学生练习或定时训练。训练后，教师要采取灵活多样的讲评方式，或让学生之间讨论后提问题，或教师说问题……

如压轴题（数、理、化、生），综合性强、难度大。一般地，程度中等或偏下的学生，因能力所限，往往只能望洋兴叹。只有上层学生才有时间和能力去完成。

（1）若你的学生是中等或偏下，（理科）建议不要在这道题上花太多复习时间，顶多是力争在该题的第1小题上得分。在进行专项复习时，目标要明确，切莫超越学生现有水平去随意拔高。

（2）学生是上层生，他们一般都有能力去碰及，这是他们拔高分数的机会。复习时，教师尽量要依据学生个体的水平经验、入题、析题习惯、常遇到的思维障碍等，去启发引导学生如何突破。因学生问题情况一般有相似性，且他们的智力水平较高，教师复习时，最好办法是根据学生问题归类，采用"问诊、分享"的问题讨论法进行施教。"问诊"就是深入了解学生被难住的结点，帮助寻找解开结点的方法；"分享"就是让学生导出困惑，开出点子，教师要创造机会，让学生都有"话"说，让学把自己想法或思路说出来，作为教学的一种重要资源；要知道，程度好的学生，某一个人的问题，往往就是另一个人的问题，某一个人的困惑，往往就是另一个人的困惑，他们的思维方式往往是教师始料不及的，毕竟教师自身的能量是有限的。教师在组织复习时，尽量依据学生提出的问题，多维度地形成若干小专题，进行对应性的分析解决。因这些问题来自学生，是学生最需要解答的，也是最接地气的，复习效果也自然最高。基于此，我们要摒弃那种包办代替，不顾学生需要的经验主义备考方式。

说明：（语、英、政、历、地）与理科不同，这些科目有的是没有"压轴题"的，不同程度的学生，或许都能触及最后一道题，做法自然不同了。

总之，"卷模复习法"是一个螺旋递进的过程，对前面复习过的知识，在后面的复习中还会不间断地出现，这样能较好地让学生对学科知识体系、问题体系有更全面的理解，能较好地降低题目信息的陌生感，提高学生审题的信心和速度。但这样可能会影响复习进度，教师要根据学生情况，在题量及测试次数等方面进行把握和调控。

本文为2017年10月20日在普宁市备考研讨会上的交流分享

科学备考，全面提高我市高考备考质量

——在普宁市高考备考动员会上的讲话

因新冠肺炎疫情影响，学生返校时间是 4 月 27 日，按正常复习进程此时恰是二轮复习将近结束之时。高考延迟一个月之后，现在距离高考不到 100 天。如何安排后期备考复习？笔者提几点建议供大家参考。

一、关于回校备考复习的问题

（一）反思线上教学问题，注重查漏补缺，完善知识体系，调整复习计划，做好知识和能力接轨

到今天为止，高三网课开展已有八十多天时间，各校都做了大量的工作，但线上教学毕竟是隔空喊话，复习效果远不如在校学习。因学生学习能力、自觉自律意志不同，网课将导致两极分化，强者常强，弱者会更弱。因此，各校要主动反思，找准线上教育存在问题，及时分析，全面整改。

（1）线上复习回归现实课堂，引导学生从独自居家学习向集体学习过渡，调节生物钟以适应学校生活。

（2）调整复习进度（计划），加强知识体系的建构，巩固基础知识，特别是学科必备知识与关键能力的问题化和题目化训练，以形成学科基本能力，提升备考水平。

（3）学生线上学习存在突出问题，如重难点问题、考点热点问题是否已过关，收集存在问题，用较短时间，补足补齐存在问题。

（4）关于线上教育学生定时训练、考试的不足，学校要准备好相关的专题（专项）训练卷，特别是理综和文综整卷训练，安排好周考或阶段考，以提高适应考试水平。

二、关于第二轮、第三轮备考建议

总体要求：各校要在做好防疫前提下，利用一切可利用时间，尽快完成二轮复习中知识体系和能力体系的建构；强化考点、热点、问题点和能力点的过关，特别是要加强限时训练频度。

（一）复习轮次调整

在正常情况下，二轮专题复习一般到 4 月底结束。现在顺延下来应是 5 月底结束二轮复习。而三轮复习应顺延至 6 月 25 日左右。6 月 25 日至高考，自主复习、调适应试阶段。不同学校，时间可做适当调整。

（二）二轮复习方式

以专题为主，配合考点、热点小专题进行。是备考链中最关键一环，是成绩提升的最重要阶段。本轮复习目的在于构建知识的系统化和网络化；以板块为专题，加强对常考点训练；问题以高考题为主；注重题目跨度与多变性训练。

（三）二轮复习目标

一是由全面基础复习转入重点复习，对各重点、难点进行提炼和掌握；二是将第一轮复习过的基础知识运用到实战考题中去，将已经掌握的知识转化为实际解题能力；三是要把握高考各题型的特点和规律，掌握解题方法，初步形成应试技巧。

（四）二轮复习内容

二轮复习内容：知识专题、热点专题、题型专题。复习时要坚持"以知识带热点，以能力带基础，以专题串系统，以综合突重点，以训练促规范，以规范提分数。

1. 知识专题

知识专题立足模块、立足单元、立足考点。一般做法。一是明确考点。二是依据考点把相关知识点形成知识体系。三是检查并提问学生对主干知识的记忆和理解，把每个关键知识落实到考题或经典题上，师生互动，共同对经典考题探究分析。四是落实和巩固知识，让学生介入并熟悉高考试题特点，学会审题和答题的方法与技巧，提高审题和答题能力。五是要求每专题"一练一测一评"。

2. **热点专题**

热点专题和题型专题可有机渗透于知识专题中进行，也可独立。热点，是指常考点，高考不回避常考点，但常考常新，利用热点问题复习思考，能更好地巩固知识，提升分析问题和解决问题能力。

3. **题型专题**

集类题训练，重在发展学生同中求异、异中求同能力。要抓本质，成规律，出思路，成方法。

（五）二轮复习优化

梳理，限时训练，提升能力。以专题知识为主线，注重知识的横向联系，形成立体的知识网络；以高频考点为重点，深化知识理解，着力培养知识迁移能力和综合运用所学知识独立分析解决问题的能力。注重知识理解与表述规范，审题与答题规范，学科思想与方法规范。

（六）三轮备考复习

复习主要是通过定时、定量的对应性测试，以试题带问题，优化提分点，强化问题点、弱点，一方面可"采用卷模复习法"强化应试能力；另一方面要有序引导学生学会"三刷"以保质挖潜。

因新冠肺炎疫情影响，近三个月来，学生没有真正考试过，因此，下阶段各校要加强限时训练，适当增加考试密度，各科专题训练每周至少1次，综合训练每两周至少1次，以提高学生答卷速度和效率。

三、关于备考质量管理

备考质量重在管理。质量七分靠管理，三分靠技法。而管理中人是决定性的因素。备考最高层次是备人。人文备考应贯穿于整个备考过程。备考说到底：一是领导，二是科组，三是班级，四是课堂。

（一）关于人文备考

一个好校长就是一所好学校，一个好的班子是学校优质发展的保证，一个积极向上的人文氛围是提高学校质量的关键。备考过程中，校长要了解高考新动向，心中要有备考策略、思路和方法，要对师生人文关怀，让师生在紧张、有序、和谐的氛围中进行备考。

1. **领导要亲临备考第一线**

要靠前督战，深入师生，深入课堂，深入科组，深入班级，及时发现问题，分析解决问题。要带头开好备考小组会、教师动员会、学生动员会、学生家长会、班主任会、师生座谈会等，让备考扎根于每一个教师、每一个学生，把备考团队紧紧拧成一股绳，把目标指向高考备考。

2. 领导要挂钩科组和班级

挂钩科组，扎实学科备考，挂钩班级，主动参与备考分析和诊断会，让备考各项措施落到实处。

3. 领导要用心服务高考

氛围是营造出来的，营造的主角是我们的学校领导。虽然学校领导的工作千头万绪，但高考一刻也不能放松。领导一松下来，师生也就松下来了。

4. 要实施过程性管理和奖励

一条过程链，一环紧扣一环，一刻都不能放松。学校要注重过程性评价和过程性奖励，要尽量减少终结性奖励，让师生享受到备考的氛围和乐趣，积极投入备考之中。

5. 加强对学困生和临界生关注力度

在备考的整个过程中，不应只关注小部分特尖生和优秀生，而应面向全体学生，特别是成绩处于钝化层和后滞层的学生，这部分学生更需要我们的关心和帮助，各校应加大对他们的帮扶力度，全面提高备考质量。

（二）关于科组备考

学科备考在科组。科组长既是学科备考的指挥员，也是战斗员。一个团结向上的科组，该学科考得一定不差。为科组备考有序高效，学校一定要安排领导挂钩各个备考科组。

普宁市学科组备考还有许多不足：一是对"考纲、考点、考题"研究表层化；二是科组教研主题不明确，专题不落实，对考试方向和课堂研究不到位；三是按照教辅资料授课现象普遍，对教学内容缺乏有效整合，教学往往与学生实际脱钩；四是呈现式教学依然主导着课堂，缺乏问题导向，课堂教学效益低。

1. 关注政策动态

新高考"一核四层四翼"的高考评价体系："一核"即高考评价体系，通过确立"立德树人、服务选拔、导向教学"这一高考核心立场，回答了"为什么考"的问题；"四层"即通过明确"必备知识、关键能力、学科素养、核心价值"四层考查目标，回答了高考"考什么"的问题；"四翼"通过明确"基础性、综合性、应用性、创新性"四个方面的考查要求，回答了"怎么考"的问题。

2. 把握高考命题方向

（1）强调"立德树人"的育人功能，体现社会主义核心价值观、依法治国理念，弘扬优秀传统文化。

（2）突出"服务选拔"的核心功能，关注与高校课程密切关联的内容，突出重点；强调对重要事实、概念和原理的深度理解和运用。

（3）体现"导向教学"的反拨作用，注重考查知识体系的构建过程，运用学科思想方法解决问题的能力；克服"死记硬背"和"题海战术"。

3. 高考命题的考查内容

（1）必备知识。不等同于"基础知识"，而是学习高校课程所"必备"的知识，即与高校课程密切关联的内容。

（2）关键能力。是指独立思考能力，运用所学知识分析问题、解决问题的能力。

（3）学科素养。在本学科内所具有扎实的学科观念和宽阔的学科视野，并体现出自身的实践能力、创新精神等内化的学科素养。

注意：目前高考命题尚未和"核心素养"刻意对接。

（4）核心价值。即知识积累、能力提升和素质养成的过程中，逐步形成正确的核心价值观，是学科特有的区别于其他学科的、最基本最持久的价值概念体系和信念。

4. 高考命题的考查要求

（1）注重学科的基础性，强调对重要事实、主要概念和原理的深度理解。

（2）强调问题的综合性，注重考查知识的内在联系和学科体系，尤其关注学科内容之间的"隐性联系"。

（3）体现知识的应用性，学以致用，密切联系考生生活和社会实际。

（4）关注思维的创新性，淡化课本现成结论，鼓励发表独立见解，考查发现问题、提出问题、设置问题的能力。

（5）学科核心素养，高考试题都强调各科命题从基础性、技能性、应用性，逐步向学科必备知识和关键能力转化，进一步明确高考对学科核心素养的要求，以及在试题中如何体现。在第二轮复课教学中精选例题及习题，把落实核心素养、提升学生思维能力放在首位。

5. 研究考纲和考题

2019 年考纲仍然适应于 2020 年高考。要研究近两年的国卷、上海卷、江浙卷、北京卷，从中解读出考题中哪些是稳定的、哪些是变化的、哪些是创新的。

（1）抓住考点，精减内容。根据对最近连续 6 年全国高考卷《试卷要素细目表》的梳理分析，精准把握命题基本范围与核心考点，大力精减和优化复习内容。

（2）实施分层策略。对不同水平学生提出不同的精减要求，增强针对性，提高效率。要做到先易后难，狠抓落实。

6. 研究热、冷、变化点

各校应组织教师学习研究"2019 高考各科命题预测及备考建议"。文本中对各科都有详细说明：如化学学科就有 6 个变化，物理学科有 5 个变化。希望各校组织教师认真学习研究。主要从"考核目标、考试范围及题型示例部分"研读，并从中了解变与不变的具体内容，以便依纲备考。

分析研究考卷，我们得出的结论是，常考点常考，冷点仍是少，试卷在整体稳定的基础上，考核目标、考试范围及题型示例（样题、例题）虽均有变化，但变化不大。各高三备课组要研究"考纲"和"说明"，以及"考题"，盘点热点、冷点和有变化的但未考的考点，明晰变化趋势，策划复习专题。

要求：各校要组织对课标、考纲、说明、教材、考题进行研究，力求做到：注意同中求异，变中求同。深入研究，厘清导向。

7. 关注学科新信息

要关注中国考试网、中国教育报、广东考试教育考试、高中生学习、考试服务平台等官方网站或公众号，从中了解学科新信息、新动态。新一年高考试题基本保持稳定；突出考主干，注重基础；注重过程分析和能力考查，加强综合性。试题设置：知识为载体，情境为手段，思维为核心，方法为依托。重在能力考查，突出学科核心素养！

例如，山东省全省统一的新高考模拟考试（2019.11.30—2019.12.03），这次考试是在教育部考试中心指导下命制的，可能会是 2020 年高考的方向标，请各校务必研究一下这套模拟题。

8. 加强集体备考

单打独斗的备考时代已经过去，信息时代的高考需要大家群策群力，充分发挥每一个人的智慧，上好每一节课、选好每一道题、补好每一个漏洞、用好每一次训练。

关于命题：一定要集体打磨，切莫照抄照或随意下载。题目务必要适合学生，太难、太易都达不到训练目的。

要高度重视资料的精选、精编与精用。要牢牢树立"资料质量决定备考质量"的意识，高度重视资料的精选与精编。用好用足最近三年高考试题，最大限度地发挥它们的功能，高考题本身就是最高质量的复习题。最权威的训练题，就是高考真题；最有效的训练题，也是高考真题，要求学生练习的题目，教师必须得先做。

9. 创新备考方式

第一是要加强学校之间备考的交流。目的在于取长补短。不能把老师困在办公室里搞备考，需要增强教师备考意识，拓展备考思维。

教师走出校门、打破闭门造车的极限，学习先进备考经验，取长补短，改革落后教学备考方式。

第二是要加强备考的"三题"研究（主题、专题和课题），改变课堂教学方式，改善师生关系，提高教学备考效率，强化各学科责任；要注重集体备课，整合备考合力；要注重借脑借力，倡导跨校、跨区的科组合作，提速学校发展。

10. 加强综合科组备考

综合科在750分中占了300分，而且这300分考试时长与150分语文一样都是150分钟。所以说：成也综合，败也综合。建议学校应委任一位管教学领导亲任该科科组长。综合学科在备考中举足轻重，各科除上好各自教学之外，还应做好有机配合，如训练方式，考试命题，试卷中各科难易度的调适，学生在各科做题先后顺序中的磨合，三科得分情况分析与补短等的研究。同时，提倡科任协同作战，防止个人主义。

（三）关于班级备考

相同层次的学生、相同的科任教师，为什么高考成绩差异很大，这就是班级备考不同出现的结果。班级备考是高考备考中最贴地气、最有实效的备考。班级备考中班主任起着至关重要的作用，充分调动和发挥班主任备考能动性和积极性，是备考是否高效的关键。

1. 保持良好的备考氛围

班级备考氛围是提升备考质量的关键。在备考复习过程中，学生的情绪常有起落，适当地补补鸡汤、打打鸡血是有必要的。一旦班级的备考氛围浓厚了，学生自我调适、修正、自觉发奋，让备考处在高昂状态中，产生的正能量是意想不到的。为什么同一起点的两个平行班，其高考成绩为什么会有很大的差异，答案就在于此。

2. 落实培优扶中补弱

量的提升，就是千方百计让每一个学生成绩都能提高。要让优生更优，提高中层，扶起下层，班科任教师每周一次辅导，每次不少于 1 小时。着力解决重点学生的弱科强化等问题。培优补弱可以"师带徒家教式"方式，也可采取"优生辅弱生"方式，充分利用学生资源，调动学生积极性和主动性，建立学生之间帮扶的良好关系，实现培优和补弱有机统一。

3. 加强班级学情会诊

学生成绩跟踪档案。坚持总分优先原则，保证优秀科目，中等科目增分，弱科取中的原则。

如何在会诊中诊断出提分点？做法是以学生近期几套综合考试卷为基点，一个是从客观题得失入手，以考点为依据，知识问题、方法技巧进行指导，练就解题思路；二是从主观题中寻找提分点，要求从入题、析题、答题的方法和技巧上加以指导，努力提高增分点。

4. 加强临界生辅导

临界生这个群体，在备考过程中是需要特别关注的，他们往往就在那么几分，跨过去就上一个批次、否则就降了一个批次。因此，班级备考中，对临界生要另起炉灶，特别地对待，班级在界定时，可根据学生潜力情况，把分数往线下移20分左右作为临界生跟踪培养。

各校在这一做法上都有自己的模式。但如何做得更有成效，可参照学科"会诊"办法去进行。

5. 加强家校合作提升备考合力

备考不只是我们在独立作战，充分调动社会力量，特别是学生家长的参与，能起到促进作用。因此，创设家校合作平台，加强家校交流，营造家校共同育人机制和良好氛围，获取家长认可和支持，为学校的备考增强活力与合力。

6. 加强心理辅导

备考是一个紧张的过程，学生各种心理问题频发，要及早发现学生心理问题，并提前介入，及时化解，确保备考顺利平安。

（四）课堂备考

备考的主战场是课堂，适合于学生的、学生有需要的课堂教学才是有效教学，这样的课堂才是有质量课堂。

1. 研究学生

着重解决基础知识扎实否，重习题而轻知识，重教辅而轻书本，重新题而轻旧题。审题能力是否过关。审题是入题第一关，提高审题能力是重中之重。答题落点是否规范。得分意识差，规范答题如何提高。要排查学生在一轮复习中存在漏洞，做到挂账销号，一一过关。

2. 研究教师

要克服课堂上：习题讲解多，知识总结少，做高考题多，研究意识少，任务布置多，监督措施少，关注教学多，课下管理少，个人费力多，团结协作少等问题。要倡导：团队协作，信息整合，精选精讲，举一反三，注重差异，因材施教，关注个体，全程跟踪。

3. 研究教学

教的是否是学生迫切需要的？是否过度讲解而少于点拨？是否满堂练习而缺乏方法指导？课堂教学上，要求教师：要以考点为专题、以考题为讲点，精编精讲，提高备考有效性，要突出课堂的问题性的导向性，寻找支点、突破难点，注重方法、思路及细节教学。

4. 研究课堂

要特别注重课堂教学中的"讲、练、考、评、思"关系，力求每一节课都能让学生学有所悟、学有所得。

5. 用好真题，强化限时训练

利用典型的高考真题进行训练是最为有效的训练方法。高考命题有在"题眼"上"扎准"出题的特点（热点常考，只是变换方式地考）。通过真题练习使学生真正领会经典高考题的考查意图和命题技巧，还能达到举一反三的效果，从而更好地应对新的高考题。

6. 优化讲评

试卷讲评课和练习讲评课是备考复习过程最为重要的课型，几乎占整个备考复习三分之一以上时间。认真研究这一课型效度，是提高备考复习质量的最重要一环，是学生的学习缺陷与失误加以矫正、改进和提高的必要环节。

要知道，一份试卷考下来，学生需要教师讲评、点拨的并不多，但我们有的老师，一份试题讲评就用去2～3节课时间，这是不可取的。如何从讲评中提高成绩？

7. 答题技巧

教师要研究高考阅卷，改进学生答卷技巧。教师要从命题专家的位置上对待教学；学生要从阅卷老师的角度考虑答卷。

（1）阅读与审题技巧。阅读速度和理解力呈正相关关系，要加强阅读速度和理解力的训练。

（2）选择题答题技巧。任何高难度选择题都有猜对答案的概率。各科选择题的题干（或情境材料）与正确选项都有一定的逻辑关系，而猜对答案的技巧就是根据选项和题干的逻辑关系做出推断。

（3）综合题答题技巧。非选择题在很大程度上就是答给阅卷教师看的，要根据阅卷心理解答问题和书写答案。"化整为零"是解答综合题的一个重要策略。

8. 建错题本

教师一方面要有学生的错题集，另一方面要求学生集结试题及练习中易错易混题，提高备考复习的针对性和有效性。

9. 考试细节

众所周知，学生的每一科考试因非智力而失分的平均为15分，整场考试下来，因细节问题而失分的不下50分。如何让学生会做的得满分，如何让学生能答的都答对，怎样才能让学生在无所适从中获取分数，这就需要我们平时潜移默化地训练。

我们强调课堂教学的重要性，但作为备考而言，学生对知识的内化和熟练运用往往是在课外上。因此，各校务必加强课前、课后、自习晨读、夜修等课余时间的管理，为学生创造一个良好的备考氛围。

最后强调的是：

（1）题原则（黄金规律5、3、2）中，引导学生处理好备考复习。要特别加强试题中的80%为基础题。试想，如能获得其中的80%，那么所得分数就是480分［去年一本（文）546、（理）495，二本（文）455、（理）390］。所以，对大多数中层生来说，把80%的时间用在80%的基本题上，远比用80%的时间去钻20%的难题效益要好得多。

（2）艺、美文化科辅导。对术科已过关的学生，有条件的学校可集中辅导，分析他们的提分学科，尽快让这些学生在文化科上有所突破。

（3）英语考生的管理（日语）。今年我市多所学校都有日语考生，学校要主动和培训机构取得联系，要求学生在学日语时要合理分配时间，不能因学日语而丢下其他科目的学习。

总之，备考最高层次是备人。备考最关键是备管理。备考之效在班级、科组。备考之实在于课堂。备考精于考纲考题。备考因校、因人而异，但重在落到实处，否则，都是一句空话。

2019 年 4 月在普宁市高考备考会议上的讲话

附

关于高考备考的 10 个策略

策略一：依纲扣本，夯实基础。①狠抓基础：夯实基本知识，掌握基本方法，培养基本能力。务必依纲扣本，夯实基础，切莫好高骛远。②加强训练：苦练书写、作图、运算、表达、实验等基本功。只有勤学苦练，才能快速提能。③养成习惯：养成独立思考、认真纠错、仔细审题、规范答题的良好习惯。

策略二：专项训练，全面突破。①题型练：对各种高考题型分别进行专项训练，掌握题型特点和其解题规律。②方法练：对各种思维方法、分析方法、解题方法等进行专项训练，如分析法、综合法、对比法、逆向法等，以求融会贯通，熟练运用。③规范练：对主观性试题要加强模板化训练，严格标准，规范过程，一丝不苟。争取解题过程不失分。④提速练：在做对的基础上尽量做快，提高解题速度，追求解题效率。⑤满分练：对一份试卷的作答，可不限定时间，但必须要求满分（作文除外），倒逼自己对不会的问题弄明白。上述各项专练要注意多练基础题、经典题、易错题、创新题，不要一味追求高难题。

策略三：恰当运用"题海战术"。有人认为"题海战术"就是只求数量，不求质量，机械地重复练习。从哲学角度讲，量变引发质变；从心理学角度讲，适当地反复练习，有利于对知识的掌握。中国自古有训：千锤百炼，熟能生巧。有教育专家认为，在高考备考过程中还是要恰当运用"题海战术"，但需要选择一些典型的、有代表性、有针对性的题目进行练习，不要追求数量，见题就做。有的高考状元也认为："题海战术"应因时而宜，因科而宜。

策略四：研究历届高考真题。高考真题最具典型性、规范性和代表性，很值得细做品味、挖掘探究。这不仅仅是分析的深入、理解的提升，更多的是对高考的自信。把近五年（至少三年）的高考真题完完整整、认认真真地反复做几遍，每次都会有新的体会和收获，因为有些很顽固的题目，即使做了几遍还可能纠结不清，想搞清楚就必须下大力气，从中找规律、找趋势、找特点，分析其考点分布、命题思路、考查意图、选材特点、能力要求、设问方式等。

策略五：落实"日清—周理—月结"。①日清：当天的学习任务当天完成，不等、不靠、不推、不拖。②周理：周末要把一周内学习的重难疑热点、易错易混点、常错常考点、典型问题、重要方法等进行系统的归类整理，形成知识体系。③月结：月考后要认真进行试卷分析（可用图表方式），总结和反思自己在知识、方法、技能等方面的问题，查缺补漏，认真纠错。

策略六：查错析错，四步纠错考试答卷是演练，考后总结才是提高。每次考后，要分类找出自己卷面出现的各种错误并分析错因，明确自己的知识漏洞及思维短板，切实解决"根本不会，会而不对，对而不全"的各种问题。错误分类：①粗心大意之错：分明会做，反而做错。②似是而非之错：记忆不准确，理解不透彻，应用不熟练，表述不清楚，答案不严密、不完整、不规范、不确切。③根本不会之错：卷面空白或答非所问。把典型错题记入错题本，拿出下步学习措施。四步纠错法：①使用错题本，按照"原题＋错解＋错因＋正解＋总结"的顺序写进错题本，并注明回望日期。②在回望日期重做该题，要用"不容二错"的标准严格要求自己。③在最近一段时间内进行变式训练。④与同学交换错题本，汲取他人教训，为我所用。

策略七："两慢一快"，突破"压轴"。①首先对压轴题要有正确的认识。面对压轴题要有信心、有勇气，不要见题色变或置之不理，要沉住气，啃骨头，钻到底。压轴题一般是第一问容易（占分不一定少），一定做；第二问中难，尽量做；第三问最难，争取做。②认真审题：审题要慢，利用"六字法"。a. 摆（摆出已知条件，标明关键词语）。b. 提（提炼题干重点）。c. 画（画出示意图）。d. 挖（挖掘隐含条件）。e. 导（由已知导出未知）。f. 联（建立条件和结论的联系）。③规范解题：从"格式、书写、表述、作图、步骤、结论"六个方面规范。若解题过程需要列出方程，务必使用常规方法和分步列式。运算求解过程要慢，书写要快。

策略八：密切关注新闻热点。反映时代主题和时代精神的新闻热点，可作为多学科命题的背景材料。"时政热点"不再是政治学科的特权,"科技创新"也不再是数理学科的专利,这也同时贴近了"文理不分"的新高考模式。例如,2018年高考全国卷Ⅰ语文试题(三)实用类文本阅读给出的材料中,介绍了属于自然科学的"量子通信"和被誉为"量子之父"的潘建伟教授。那么今年的"中国农民丰收节"等都有可能成为考点。

策略九:回归调整,查缺补漏。考前两周务必做到:①回归教材,梳理知识体系,形成知识网络。②查缺补漏,注重通性通法,记牢吃透会用。③跳出题海,不在死攻难题,不在拘泥细节。④看错题本,做到类错不犯,熟悉高考阅卷规则。⑤考前交流,和老师或同学进行学习或心理方面的沟通,扬长避短。⑥调整心态和生物钟,进入考试状态。

策略十:考场高分技巧。①做题合理排序——向顺序要分。先易后难,一次做对,不怕大题得分少,就怕小题失分多。②科学分配时间——向速度要分。要速度,更要准度,做题不搞"加速度",不钻"牛角尖"。③细节决定成败——向步骤要分。注重细节,淡化技巧,步步"踩"住得分点。④强化解题格式——向规范要分。让规范成为一种习惯,让习惯成为一种能力。⑤沉着认真细致——向心态要分。不紧张,不畏惧,难题面前人人平等,人难我难不怕难,人易我易不大意。

后 记

为学生的健康成长而教

——我的教学反思

参加工作 34 年，有 28 年在普通高中教书，6 年在教研室工作。回首 34 年来走过的教育教研路，我清晰地感受到我的教育理念就是"为学生的健康成长而教"，其过程包括三个方面：一是站在学生的角度做教师；二是换位教学共创生好课堂；三是为学生的学科思维发展而教。不同的教学理念滋长了不同的教学境界，而不同的教育境界便会产生不同的教育效果。

一、站在学生的角度做教师

初为人师时，在学生面前总是喜欢摆出一副为人师的样子，站在讲台上，总是板着脸孔，少些言笑、少些幽默、少些趣味，故意与学生拉开距离，想让学生对我有所敬畏、有所尊重，并以此来树立自己的威信。可是，这样不仅自己的威信没能树起来，反而让学生敬而远之。直到发生下面几件事情：

事情之一：有一次学生方海鸥主动找我说："老师，我想请教您几个问题，可以吗？"我问："啥问题？"他说："我有几道化学题总是搞不懂，想请您帮我弄明白。"随后，他拿出笔记本，我接过一看，有的问题是几周前教过的内容，有的问题是以前练习、作业中的问题，还有些是课堂上的问题。在帮他分析、引导、答疑的同时，我问："为什么问题积累这么多这么久？"他怯懦地说："平时同学们对您都有些怕怕的，不太敢靠近您"。

事情之二：有一次，上课约 10 分钟后，满身大汗的陈聪同学站在门口说："报到。"，我板着脸孔问他："为何迟到？"他说："家里有点事。"我约他放学后到办公室来。他进办公室还没坐下来，我就开始批评指责他，看他满肚子委屈的样子，我觉得刚才的语气有些过火，便把语气缓和下来问："家里究竟有啥事？需要老师帮忙不？"他说是因为他妈妈生病了，他带妈妈去看医生。后来我们聊了很久，记得他其中有一句话是："老师，您教学很认真负责，我们都喜欢您的课，但我们都有一个诉求，就是想请老师和我们沟通多一点，了解我们多一点，多站在我们的角度去看待问题。"

与学生的一系列对话，让我感触良多："教师的教是为了学生的学，教师的威信来自于学生""只有站在学生的角度做教师，才能让教育事半功倍"。

1. 站在学生的角度做教师让我学会反省

当教学效果不如愿或与学生相处不愉快时，我会首先思考产生问题的原因，或直接与学生进行沟通，了解问题的由来。如果问题出在我身上，我会立即改进自己的工作；而如果问题出在学生身上，我会与学生商量着解决。当然，站在学生的角度做教师并不意味着一味地迎合学生，而意味着我总能站在学生发展的角度理解学生、引领学生、激励学生。

2. 站在学生的角度做教师，让我赢得了学生的信任与爱戴

站在学生的角度做教师其实是一种换位思考，当我站在学生的立场上体验和思考问题时，我和学生的心灵就相通了，我也因此听到了许多来自学生心底的最真诚的声音。当我站在学生的角度做教师之后，我收获的不仅是学生对我的亲近、信任与爱戴，我的教学也受到了学生的欢迎。只有从学生之所想、之所需出发，我们的教育才能贴心、暖心。记得有一次，因为学校临时调课，我忘记了上课，当我赶到教室时，课已经上10多分钟了，只见学生都在自觉学习着，课堂秩序井然。事后，我找学生谈话，问他们为什么会如此的自觉。学生回答："老师肯定有临时要处理的事，我们只有自觉才不会给老师添乱，才对得起老师。"这句话打动了我，使我深深感到：站在学生的角度做老师，学生同样也会站在教师的角度做好学生。

二、换位教学共创好课堂

记得刚走上讲台那段时期，课堂教学总是依据自己的教学设计而教，按课程的顺序和进度而授，我讲我的课，全然不顾学生的感受。有时为了赶进度，不时加大课堂密度，上课如同机关枪扫射似的讲个不停，问题的讲解总是少些留白让学生思考，匆匆而过，作业练习布置则是贪多求快，试卷的讲评一讲到底。一节课下来，学生对关键知识没能很好的理解，该解决问题没能真正的解决，该学会的没能很好学会。对此，学生有抱怨，我也困惑不解。

之后，我分层次分批次找学生交谈，他们说出了许多我没想到的细节，也说出他们的学习需求。对比优秀教师的课堂教学，反思我的教学方法方式，我深深体会到：好的教学，应该是充分尊重学生的学习需要，好的课堂，应该是师生共同经营的生成性课堂。

1. 要上好课，就得换位教学，就要摒弃一言堂

让学生知道这节课"要学些什么，该做些什么，达成什么目标"，使学生心中有数，明明白白地学，以免糊里糊涂地跟着老师走，同时，课堂上要学会倾听学生的声音，分享他们的见解，让他们主动地参与到课堂教学中来，这样才能使课堂有生气、有活力。

2. 要教好书，就要换位教学，顾及学生的学习感受

人的学习如果处在一个压抑的环境中，其心境是糟糕的，习得是低效的。相反，若在一个愉悦氛围中，其思维是活跃的，动力是充沛的，效率是高效的。学生是学习的主体，教师的教只有通过学生的学，教学才能真正发生。任何一厢情愿的教学都是无效或低效的，教学的预设、教学的问题必须适合学生的学习感受，教与学才能有效的互动，才能真正做到教学相长

3. 要教好书，必须换位教学，充分尊重学生的学习需要

需要是诱发人潜能的最大动力源。利用好学生的需要施教，可为我们的教育教学找到合适的支点。利用学生的学习需求，诱发其求知欲望，激发其学习热情，促使教学的最大化成功。如当学生敢于表达，敢于纠错……都要及时表扬；当学生取得进步，有独立见解，要给予肯定；当学生敢于提出合理意见，有积极表现时，要及时表扬；当学生表达出不合理需求时，在批评、纠正的同时，要学会给予一颗甜枣……凡此种种，都存在着需要与被需要，这些需要若被点亮，就是照耀前行的明灯。

4. 要上好课，就要换位教学，就要和学生共同生成课堂教学

课堂是教师和学生共同的课堂，教学问题不只是单向的提供，而是师生的共同生成；问题的解决，不只是教师的讲授，而应是通过师生的共同领悟而形成解决问题的思路和方法。因此，教师的教学要充分尊重学生的参与权，留下适当时间让学生思考，让学生表达，与学生交流，共同创造"生成"课堂，这样的课堂才是好课堂。

教师的教学永远是为学生的学习服务的。施教时教师应想想学生的感受，想想学生的需要，想想学生的期待。如此的设身处地，感同身受，反思自己，改进自己，发展自己，才能成为学生喜欢的老师。

三、为学生的学科思维发展而教

2002 年，我有幸参加广东省"百千万"人才培养工程名师高研班学习，在接受培训的那段时间，我不断回首自己走过的教育、教学和教研之路，并试图提炼出激发自己成长，而且让我的教学备受学生欢迎的因子。最后，当我将我的教学教研与一直在播种的思想提炼出来时，我终于明白自己一直追求的就是"为学生的学科思维发展而教"。

教育是培育"人"的事业。每个人具有多方面的智慧潜能，而教育就是要发现每个人不同的优势潜能，让每个人获得最合乎其天性的、最充分的发展，从而实现人的生命价值。"为学生学科思维发展而教"，落实到课堂教学中就是"求实、求新、求活、求精"。

1. 求实

就是实事求是，找准学生思维原点，寻找思维生长点。只有求实，才能触及教育的真谛；只有求实，才能真正做到因材施教；只有求实，才能让学生健康地成长。教学是一门科学又是一门艺术，教学的问题只有符合学生的实际，才能有效激起学生的学习热情，才能积极地引发学生的探索和思考，如果脱离实际，脱离教与学的现实，教学的效果必定是低效或是无效的。

2. 求新

就是让课堂教学充满活力，使学生思维有宽度。只有创新教学方式方法，优化课堂教学，才能让学生更好地学习，有效地思考。因此，我确立了"教为主导，学为主体，疑为主轴，动为主线，创为主题"的课堂教学思想，实践了"自主学习—合作探究—创造发展"的创新学习教学方式。新的教学方式、新型的师生关系，让课堂教学充满生命活力，最大限度地激发学生的学习兴趣，提高学生思维的宽广度。

3. 求活

就是"活教活学"，旨在让每一个学生学有所悟、学有所思，让思维得到发展。知识是有生命的，由师生构成的课堂应是充满生命力的，学生的发展需要从多种多样的生命活动中汲取精华。基于此，我力求做到"宽而有度，活而不乱"。使课堂更加"好玩"有趣、更加"随性"幽默，给课堂注入了"活水"。从而发展学生的学习思维力。

4. 求精

就是精益求精，旨在让学生的思维有深度又有缜密性。我坚信"一事精致便能动人"。学无止境，同样，教无边岸。只有不断的探索，不断的追寻，才能真正获得教育的本原，才能让教育之花绽放。在教育教学实践中，我坚持深入学生、深入课堂，做好调查研究，不断反思自己，不断改进自己，不断完善自己，让自己在教育教研的路上走得更高更远。

爱因斯坦有一句名言："我们所创造的世界，是我们的思维的产物，不改变我们的思维，就无法改变我们的世界。"为学生的思维发展而教，让教学过程有了温度、厚度和高度，化学课堂便成了思维广场，学生学习思维的宽度、深度和厚度得到了拓展，学生的学习便有了新的起点和持续创新的动力。

我深深地感受到：立德树人，应与学生同行，一起凝视，一起欢笑，一起拥抱成功；立教圆梦，应不断提高自己的师德修养，努力提升自己的业务水平，才能成为一个实至名归的"好老师"。